Kröner Themata · Band 701

Gero von Wilpert

DER VERLORENE SCHATTEN

VARIANTEN EINES LITERARISCHEN MOTIVS

ALFRED KRÖNER VERLAG STUTTGART

CIP-Kurztitelaufnahme der Deutschen Bibliothek

Wilpert, Gero von
Der verlorene Schatten: Variationen eines
literarischen Motivs. — 1. Aufl. —
Stuttgart: Kröner 1978
  (Kröner Themata; Bd. 701)
  ISBN 3-520-70101-4

NE: Wilpert, Gero von

© 1978 by Alfred Kröner Verlag Stuttgart
Druck: Brönner & Daentler KG, Eichstätt

INHALT

VORWORT

Diese Arbeit verdankt ihre Anregung einem Oberseminar bei Prof. Dr. Paul Böckmann über Hugo von Hofmannsthal an der Universität Heidelberg im Wintersemester 1956/57. Wenn sie erst zwei Dezennien später ihren Abschluß findet, so lagen dafür zeitliche und berufliche Gründe vor, über denen jedoch das Thema nicht aus den Augen verloren wurde und die der Materialsammlung zugute kamen. Wenn sie hiermit zu einem wenigstens versuchsweisen Abschluß gelangt und die Suche nach verlorenen Schatten sich nicht zur Lebensaufgabe ausweitet, so verdanke ich den Anstoß dazu Prof. Dr. John Milfull von der University of New South Wales, die mir inzwischen eine Heimatstätte geworden ist. An ihrem Zustandekommen sind jedoch darüber hinaus zahllose Freunde und Fachkollegen mitschuldig, die mir in der Zwischenzeit durch Zuspruch, Anregungen und Hinweise wie Ratschläge förderlich gewesen sind und denen an dieser Stelle ebenso mein Dank gebührt.

Sydney, Februar 1978

Der Verfasser

I. EINLEITUNG

Dieses ist eine altmodische Abhandlung. Sie wird allen Vorwürfen, die man der Stoff- und Motivforschung im letzten halben Jahrhundert gemacht hat, insofern gerecht, als sie stellenweise in rein positivistische Stoffhuberei als Selbstzweck ausartet, sich an Details klammert und dabei das Ganze außer acht läßt, Nuancen verfolgt, Abhängigkeiten feststellt und die große geistes- und literaturgeschichtliche Synthese vermissen läßt, von einer Aufbereitung der sozialen Relevanz des Themas einmal ganz zu schweigen. Mit anderen Worten: sie spekuliert nicht, sie versteigt sich nicht zu geistigen Aufschwüngen, und sie erhebt nicht den Anspruch, neue Durchblicke durch die Literaturgeschichte zu eröffnen; sie klebt am Thema, indem sie nur das eine Motiv fixiert und an vielem Interessanten und Belangvollen achtlos vorbeigeht; und sie erreicht ihr Ziel in demselben Maße wie die vielen literarischen Figuren, die ihr Dasein der einen Aufgabe widmen, ihren abhandengekommenen Schatten wiederzufinden, nämlich in der Bescheidung, das Beste aus den vorgefundenen Umständen zu machen und sich mit den Gegebenheiten abzufinden.

Es entspräche der Tradition solcher literaturwissenschaftlicher Untersuchungen, anläßlich der Einleitung Grundsätzliches über die eingeschlagene Methode auszusagen, an den bisher praktizierten Methodenansätzen Kritik zu üben und demgegenüber ein neues Methodenbewußtsein, das zu neuen Ergebnissen führen soll, an den Tag zu legen. Da die Stoff- und Motivgeschichte einen sehr alten und traditionellen Forschungsaspekt darstellt, kann sie es sich nicht leisten, mit jeder neuen Arbeit auf ihrem Feld neue Methodenkonzepte zu postulieren, und da bei ihrem ohnehin durch die Tradition legitimierten Methodenpluralismus weniger die Methode als das Ergebnis zählt, sei hier mit vollem Bewußtsein davon Abstand genommen: Diese Arbeit, die es mit vielen heterogenen Texten zu tun hat, weiß sich vielen anregenden Vorbildern, aber nicht einer ausschließlichen Methode verpflichtet.

Der verlorene Schatten – er steht im Zusammenhang dieser Untersuchung als Oberbegriff für jede Art des nicht vorhandenen, abhandengekommenen, verkauften, eingetauschten usw. Schattens, also für die Schattenlosigkeit schlechthin – ist gewiß nicht eines der wenigen ganz großen Themen der Weltliteratur, auch wenn ihm eine gewisse Unsterblichkeit nicht abgesprochen werden kann. Im allgemeinen literarischen Bewußtsein, dieser schönen Hilfskonstruktion der Demoskopen, wird er wohl selten mit mehr als einem halben Dutzend von Literaturwerken in Zusammenhang gebracht. Und dennoch erweist sich das Motiv der Schattenlosigkeit, gemessen an seiner geradezu phantastischen Abwegigkeit, bei näherem Hinsehen doch wider Erwarten als äußerst fruchtbar und in der Lage, aus sich heraus ganze Motivtraditionen zu entfalten, die in einzelnen Ausformungen bis an die Schwelle der Stoffbildung gelangen.

Insofern versteht sich diese Untersuchung als Beitrag zur Stoff-, Motiv- und Symbolgeschichte gleichzeitig, da die Schattenlosigkeit in verschiedenen Werken unterschiedliche Funktionen erfüllen kann. Sie scheint geradezu ein Schulbeispiel für die Zusammenhänge von Stoff, Motiv und Symbol zu bieten. Als Motiv, also als kleinstes handlungs- und situationsmäßiges Element der Literatur, durchzieht sie in einer praktisch gar nicht mehr erfaßbaren Vielfalt die Literatur der letzten zwei Jahrhunderte, ohne von besonderem Einfluß auf Gestaltung und Thematik des jeweiligen Werkganzen zu sein, so daß sich ihre Herauslösung aus dem Kontext oft schon deswegen verbietet, weil sie als Operation eben zu keiner höheren Einsicht führt als zur Feststellung des Vorhandenseins.

Die im Fluß befindliche, im wesentlichen durch die Arbeiten von Elisabeth Frenzel bestimmte Terminologie der Stoff- und Motivgeschichte differenziert die Motive terminologisch kaum nach ihrer Bedeutsamkeit im Stoffganzen eines Werkes, also je nach Relevanz als Randmotive, Nebenmotive, Leitmotive oder Hauptmotive eines Werkes. So wenig befriedigend diese Situation ist, die durch Einführung des in englischer und französischer Terminologie gelegentlich verwendeten, wenngleich zugestandenermaßen ebenso unscharfen Terminus ›Thema‹ kaum verbessert werden kann, so wenig erschien eine Spezialuntersuchung wie die vorliegende der geeignete Ort, die eingeführte Terminologie über Bord zu werfen und von dermaßen schmaler Basis aus die terminologische Unsicherheit noch zu vergrößern.

Für die nachfolgende Untersuchung gilt daher der verlorene Schatten bzw. die Schattenlosigkeit als Motiv, und um der mangelnden Aussagekraft dieses Begriffs hinsichtlich der Stellung und Bedeutung des Motivs im Werkganzen abzuhelfen, wird dort, wo es darauf ankommt, unterschieden in Randmotive (blinde Motive ohne Fortsetzung; einmalige Erwähnung ohne Konsequenz für die Handlung), Nebenmotive (einem anderen Hauptmotiv untergeordnete Motive), Leitmotive (durch Wiederholung formelhafte Motive) und Hauptmotive, d. h. solche Motive, die in einer über das additive Einzelmotiv hinausgreifenden Weise zur tragenden Grundlage eines Werkes und für dieses thematisch (Thema) werden können. Letztere können sich in Verbindung mit handlungsmäßigen Grundkonstellationen bis zu Stoffen ausfalten und damit eigene Stofftraditionen bilden wie etwa der Eselsschatten-, der Schlemihl- oder der Anna-Stoff.

Beim verlorenen Schatten als Ganzem kann von einer einheitlichen, chronologisch fortschreitenden Motivtradition ebensowenig die Rede sein wie bei den meisten anderen Motiven, da diese im Gegensatz zum Stoff über einen so geringen handlungsmäßigen Fundus verfügen, daß sie sich nicht linear entfalten, sondern sich vielfältig assoziieren und verzweigen. Damit stellt sich die Aufgabe, anstelle einer linearen Motivgeschichte den Abzweigungen und Verästelungen des Motivs nachzugehen und dabei weder die historische Perspektive zu verschütten noch den Aspekt der poetologischen Möglichkeiten aus dem Auge zu verlieren.

So reizvoll es nun erschien, die Vielfalt der Erscheinungen etwa nach männlichen und weiblichen Schatten zu untergliedern, war es doch offensichtlich, daß der Geschlechtsfrage bei ohnehin verlorenen Schatten geringe Relevanz zukommt – es wird sich trotzdem ergeben, daß nur weibliche Schatten des Mythischen fähig sind –, und so aufschlußreich es sein mochte, die sachlichen Umstände des Schattenverlustes zur Grundlage der Aufgliederung zu machen, stand dem doch im Wege, daß die Initialkraft oft in keinem logisch deduzierbaren Verhältnis zum erzielten Effekt steht.

Die getroffene Gliederung ist daher wie alle aus dem Materialbefund erwachsenen ein Kompromiß, der teilweise Stofftraditionen (Eselsschatten, Anna), teilweise literarische Abhängigkeiten (Schlemihl), teils auch strukturelle Grundzüge (Doppelgänger-Schatten) und in einem Sammelkapitel die gemeinsame Wurzel im Volksglauben zugrunde legt. Innerhalb dieser möglichst chronologisch behandelten Gruppen ergab sich nun bei relativer Konformität gleichzeitig ein gemeinsamer Bezugsraum des Motivs, der in den gewählten Kapitelüberschriften angesprochen wird.

Obwohl als Untersuchungsraum für diese Arbeit ursprünglich die deutschsprachige Literatur ins Auge gefaßt worden war, ergab sich bald die Notwendigkeit, diese Umgrenzung aufzugeben und in Bereiche einzudringen, die üblicherweise der Komparatistik vorbehalten sind. Zu vielgestaltig sind die Ausstrahlungen einzelner Werke in fremde Literaturen und zu mannigfaltig sind die Einflüsse von dorther, als daß — bei aller Schwerpunktbildung im deutschen Bereich — auf die Einbeziehung der außerdeutschen Literaturen verzichtet werden durfte. Allerdings gebot sich die Einschränkung auf den abendländischen Bereich, da sich zwischen ihm und etwa den orientalischen Gestaltungen der Schattenlosigkeit keinerlei Wechselbeziehungen ergaben.

Eine andere Begrenzung stellte sich vom Sachgebiet her als notwendig heraus, nämlich diejenige auf literarische Werke. Natürlich spielt die Schattenlosigkeit etwa der Götter, der Geister, Dämonen, Toten und Wiedergänger in Religion, Mythologie und Volkstradition der Naturvölker, der außereuropäischen Hochkulturen sowie im europäischen und deutschen Volksaberglauben eine nicht zu unterschätzende Rolle. Wenn sie hier trotzdem kaum Beachtung fand und nur herangezogen wurde, wo direkte Einflüsse vorlagen, so geschieht dies nicht nur wegen der methodischen Unvereinbarkeit volkskundlicher und literaturwissenschaftlicher Arbeitsweisen und der Heterogenität des Forschungsmaterials, sondern vor allem, weil ich während dieser Arbeit nach sorgfältiger Überprüfung des verfügbaren Materials zu der Überzeugung gelangte, daß der verlorene Schatten als Vorstellung des Aberglaubens in der Volkskunde und der verlorene Schatten als Motiv oder Symbol in der Literatur kaum etwas gemeinsam haben und daß die literarische Entfaltung des Motivs seit Chamisso eine eigenständige Entwicklung genommen hat, die weder im Volksglauben wurzelt noch in ihrem Gang wesentlich von ihm beeinflußt wurde. Diese Auffassung wird unten anläßlich des »Peter Schlemihl« zu belegen sein.

Innerhalb dieser Eingrenzungen nun konzentriert sich die Untersuchung schwerpunktmäßig auf solche Werke, in denen der verlorene Schatten das Hauptmotiv oder eines der Hauptmotive darstellt, solche, in denen er nur ein Nebenmotiv ausmacht, werden nur als symptomatische Beispiele, Randmotive nur gelegentlich und peripher herangezogen. Dem methodischen Ansatzpunkt der Motivforschung entsprechend variiert die Intensität der Analyse der Einzelwerke ebenfalls gemäß der Relevanz, die das Motiv der Schattenlosigkeit in ihnen beansprucht. Sie kann jedoch auch im günstigsten Fall nicht den Anspruch erheben, von der Basis selbst des Hauptmotivs aus die umfassende Gesamtinterpretation des betreffenden Werkes zu liefern;

was der Motivforschung allenfalls gelingen kann, ist der Versuch, durch den Rückverweis auf die Motivtradition und in der Abgrenzung und Kontrastierung gegenüber ähnlichen Fällen von einem Motiv her neues Licht auf das Einzelwerk zu werfen und den Motiven durch ihre Ortung im Koordinatensystem der Tradition neue Aspekte abzugewinnen. Des Vorwurfs der Überbewertung des motivisch interessanten Details, der mikroskopischen Analyse unter geringer Berücksichtigung des Werkganzen kann sie sich nur durch diesen Hinweis auf ihre spezielle Fragestellung erwehren.

Dem Kenner der Forschungslage und der bibliographischen Situation gegenüber schließlich bedarf es kaum der Erwähnung, daß auch heute noch jede motivgeschichtliche Untersuchung einem Ritt über den Bodensee gleicht. Selbst jahrzehntelange Sammeltätigkeit unter Ausnutzung aller Quellen und enzyklopädische Arbeit auf weitgespanntem Feld geben keine Gewähr dafür, daß alle Varianten oder auch nur alle wesentlichen Werke erfaßt wurden. Auch wenn die Zahl der als unbedeutend ausgeschiedenen Behandlungen die der angeführten mehrfach übertrifft, muß die Formel der captatio benevolentiae weiterhin lauten: Vollständigkeit ist weder angestrebt noch erreicht.

II. VORGESCHICHTE DES VERLORENEN SCHATTENS: DER ESELSSCHATTENPROZESS

1. WIELAND UND SEINE ANTIKEN QUELLEN

Es mag Befremden erregen, die Geschichte eines nach allgemeiner Auffassung so ausgesprochen romantischen Motivs wie des verlorenen Schattens ausgerechnet mit dem vulgo Altmeister des Romans gerade der deutschen Aufklärung einsetzen zu lassen, und selbst wenn man die Epochenklischees cum grano salis betrachtet, bedarf solches Verfahren doch einer näheren Begründung.

Es soll hier nicht der natürlich sinnwidrige Versuch gemacht werden, Wieland zum Schöpfer des Motivs vom verlorenen Schatten zu proklamieren, und auch wenn man gemäß der oben gemachten Begriffsstimmung auch den verkauften Schatten mit unter den Motivrahmen der Schattenlosigkeit einordnet, kann hier nicht davon die Rede sein, da es sich einmal rein sachlich um einen nur gemieteten — oder präsumtiv gemieteten — Schatten handelt und zum anderen das Ergebnis keine Schattenlosigkeit ist. Dennoch scheint einiges dafür zu sprechen, die Geschichte des Motivs vom verlorenen Schatten in ihren Wurzeln bis zu Wielands Roman »Geschichte der Abderiten« (1774–79)[1] zurückzuverfolgen, und zwar insbesondere auf dessen literarhistorisch wirkungsreichstes Kernstück, das vierte Buch, das erstmals in den Januar-Juni-Heften 1779 des »Teutschen Merkur« erschien unter dem Titel »Onoskiamachia oder der Proceß um des Esels Schatten. Ein Anhang zur Geschichte der Abderiten«.

Erscheint als das überraschend Neue, das für die Zeitgenossen Sensationelle am Motiv vom verlorenen Schatten der eigenartige, geniale Gedanke an eine

Trennung von Körper und Akzidenz des Körpers (Schatten), ein Motiv, das seine Publikumswirksamkeit auf die Stirn geschrieben trägt, so läßt sich zumindest der Gedanke an die Möglichkeit einer Unterscheidung, einer Spaltung, einer juristischen Differenzierung zwischen Körper und Schatten zurückverfolgen auf Wielands Darstellung des Prozesses um des Esels Schatten. Und es ist in gewissem Sinne bezeichnend für die Genese dieses Motivs, daß dasjenige, was für Wieland noch als das Nichtigste des Nichtigen galt, als ein Garnichts, wert einzig und allein, den lächerlichen Anlaß eines Parteienstreits der Abderiten so recht ins Absurde zu wenden, – daß dieses Nichts von einem Schatten ein halbes Jahrhundert später bei der Chamisso-Interpretaion zum A und O des wohlgelittenen Bürgers und menschlicher Vollendung werden konnte.

Doch nur auf den ersten Blick läßt sich solcher Kontrast zwischen aufklärerischer Satire und romantischem Märchen aufrechterhalten, bei näherem Hinsehen erweist sich die Koinzidenz doch als größer denn erwartet.

Auch Peter Schlemihl achtet ja zunächst seinen Schatten für gering, für ein Nichts, dessen er sich zu seinem Vorteil begeben kann, ohne im geringsten etwas zu verlieren. Insoweit stimmt seine Haltung im großen und ganzen mit der des Spötters Wieland überein und enthüllt sich als eine durchaus rationalistische Betrachtungsweise naturwissenschaftlich geklärter Zusammenhänge, denen der aufgeklärte Geist keine wesentliche und schon gar keine gefühlsmäßige Bedeutung beimißt – sehr zum Erstaunen indessen der anderen, seien es nun die närrischen Massen der Abderiten oder die abergäubische Umwelt Peter Schlemihls: erst in der Reaktion der Nicht-Rationalisten auf eine der Erzählerfigur belanglose Bagatelle erweist diese sich als vermeintlich belangvoll, als Anlaß zu einer dezidierten Stellungnahme.

Unter diesem Aspekt steht auch der ›rationalistische Romantiker‹ Chamisso dem rationalistischen Satiriker Wieland nahe, erscheint der Gegensatz Aufklärung und Romantik – zumindest was Chamisso betrifft – weniger gravierend als die gemeinsame Thematik. Doch sollte es im Grunde gar keines Hinweises darauf bedürfen, daß diese Thematik doch nur partiell identisch oder verwandt ist. Das Kuriosum einer Trennung von Körper und Schatten stand für Wieland gar nicht zur Debatte.

Für Wieland bietet vielmehr die antike Überlieferung, die aber für das Thema der Schattenlosigkeit belanglos ist, den willkommenen Anlaß zu einer turbulenten Groteske auf ein lächerliches Spießbürgertum, das in seiner Kurzsichtigkeit weder seine Reaktionen in angemessener Proportion zum belanglosen Anlaß hält noch über seinem vermeintlichen Rechtsfanatismus zu einer Güterabwägung kommt und daher die Heimat ins Verderben zu reißen droht.

Es ist vielleicht von den Interpreten, soweit sie überhaupt näher auf den Eselsschatten eingehen, nicht genug beachtet worden, daß dem grotesken Anlaß des Parteistreits ein ebenso groteskes Ende gegenübersteht: der Tod des Esels wäre ja nur nach abderitischem Denken Grund genug, auf eine so temperamentvoll verlangte Grundsatzentscheidung zu verzichten. Die Frage, die die Gemüter so leidenschaftlich entzündet, nämlich ob der Schatten mit dem Esel vermietet worden sei oder seine Nutznießung weiter dem Eigentümer verbleibe, ist ja durch den Tod des Esels gar nicht geklärt, und so abderitisch der Streit anmutet, dessen Wogen die Stadtrepublik bis an den

Rand des Bürgerkriegs tragen, ebenso abderitisch mag es sein, daß den viel-beschrienen Grundsatzpositionen und theoretischen Erörterungen durch das bloße Ableben des Esels der Boden entzogen erscheint und der Sturm im Wasserglas unbeschadet des Fortlebens von Schuldforderung des Eselvermie-ters und Ersatzanspruch des Zahnarztes zu einem absoluten Stillstand kommt.

Im Textzusammenhang der Abderitengeschichte ist der Eselsschatten jedoch nur Motiv im literarischen wie im psychologischen Sinne, das einen Anlaß zur Parteiung der Bevölkerung, zum Parteihader und zur Spaltung der Einwohnerschaft in die beiden Blöcke der ›Esel‹ und der ›Schatten‹ bietet. Wieland geht es in erster Linie nicht um das Schattenmotiv, sondern um »die närrische Psychologie der kleinen Republik und der sich in ihr en minia-ture, aber nicht minder leidenschaftlich entfachenden Parteikämpfe, Partei-egoismen und Intrigen«.[2] Fritz Martini sieht dieses Kapitel der Abderiten-geschichte mit Recht in einem anderen Traditionszusammenhang als demjeni-gen des Schattenmotivs, nämlich im »Thema der Selbstzerstörung im Rechts- und Prozeßwahn, das im 19. Jahrhundert – Otto Ludwig, der Erbförster; Berthold Auerbach, Diethelm von Buchenberg; Gottfried Keller, Romeo und Julia auf dem Dorfe – radikalisiert weitergeführt wurde«.[3]

In diesem motivgeschichtlichen Zusammenhang kommt dem Schattenmotiv in der Abderitengeschichte nur die Funktion eines auslösenden Motivs, eines Katalysators zu, der den Prozeß in Gang setzt, und es ist zweifelsohne Wielands wirkungsvollste Leistung, daß er sich zur Darstellung des umfassen-den Themas eines Motivs bedient hat, das wie kein anderes geeignet war, das Absurd-Närrische der Ausgangssituation aufzudecken, indem es den Anlaß auf ein Nicht-Ding minimalisiert:

Eines Esels Schatten! Es ist beinahe noch weniger – als der berühmte und oft kopierte Traumschatten des hohen Pindars. Und gleichwohl veran-laßte ein so nichtswürdiges Ding, ein Ding das man, Realistice zu reden, kaum ein Ding nennen kann, so große Bewegungen in dem gemeinen Wesen von Abdera.[4]

Trotz aller Belanglosigkeit des Streitobjekts zieht Wieland natürlich alle Register des Witzes eben aus der Unbegreifbarkeit des Schattens und der Frage nach seiner Zugehörigkeit oder Nichtzugehörigkeit zum Mietobjekt. Dieser Witz greift weit über die Schlagworte der Parteien wie »Der Schatten geht mit dem Esel«[5], »Ein andres ist der Esel, ein andres ist des Esels Schatten«[6] und die besinnliche Feststellung des Richters »Der Schatten ist ein Accessorium«[7] hinaus. Er feiert wahre Triumphe definitorischen Scharf-sinns in der geradezu naturwissenschaftlich exakten, allen Konstituenten Rechnung tragenden Bestimmung der wahren Seinsweise des Schattens durch den Sykophanten Physignathus:

Ein Schatten kann, genau zu reden, nicht unter die wirklichen Dinge gerechnet werden. Denn das, was ihn zum Schatten macht, ist nichts Wirkliches und Positives, sondern gerade das Gegenteil; nämlich, die Entziehung desjenigen Lichtes, welches auf den übrigen, den Schatten umgebenden Dingen liegt. In vorliegendem Fall ist die schiefe Stellung der Sonne und die Undurchsichtigkeit des Esels (eine Eigenschaft, die ihm nicht, in so fern er ein Esel, sondern in so fern er ein opaker Körper ist, anklebt) die einzige wahre Ursache des Schattens, den der Esel zu wer-

fen scheint, und den ein jeder andre Körper an seinem Platze werfen würde; denn die Figur des Schattens tut hier nichts zur Sache.[8]
Es scheint zweifellos, daß solche Glanzleistungen von Wielands Witz, die im Textzusammenhang natürlich weniger zur Charakterisierung des Schattens als eben der Pedanterie der Abderiten in Nebensächlichkeiten und Belanglosigkeiten dienen, den späteren Gestaltern des Schattenmotivs geläufig oder in Erinnerung waren, und Chamissos bekannte ›Erklärung‹, die er aus einem Physikbuch zitiert und die unten noch zu analysieren sein wird, zielt in dieselbe Richtung.

Für die Trennung des Schattens vom schattenwerfenden Körper dagegen gibt es in der »Geschichte der Abderiten« nur einen einzigen und wenig beachteten Ort in der Rede des Gutachters Miltias. Dieser führt aus, daß »besagter Schatten schlechterdings nicht für sich selbst, oder ohne besagten Esel, bestehen könne, und ein Eselsschatten im Grunde nichts andres als ein Schattenesel sei«.[9]

Hier wird also – soweit ich sehe – erstmals in der deutschen Literatur wenigstens im gedanklichen Bereich die Trennung von Schatten und schattenwerfendem Körper vollzogen, jedoch bezeichnenderweise nur in der Art, daß die Existenz eines Schattens ohne Esel abgestritten wird, nicht aber umgekehrt von einer Schattenlosigkeit des Esels die Rede ist. Diese letztere Wendung bleibt in der Stofftradition des Eselsschattenprozesses erst der Dramatisierung durch Ludwig Fulda (s. u.) vorbehalten.

Wenn dann jedoch in demselben Gutachten des Militias weiter unten davon die Rede ist, daß »mehrbesagter Schatten weder geerbt, noch gekauft, noch inter vivos oder mortis causa geschenkt, noch vermietet, noch auf irgendeine andre Art zum Gegenstand eines bürgerlichen Contracts gemacht werden könne«[10], so schließt diese Argumentation aus Vernunftgründen gerade alle jene Motive aus, deren sich später Chamissos Novelle in so reizvoller, ihre eigene Logik entwickelnder Weise bedienen sollte. Es mag bei näherem Hinsehen geradezu scheinen, als hätte Chamissos ganze Novelle sich speziell zur Widerlegung dieses einen Satzes angeschickt, den übrigens auch Kotzebues Posse fast wörtlich wiederholt.[11]

Dennoch bietet die »Geschichte der Abderiten« die Voraussetzungen für die eigenständige Entwicklung des Motivs der Schattenlosigkeit in der eingehenden gedanklichen Klärung der Beziehungen zwischen Körper und Schatten und der eindringlichen Frage nach der Zugehörigkeit oder Nichtzugehörigkeit des Schattens zum schattenwerfenden Körper. Für die Erörterung dieser Frage und überhaupt für das Anschneiden eines solchen Themas konnte es keinen günstigeren Ansatzpunkt geben als einen Prozeß, in dem das Für und Wider in schärfster Form kontrastierend einander gegenübergestellt werden.

Durch den Bedeutungszusammenhang, den der Prozeß um des Esels Schatten in der »Geschichte der Abderiten« erhält, wird das Interesse auf den Stoff gelenkt, der Schatten als Eigenwert erstmals hervorgehoben und in seiner Selbständigkeit oder Selbstwertigkeit, obzwar Dazugehörigkeit erfaßt, wenn auch dem rationalistischen Satiriker eine objektive Trennung beider fernliegen mußte. Das rationale Verhältnis von Gegenstand und Schatten aber wird mit schärfster – wenngleich abderitischer – Logik in Rede und Gegenrede der Juristen formuliert und so ins volle Licht gesetzt. Dies ist die

Bedeutung der »Geschichte der Abderiten« für die Genesis der Schattenlosigkeit als dichterisches Motiv.

Doch nicht nur die Prozeßform – wie gesagt, nicht um des Schattens willen, sondern um der Satire auf abderitische Rechtshändel willen aufgegriffen – hat zur Wirksamkeit des 4. Buchs der »Geschichte der Abderiten« beigetragen. Wieland selbst hat den Inhalt des 4. Buchs durch den Anwalt Polyphonus mehrfach als ›Komödie‹ bezeichnen lassen[12] und hat diese Bezeichnung auch für die Inhaltsübersicht des 16. Kapitels aufgegriffen[13], und wenn sich hier noch Zweifel erheben könnten, ob damit lediglich auf die Komik des Erzählten abgehoben oder wirklich die dramatische Gattungsbezeichnung gemeint sei, so wird diese Frage dadurch hinfällig, daß Wieland selbst den abderitischen Komödienautor Thlaps »binnen wenigen Wochen sogar eine Komödie daraus zu verfertigen«[14] sich anschicken läßt.

Entsprechend haben die »Abderiten«-Interpreten auf den stark dialogischen und szenischen Aufbau des ganzen Romans hingewiesen, jedoch in erster Linie die fünfteilige Komposition des Romans mit den fünf Akten eines Lustspiels verglichen.[15] Nur F. Sengle jedoch räumt ein, daß spätere Dramatisierungen – er nennt nur L. Fulda, wie F. Martini nur Kotzebue und Dürrenmatt nennt – sich ausschließlich des 4. Buches bemächtigt haben, das eine in sich geschlossene Einheit bildet.

So richtig die Zusammenhänge zwischen szenischem Aufbau, dialogischer Form und Nähe der Prozeßform zum Drama erkannt sind und insbesondere auch das grotesk-absurde inhaltliche Moment zu komödienhaften Dramatisierungen anregen sollte, gehen die »Abderiten«-Interpreten doch fehl in den Vermutungen über literarhistorische Ableitungen von Ursache (lustspielhafte Komposition) und Wirkung (spätere Dramatisierung): Nicht Wielands spezielle dramatische Begabung und die szenische Ausgestaltung des Stoffes bei ihm reizte spätere Dramatiker zur Umwandlung ins Lustspiel; vielmehr hatte der von Wieland vorgefundene und ins epische Medium transponierte Stoff seine dramatische Qualität bereits in der literarhistorischen Urform vorgeprägt erhalten: Die klassische Philologie hat ermittelt, daß der altgriechische Lustspieldichter Archippos (5./4. Jahrhundert v. Chr.), Vertreter der älteren Komödie und in etwa Zeitgenosse des Aristophanes, bereits eine Komödie »Des Esels Schatten« verfaßte, von der allerdings kaum mehr als der Titel und wenige Fragmente auf uns gekommen sind.[16] Wielands »Onoskiamachia« bildet also nur das epische Bindeglied zwischen einer halbverschütteten altgriechischen und einer neu entstehenden deutschen Komödientradition.

Wenn sich die Untersuchung nunmehr noch kurz der dramatischen Nachfolge von Wielands Eselsschattengeschichte zuwendet, so möchte dies nicht als eine Abschweifung vom Hauptthema der Schattenlosigkeit verstanden werden, sondern es soll neben dem Aufzeigen einer Tradition auch dieses Stoffes vom Eselsschattenprozeß zugleich die Frage untersucht werden, wieweit spätere Phasen der stoffgeschichtlichen Entfaltung Ansätze zur Verselbständigung des Schattens machen, damit in die Stofftradition der Schattenlosigkeit mündend, und wieweit der traditionell bestimmte Stoff solcher Entfaltung überhaupt förderlich ist.

a. Allgemeines

Daß Wielands »Geschichte der Abderiten« und insbesondere deren Kernstück, eben die Eselsschattengeschichte, nicht nur für die Zeitgenossen, sondern auch für deren Nachfolgergeneration noch vertraute Gegenwartsliteratur war, erklärt sich aus Wielands einmaliger Stellung innerhalb der Geschichte des deutschen Romans, seiner Breitenwirkung als Schriftsteller zu Lebzeiten und der Eingängigkeit seiner Plots und bedarf fast keiner Erwähnung. Man ist versucht, Reminiszenzen daran noch in einem so andersartigen Werk wie Goethes »Torquato Tasso« zu sehen, wenn sich dort Antonio bei Leonore beschwert:

> Allein gestehe, wenn ein wackrer Mann
> Mit heißer Stirn von saurer Arbeit kommt
> Und spät am Abend in ersehntem Schatten
> Zu neuer Mühe auszuruhen denkt
> Und findet dann von einem Müßiggänger
> Den Schatten breit besessen, soll er nicht
> Auch etwas Menschlichs in dem Busen fühlen?[17]

Obwohl hier vom Baumschatten die Rede ist, wird das »Besitzen« des Schattens zum Anlaß von Rivalität und Streit.

Angesichts der breiten Wirkung und der weitverbreiteten Kenntnis von Wielands Werk ergaben sich für die Neubearbeiter der Eselsschattengeschichte nur zwei Möglichkeiten, der Vorlage gegenüber eigene Wege einzuschlagen, und beide sind von ihnen in unterschiedlichem Maße verwirklicht worden:

1. der Wechsel in ein anderes Genre, nämlich die durch Wielands Text selbst (s. o.) angeregte dramatisch-komödienhafte Gestaltung; es ist bezeichnend für die Wirkungsmächtigkeit des Vorbildes, daß es keine epische Neugestaltung hervorgerufen hat, sondern daß alle Bearbeiter Zuflucht zum Theater nahmen – und

2. die Aktualisierung entweder des Stoffes durch Versetzung etwa in zeitgenössische deutsche Umwelt oder des Konflikts durch Anspielungen auf zeitgenössische Zustände, Machtblöcke, Interessenkonstellationen, politische Propagandamethoden u. ä.

Es ist aber ebenso bezeichnend für die Nachwirkung der Eselsschattengeschichte, daß sich auch die selbständigsten Bearbeiter nicht vom Vorbild Wielands haben lösen können und daß keines der hierher gehörigen Werke einen höheren Grad an literarischer Selbständigkeit erlangt hat. Sie sind durchwegs Nebenwerke der beteiligten Autoren geblieben. Auf einen wesentlichen vermittlungstechnischen Aspekt, der im Grunde allen Dramatisierungen des Stoffes im Vergleich mit dem Vorbild bei Wieland zum Nachteil gereicht hat, verweist zu Recht W. E. Yuill:

> Questions of individual genius apart, these versions may be judged to lack the piquancy of Wieland's, precisely because it is difficult for a dramatist – even were he to use a so-called ›alienation technique‹ – to establish this ironical and subtly flexible relationship with his audience. Nor can he so easily stimulate us from moment to moment by adjustment of tempo and variation of linguistic texture.[18]

Die ironische Brechung der Handlung, das Augenzwinkern des Erzählers, das In-der-Schwebe-Halten zwischen dem vorgegebenen historischen Faktum und der dem Leser bewußten Anspielung auf moderne Ereignisse und Situationen ließen sich trotz der dramatisch zugespitzten Dialoge nicht ohne Substanzverlust auf die Bühne bringen, wo das Individuell-Einmalige der Figur als Charakter der Allgemeingültigkeit ihrer Konzeption als Verkörperung allgemeinmenschlicher Schwächen ohne individuelles Gesicht im Wege steht. W. E. Yuill fährt fort:

> The epic form, as opposed to the drama, also offers Wieland an advantage in characterization that is important for the ›ideality‹ at which he aims. The dramatist is tied to individual figures, no matter how much he may try to invest them with symbolic functions, and must demonstrate character, generally speaking, within the confines of a stage action and dialogue. In the story form, Wieland, by discursive delineation of types rather than individuals, can achieve an amplitude that is denied to the dramatist in so far as the latter sticks to his proper medium. Wieland deliberately avoids describing the physical presence or posture of his characters because he is primarily interested in representing mental constitutions and attitudes that are universal. The reader is provided with basic types, accurately drawn, to which he can relate his own experience of individuals.[19]

Diese gattungstheoretischen Überlegungen berühren die Stoffgeschichte zwar nur am Rande, verdeutlichen jedoch aus der literarhistorischen Situation eben der Priorität von Wielands epischer Behandlung die Gründe dafür, daß alle dramatischen Bearbeitungen gegenüber dem Original abfallen.

Von der Eingrenzung dieser Arbeit auf das Motiv der Schattenlosigkeit aus gesehen, tragen sie alle darüber hinaus kaum mehr zur Emanzipation des Schattens bei als das Vorbild. Es ergibt sich daraus literaturgeschichtlich, daß der vorgeprägte Stoff der Eselsschattengeschichte mit seinen traditionellen Figuren- und Konfliktkonstellationen die Oberhand behält über die mögliche oder denkbare Isolierung des Schattenmotivs an sich, die vor- und gleichzeitig mit diesen Werken in anderen, selbständigen Werken vorgenommen wurde und praktisch die Stofftradition der Eselsschattengeschichte kaum beeinflußt.

Ihre Behandlung, die sich im Rahmen dieser Arbeit auf das Motiv der Schattenlosigkeit innerhalb des Eselsschattenstoffs einschränkt, kann daher kurzgefaßt werden.

b. A. v. Kotzebue »Des Esels Schatten«

Angesichts der deutlichen Hinweise, die Wieland selbst auf die Möglichkeit einer Dramatisierung seines Stoffes gibt, scheint es fast verwunderlich, daß die erste dramatische Behandlung drei Jahrzehnte auf sich warten ließ; weniger merkwürdig ist, daß sie von dem wohl stoffhungrigsten deutschen Dramatiker stammt:

August von Kotzebue, dramatisierbaren Stoffen aus der literarischen Tradition auf der Spur und mit einem unbezweifelbaren Sinn für die Bühnenfähigkeit von Motiven begabt, hatte wohl mehr als einen Anlaß, sich dieses

Stoffes für die Bühne zu bemächtigen. Dem ausgebildeten Anwalt und Gerichtspräsidenten empfahl sich der Stoff durch die Möglichkeit, ihn auf die beliebte Prozeßform zu konzentrieren und ihn in die Nähe der Standessatire zu lenken. Darüber hinaus aber fühlte sich Kotzebue Wieland nicht nur in seinem aufklärerischen Vernunftglauben und seinem Sinn für das Spielerisch-Frivole verbunden, sondern suchte ihn auch zum Bundesgenossen seiner Fehden mit den Klassikern zu gewinnen.

So kann seine für das Liebhabertheater gedachte einaktige Posse von 1810 »Des Esels Schatten, oder: Der Prozeß in Krähwinkel«[20] sowohl als ein Beweis für Kotzebues Spürsinn für dramatische Stoffe wie auch als Hommage an Wieland verstanden werden. Die Fußnote auf dem Titelblatt:

Ich brauche wohl niemandem zu sagen, daß der Stoff zu dieser Posse aus Wielands Abderiten entlehnt ist.[21]

mag auch in diesem Sinn eine doppelte Funktion haben: sie ist nicht nur Quellenangabe als Akt der Redlichkeit, sondern gleichzeitig sowohl Verbeugung vor dem Autor als auch Beleg seiner uneingeschränkten Bekanntheit.

Dieses selbstverständliche Als-bekannt-Voraussetzen darf nicht als Höflichkeitsfloskel gewertet werden, wie aus dem Aufbau des Stückes selbst hervorgeht: kein Dramatiker könnte es sich sonst erlauben, die ersten zwei Drittel eines Stückes[22] mit einem Stimmungsbild des Parteiengezänkes zu füllen, ohne daß der dieser Parteiung zugrunde liegende Streitfall überhaupt dargestellt wird. Umgekehrt wäre die Darstellung des Streitfalles selbst eben dann für das Publikum langweilig und zu vermeiden, wenn es – was Kotzebue also offensichtlich voraussetzt – mit dem stofflichen Anlaß des Eselsschattenprozesses bereits vertraut war.

Kotzebues Posse ist jedoch trotz wörtlicher Anklänge keine bloße Dramatisierung von Wielands Roman, sondern zugleich eine Aktualisierung durch Anspielungen auf zeitgenössische Verhältnisse und zeitkritische Seitenhiebe sowie eine Erweiterung des ursprünglichen Stoffes um bühnenwirksame Nebenhandlungen wie eine Liebeshandlung – wie üblich die zuerst scheinbar unmögliche und dann doch glückliche Vereinigung eines Paares – und einen Kurpfuscherstreit, die allerdings beide nur oberflächlich einbezogen werden. Dem Gattungserfordernis der Posse entspricht es überdies, wenn der Ausgang des Prozesses in ein unangefochtenes Urteil abgeändert wird.

Die stärkste und schwerwiegendste Abweichung von der Vorlage erlaubt sich Kotzebue jedoch in einem Punkt, der die Oberflächlichkeit seines Verfahrens der bloßen Stoffaneignung drastisch verdeutlicht: Als erste und einzige unter den Dramatisierungen verlegt seine Bearbeitung die Handlung in zeitgenössisches deutsches Milieu, vom griechischen Abdera in die spießbürgerliche deutsche Kleinstadt Krähwinkel. Den äußeren Vorwand dazu liefert quasi die Einbeziehung der Posse in die Krähwinkel-Trilogie des deutschen Spießertums, in der sich an den Erfolg von »Die deutschen Kleinstädter« (1802) noch »Carolus Magnus« (1806) und eben »Des Esels Schatten« anhängen sollten. Doch bleibt die Verbindung der drei Stücke außer einigen gemeinsamen Figuren[23], der Reminiszenz an die Handlung von »Die deutschen Kleinstädter« im Dienerprolog der 1. Szene[24] und der Wiederholung des Motivs von der deutschen Titelsucht in der 2. Szene[25] oberflächlich und etwas gewaltsam insofern, als der in den vorangegagenen zwei Stücken etablierten Krähwinkler Gesellschaft unter dem Einfluß von Wielands Abdera nun ihr wesensfremde, schildbürgerlich-abderitische Züge aufgepfropft werden. Von einer echten Trilogie kann daher nicht die Rede sein.[26]

Die Stärke von Wielands verschlüsselter Kritik am deutschen Spießbürgertum, eben gerade die indirekte Satire durch Zurückversetzung in eine der zeitgenössischen Gegenwart nur angeähnelte Antike, die Reize der Spiegelreflexion auf die Gegenwart hin, all das, was Wieland seinem Text an verkappten, ironischen Zeitbezügen unterlegte, wurde durch die direkte Versetzung der Handlung in deutsche Gegenwart hinfällig, weil überdeutlich, und zerstört. Die Verballhornung des Stoffes ist evident.

Angesichts einer solchen Verfahrensweise ist es wenig verwunderlich, daß bei Kotzebue für den Schatten praktisch keine neuen Aspekte auftauchen. Zwar macht er weitgehenden Gebrauch von den redensartlichen Wendungen der deutschen Sprache mit Schattenbildern:

Und wenn es der Schatten von einem Schatten wäre . . .[27]
Er fürchtet sich vor keinem Schatten . . .[28]
Wenn noch irgendein Schatten von einem Zweifel über die Natur des besagten Schattens obwalten möchte . . .[29]
Mein Esel ist zu lauter Schatten geworden . . .[30]

Ebenso übergeht er keine der possenhaften Möglichkeiten, die ihm die Benennung der Parteien in ›Schatten‹ und ›Esel‹ bietet:

Sie ist ein Schatten, aber kein Schatten aus Elysium.[31]
Ich beklage Sie, daß Sie zu einem Schatten dahingeschwunden.[32]

Aber diese Pointen werden stilistisch so vorbereitet, daß das Publikum sie den Figuren schon vorher vom Munde abliest.

Um so weniger kann man hier ein zur Entstehungszeit noch neues, unbenutztes Motiv wie das des verlorenen Schattens erwarten. Wohl ist zu Prozeßbeginn davon die Rede, man brauche nicht den Esel als Beweisstück, könne aber »allenfalls seinen Schatten heraufholen«[33], und der Advokat Lungehenld fragt gelegentlich:

Wann ist je zu Krähwinkel ein Esel vermiethet worden ohne seinen Schatten?[34]

Doch diese Frage meint keine reale Trennung von Esel und Schatten, sondern nur eine mietrechtliche Unterscheidung. Die übrigen einschlägigen Stellen der juristischen Argumentation des Anwalts Lungehenld schließen sich streckenweise fast wortwörtlich an Wielands Text an, so daß sich die meisten reizvollen, witzigen Argumente der Posse zum Nachteil Kotzebues auf Wieland zurückführen lassen, so die Wendung vom Schatten als Accessorium[35] und von der Unverkäuflichkeit, Unvererbbarkeit und Kontraktunfähigkeit des Schattens.[36] Für die vermutliche Mitanregung Chamissos durch Wielands Ausführungen machte es daher keinen Unterschied, ob Chamisso sie bei Wieland selbst gelesen und behalten hat oder bei Kotzebue, dessen Weltruhm er als Reisebegleiter seines Sohnes in seiner »Reise um die Welt« nachzeichnet.[37]

Wenn also angesichts einer seichten rationalistischen Posse neue Pfade für die Entwicklung des Motivs nicht zu erwarten waren, so ist doch für unseren Zusammenhang wichtig, daß sie gewiß häufig gespielt wurde und wie Wielands Roman zur Popularisierung der Eselsschattengeschichte beigetragen haben mag.

Auf die späteren Bearbeitungen des Stoffes, die zu einer Zeit einsetzen, als der Name Kotzebue durch Alfred Kerr bereits zum Schimpfwort geworden ist, hat das Werk keinen Einfluß mehr gehabt, wenngleich der Stückschluß von Fuldas Bearbeitung hier bereits vorgeprägt ist in der Bemerkung des Fähnrichs Rummelpuff:

> Wenn der Feind uns heute überrumpelt, so findet er die Thore unbesetzt.[38]

c. L. Fulda »Des Esels Schatten«

Fast erweckt es den Eindruck, als wäre die Eselsschattengeschichte in ihren ersten Bearbeitungen eine Domäne der dramatischen Vielschreiber. Nicht ganz zu Unrecht stellt Bernhard Gajek, der 1962 die Ludwig-Fulda-Ausstellung des Freien Deutschen Hochstifts im Goethehaus Frankfurt betreute, Ludwig Fulda neben August von Kotzebue: »An Talent und Fruchtbarkeit ist Fulda mit Kotzebue vergleichbar.«[39] Die gleiche Produktivität – wenn auch nur 50 Dramen gegen Kotzebues 219 – die gleiche Vielseitigkeit in Stilen und Formen ohne avantgardistische Experimente, die gleiche Vorliebe für das Unterhaltungstheater nach bewährten Motiven im Stil des leicht satirischen Konversationsstücks, ein ähnlicher Weltruhm zu Lebzeiten, dem beinahe noch zu Lebzeiten die Abwertung als Konfektionsliterat und schließlich das Vergessenwerden folgten; man ist sogar versucht, hinter der Ermordung Kotzebues und dem Selbstmord des vom Naziregime verpönten Ludwig Fulda denselben nationalen Fanatismus als Triebfeder zu sehen.

Dennoch wäre nichts ungerechter, als den Vielschreiber der letzten Jahrhundertwende mit dem von 1800 auf dieselbe Stufe zu stellen, was etwa die Bearbeitungen der Schattengeschichte betrifft. Mit Kotzebues Eindeutschung des Stoffes war Wielands satirischer Impetus, der Reiz der beziehungsreichen Andeutung, der derbdrastischen Hausbackenheit des Publikumsgeschmacks erlegen, der in vordergründigen Liebes- und Kurpfuscheraffären sowie billigen Theatergags sein Genügen fand. Der Stoff war in eine Sackgasse geraten, aus der es keine Weiterentwicklung gab. Die triviale Posse wieder akzeptabel zu machen, bedurfte es anderer Geister.

Nicht diesen Weg ging Ludwig Fulda, sondern mit dem Feingefühl des Ästheten wählte er den Umweg zurück zu den Quellen, zu Wielands Konzeption der imaginären Bildungsantike als Spiegelbild zeitgenössischer Zustände und geistvolle Verkleidung moderner Torheiten.[40] Auch Fuldas Lustspiel »Des Esels Schatten« (1922)[41] übt Kritik an der Zanksucht der Kleinbürger über einen nichtigen Anlaß, aber sie ist hier nicht Selbstzweck und hat als einziges Ziel nicht die Belustigung und Unterhaltung des Publikums, sondern mündet im Endeffekt wieder wie bei Wieland ins Politische als Kritik am übersteigerten demokratischen Parteienstreit, der den Ruf nach einem ›überparteilichen‹ Lenker oder Führer weckt und dadurch in die Katastrophe führt: Von beiden Parteien jeweils als ihr Bundesgenosse zu Hilfe gerufen, zieht der König Kassander von Mazedonien während der bürgerkriegsähnlichen Streitereien in die Stadt ein, übernimmt die Macht und unterwirft die Parteien seiner Herrschaft:

> Auf diesen Doppelnotruf hier erschienen
> Willfahr' ich, meinem Königswort getreu,

Dem Wunsch der einen Hälfte wie der anderen
Und unterwerfe drum die ganze Stadt.[42]
... Von heut ab gibt's
Hier kein Gesetz als die von mir erlass'nen
Und keinen Willen als den meinen mehr.[43]

Mit dieser freien Bearbeitung von Wielands Stoff konnte Fuldas Warnbild
der Weimarer Zeit, das sich mit der Hitlerzeit bewahrheiten sollte, wiederum
zur anspielungsreichen Groteske der Zeitgeschichte werden, als eine so pro-
gressive Bühne wie das durch seine Handke-Inszenierungen bekannte Frankfurter ›Theater am Turm‹ es 1967 unter der Regie von Claus Peymann
wiederum aktualisierend auf die Bühne brachte.[44]

Neben zahlreichen solchen andeutenden Episoden und politischen Intrigen
tritt in Fuldas Bearbeitung das Eselsschattenmotiv stärker in den Hintergrund. Die didaktische Tendenz jedoch, die von Wieland her dem Stoff an-
haftet, bleibt erhalten.

Dafür ist dank der Belesenheit des Autors die ganze Tradition des inzwischen erstandenen Motivs der Schattenlosigkeit in die Argumentation des
Stückes eingegangen und begegnet hier erstmals in einer Bearbeitung des
Eselsschattenprozesses. Kinesias, der Anwalt des Eseltreibers Anthrax, argumentiert bei der ersten Gerichtssitzung:

Hat, als er auszog, im entferntesten
Er an Gebrauch des Schattens nur gedacht?
Ja, wär' durch eine Laune der Natur
Der Esel von Geburt an schattenlos,
Hätt' er ihn minder drum heut früh gemietet?[45]
. . . . .
Wenn aber zur Bemäntlung dieser Blöße
Hier von des Schattens Herrenlosigkeit
Uns was gefaselt wird, so wüßt' ich gern,
Warum solch herrenloser Eselsschatten
Als Schattenesel nicht spaziert für sich,
Vielmehr untrennbar klebt an seinem Körper.[46]

Hier wird also wenigstens in hypothetischer Form mit der Möglichkeit
gespielt, daß der Esel schattenlos und der Schatten esellos sein könnten, eine
Vorstellung, die bei Wieland noch keinen direkten Anhaltspunkt findet, sondern sich allein durch die mittlerweile entstandenen dichterischen Gestaltungen der Schattenlosigkeit erklärt. So wenig Fuldas Lustspiel auch sonst zum
dichterischen Motiv des verlorenen Schattens beiträgt, ist es für den Zusammenhang dieser Untersuchung aufschlußreich, festzustellen, daß erst im Jahre
1921 die Verbindung des ursprünglichen Stoffes vom Eselsschatten mit dem
dadurch mitangeregten Motiv der Schattenlosigkeit sich vollzieht und die
oben ausgeführte Theorie von der Verwandtschaft beider Stoffe hier ihre
konkrete Verwirklichung findet.

d. R. Strauss / J. Gregor / H. Adler »Des Esels Schatten«

Die einfache Lehre Wielands vom Verfall einer blühenden Republik durch
Profitsucht und Parteistreit eignete sich jedoch nicht nur zum politisch-satiri-

schen Warnbild für das Theaterpublikum der Weimarer und Bonner Republik, sondern erwies ihre Fruchtbarkeit auch unabhängig von allen politischen Bezügen in einem einfachen Singspiel für Schüler, dessen Entstehungsgeschichte sehr viel komplizierter ist als das Werkchen selbst.

Als Richard Strauss 1947 von Pater Stephan Schaller[47] vom Gymnasium der Ettaler Benediktinerabtei, dem Lehrer seines Sohnes und seiner Enkel, um eine singspielartige Komposition für das dortige Schultheater gebeten wurde, schlug ihm sein Librettist, der Theaterhistoriker Joseph Gregor, Wielands Geschichte vom Eselsschattenprozeß vor. Gregors Opernlibretto jedoch entsprach nicht Strauss' Vorstellungen von einer Posse mit kleinen Couplets und untermalender Musik, und als Gregor keine Lust zum Umarbeiten zeigte, sprang auf Strauss' Wunsch 1947 der Wiener Lustspielautor Hans Adler[48] als Textautor ein. Die musikalische Einrichtung blieb durch den Tod von Richard Strauss 1949 mit sieben von 18 vorgesehenen Musiknummern und einigen Skizzen Fragment und wurde von P. Stephan Schaller in Zusammenarbeit mit dem Ettaler Musiklehrer Kapellmeister Karl Haussner ergänzt, instrumentiert und eingerichtet. Nach einer internen Aufführung der Ettaler Schulbühne zum 100. Geburtstag von Richard Strauss 1964 brachte der Italienische Rundfunk RAI im November 1967 eine szenische Uraufführung im kleinen Theater des königlichen Schlosses in Neapel zustande, der im Januar 1971 das Badische Staatstheater Karlsruhe im Rahmen seines Jugendprogramms als erste Berufsbühne Deutschlands folgte.

Der Text des Werkchens[49] folgt in den Grundzügen ohne eingreifendere Änderungen Wielands Vorlage und paßt sie dem Verständnis Jugendlicher an. Geringfügige Abweichungen ergeben sich aus der vereinfachten Bühnensituation: Massenszenen werden vermieden, der Esel wird nicht von der aufgebrachten Masse zerrissen, sondern ist, als er dem Gericht vorgeführt werden soll, infolge behördlicher Sorgfalt bereits verhungert.

Da die juristische Argumentation sich nicht einmal aller Finessen Wielands bedient, ist ein eigener Beitrag des Werkes zum Motiv der Schattenlosigkeit nicht greifbar, doch sollte das Werk hier im Zusammenhang der Stoffgeschichte als weiterer Beleg für die anhaltende Wirkung Wielands kurz Erwähnung finden. Es kann als Symptom dafür gelten, wie sich das Nachleben von Wielands Stoff in geradezu auffälliger Weise auf zwei Ebenen in regelmäßigem Wechsel abspielt: auf der hohen literarischen Ebene immer wieder aktualisierter und verschärfter didaktischer Zeitsatire (Wieland – Fulda – Dürrenmatt – Taner) einerseits und auf der mehr stofflich interessierten Ebene des Trivial- und Laienspiels andererseits (Kotzebue – Strauss – Wassermann).

e. F. Dürrenmatt »Der Prozeß um des Esels Schatten«

Neben Kotzebue, Fulda und Hans Adler nimmt sich der chronologisch nächste Bearbeiter der Eselsschattengeschichte ein wenig merkwürdig aus: Friedrich Dürrenmatts Name wirkt in dieser Reihe auf den ersten Blick wie deplaziert, und der unvoreingenommene Betrachter mag in dieser Verbindung eines so prominenten Autors mit einem so traditionellen Lustspielstoff entweder den Höhepunkt in einer Reihe von Bearbeitungen sehen oder aus der Affinität Dürrenmatts zum Stoff verkappte trivialere Ambitionen beim Autor ableiten. In Wirklichkeit trifft keines von beiden zu.

Dürrenmatts Hörspiel, das am 5. April 1951 vom Studio Bern urgesendet wurde[50] und erst 1958 in Buchform[51] erschien, ist zweifellos ein Nebenwerk des Autors, was sich schon darin kundtut, daß es in der Sekundärliteratur bisher kaum Beachtung gefunden hat: Spezialuntersuchungen, sonst für Dürrenmatts Werke so reichlich vorhanden, fehlen fast ganz, und die einschlägigen Monographien gehen mit knapper Angabe des Inhalts oder der Abweichungen von Wieland darüber hinweg.

Das geringe Interesse der Literaturwissenschaft an diesem Werk – mutmaßlich im Gegensatz zum Vergnügen des Hörspielpublikums – mag zunächst daraus resultieren, daß Dürrenmatt hier stärker als anderswo nicht aus Eigenem schöpft. Die Umschreibung der Abhängigkeit im Untertitel mit »Nach Wieland – aber nicht sehr« trifft den Sachverhalt wohl nur unscharf, und auch die genaueren Belege der Abhängigkeiten im Anschluß an das Personenverzeichnis[52] verschleiern ein wenig die Tatsache, daß die für die Streitfrage grundlegenden Ausführungen der Anwälte z. T. wörtlich, z. T. umstilisiert direkt von Wieland stammen, daß also dem Streitfall selbst in juristischer Hinsicht keine neuen Aspekte abgewonnen wurden.[53]

Die Feststellung dieser Übernahmen von Wielands Dialog soll kein Tadel sein, sondern nur das geringere Interesse der Literaturwissenschaft an einem weniger eigenständigen Werk Dürrenmatts rechtfertigen. Es ließe sich ebensogut zeigen, wie Dürrenmatt dem übernommenen Stoff eine kongeniale funkgerechte Fassung gab und die Gesetze der Hörspielform erfüllte, etwa durch die geschickte Selbsteinführung der Figuren und die fließenden Übergänge zwischen deren Monologen und den episch eingeführen Dialogszenen, ferner durch ironische Anachronismen und Einführung moderner Terminologie[54], die das antike Milieu dem Umweltverständnis des heutigen Hörspielpublikums anähnelt und daraus gleichzeitig komische Wirkungen bezieht. Es ließe sich ebenso zeigen – und C. Cases hat dies, wenn auch mit wenig überzeugendem Erfolg, getan[55] –, wie Dürenmatt den Klassengegensatz zwischen Reichen und Proletariern auf die antike Szene zurückprojiziert und dadurch scheinbar moderne Konfliktstoffe der Zuspitzung der Konfrontation dienstbar macht, obwohl er allem Anschein nach weniger an der sozialen Thematik per se als an einem Anlaß zu stärkster Polarisierung der Bevölkerung interessiert ist. Der Streit um des Esels Schatten ist auch bei Dürrenmatt kein reiner Klassenkampf, sondern die soziologische Vereinfachung des Schemas Arm – Reich dient der größeren Eindeutigkeit der Frontbildung.

Die Geschlossenheit und sprachliche wie thematische Einheitlichkeit von Dürrenmatts Hörspiel trotz der Anleihen bei Wieland verblüffen um so mehr, als im Grunde wohl kaum ein größerer Gegensatz denkbar wäre als der zwischen Wieland, dem humanistischer Tradition verpflichteten, feinfühlig-ironischen Schilderer der Gesellschaft aus geschlossenem Weltbild, und Dürrenmatt, dem sehr viel drastischeren modernen Grotesk-Dramatiker eines sinnlosen Daseins mit den Mitteln des Grand Guignol. Der Gegensatz beider Werke erschöpft sich jedoch nicht allein soziologisch in der zunehmenden sozialen Bewußtheit der Figuren und ihrer klassenkampfartigen Konfliktsituation, die C. Cases in seiner Analyse vom marxistischen Standpunkt her untersucht, sondern er greift in zwei wesentlichen Punkten darüber hinaus:

Wielands Spott über das beschränkte Spießbürgertum, das im Fanatismus seiner Beschränktheit einen nichtigen Anlaß aufbauscht und nach Grundsatzentscheidungen verlangt – ein Parteiengezänk auf tönernen Füßen mithin – wird bei Dürrenmatt zur grotesken Karikatur der modernen Ideale und Ideologien, die eine harmlose Privatstreitigkeit auf die politische Ebene heben, um Anhänger zu gewinnen, eine Polarisierung der Bevölkerung herbeizuführen und ihren Machtbereich zu erweitern. Nicht der Klassenkampf, sondern die Klassenideologie, und nicht die Klassenideologie, sondern die Ideologie schlechthin erscheint bei Dürrenmatt als das Skrupellose, Verbrecherische, das Unmenschliche, das im Fanatismus seines Absolutheitsanspruchs die Erde unbewohnbar macht. Aus dem Spott über die Spießermentalität ist über die Tragikomödie der Ideologie ein Totentanz der sich zum Selbstwert setzenden Ideale geworden.

Der Verschärfung des ideologischen Elements entspricht sinngemäß die Steigerung des Stückausgangs. Wo die Abderiten Wielands noch mit einem blauen Auge davonkommen und ihr Gemeinwesen nur an den Rand des Abgrunds führen – für ihren Untergang hält Wieland eine noch lächerlichere Situation bereit – gipfelt Dürrenmatts Hörspiel im Untergang der Stadt Abdera durch den im Auftrag beider Parteien gelegten Großbrand[56], dessen Bekämpfung die Feuerwehr ebenfalls aus ideologischen Gründen verweigert und der für die Augenzeugen einen »Weltuntergang«[57] darstellt.

Der Untergang Abderas ist nicht gleichzusetzen mit dem, was Dürrenmatt in den »21 Punkten zu den Physikern« und in den »Dramaturgischen Überlegungen zu den Wiedertäufern«[58] in seiner eigenen Terminologie als »die schlimmstmögliche Wendung« bezeichnet. Weder war der Untergang Abderas unvorhersehbar, noch mündet ein tragisches Geschick ins Komische.[59] Nur dem Wortsinn nach hat der Konflikt der fanatisierten, vor keinen Mitteln des Terrors und der Intrige um der Idee willen zurückschreckenden Ideologien im zumindest materiellen Untergang der Stadt die schlimmstmögliche Wendung genommen. Wo Wieland die Lächerlichkeit des Parteiengezänks aufzeigt, schildert Dürrenmatt desillusioniert die Lebensfeindlichkeit der Ideologien; aus der Satire auf Rechthaberei und Streitsucht wird ein Warnbild des ideologischen Fanatismus, und damit liefert Dürrenmatt dann doch seine eigene, wesentlich straffere und wesentlich schärfere Ausdeutung eines traditionellen Stoffes in einer Zeit wesentlich schärferer Auseinandersetzungen.

Aktualisierung und Politisierung mit einer noch drastischeren didaktischen Tendenz machten bei Dürrenmatt aus der Gesellschaftssatire Wielands einen Zerrspiegel moderner Parteipolitik, ihrer Methoden, dialektischen Künste, Lobbies und Intrigen. Für diesen Zweck reichte der tradierte äußere Handlungsrahmen als Kristallisationspunkt der Machenschaften voll aus, so daß einer Weiterentwicklung der Fabel vom Eselsschatten selbst gar keine Aufmerksamkeit geschenkt und der grotesken Ursachen des Streits selbst keine neuen Gesichtspunkte abgewonnen wurden. Die Absurdität des Streitfalls wird also gegenüber Wieland nicht vertieft, sondern nur in ihren Auswirkungen gesteigert. Das Absurde steht nicht mehr am Anfang, sondern am Ende der Geschichte.

Auch für die Argumentation zur Schattenfrage reichten Dürrenmatts z. T. wörtliche Übernahmen aus Wieland voll aus, und entsprechend ist der Beitrag dieses Hörspiels zur Entwicklung des Schattenmotivs selbst nur die Weiterverbreitung bereits gewonnener Positionen wie der schon von Kotzebue aufgegriffenen Argumentation von der Unverkäuflichkeit, Unvererbbarkeit, Unvermietbarkeit und Kontraktunfähigkeit des Schattens.[59a]

Gerade bei einem Dramatiker vom Rang und der Eigenständigkeit Dürrenmatts mag es trotzdem verwundern, daß der Anlaß praktisch unverändert von der Vorlage übernommen und nur die Ausführung des Streits ihr gegenüber variiert wird: das politische Drama, zu dem Dürrenmatts Stück zählt, entwickelt sich nicht in Richtung einer Verfeinerung der Ironie, sondern zu einer grobschlächtigeren, effektbewußten Eindeutigkeit der Botschaft in Gestalt einer Schocktherapie. Allerdings: Wo es um den Griff nach der Macht geht – was kann da schon ein Schatten mehr bedeuten als einen bloßen Anlaß?

f. K. Wassermann »Der Prozeß um des Esels Schatten«

Das – bei allen Vorbehalten hinsichtlich der Behandlung der Ausgangssituation – mit Dürrenmatts vereinfachender und steigernder Bearbeitung erreichte literarische Niveau und die ihm gelungene Aktualisierung des Themas werden erst recht deutlich, wenn man sie im Vergleich mit der bisher jüngsten, wenn auch nicht gerade modernsten deutschen Dramatisierung des Eselsschattenstoffes sieht, nämlich mit dem Laienspiel des Naumburger Erzählers und Lustspielautors Kurt Wassermann »Der Prozeß um des Esels Schatten« (1959).[60]

Wassermanns Lustspiel ist ein biederes, in der Szenenführung und im Dialog durchaus herkömmliches, literarisch belangloses Laienspiel, das den Stoff in handwerklicher Weise mit ein paar müden Anachronismen[61] und den üblichen herbeigezogenen Eselswitzen für die Bühne aufputzt, den Dialog mit vielen Banalitäten in die Länge streckt, aber inhaltlich eng an Wieland anschließt und dieses Eingeständnis der Abhängigkeit sogar in eine Art romantische Ironie der Durchbrechung der Bühnensituation kleidet, als ein Literaturprofessor dem einen Anwalt vorwirft, er habe »sich schamlos mit fremden Federn geschmückt und seine Rede zum größten Teil aus den Werken des Dichters Wieland wörtlich abgeschrieben«[62], andererseits Fakten erfunden, die den von Wieland »getreulich aufgezeichneten Tatsachen nicht entsprechen«.[63]

Weder wird die Entstehung der Parteiung innerhalb der Bevölkerung Abderas gebührend herausgearbeitet – der Streit zweier Marktweiber muß als Beispiel für die Polarisierung ausreichen –, noch werden die Intrigen der Proselytenmacher überhaupt dargestellt, und auch die soziale Frontbildung wird der Dramatisierung nicht nutzbar gemacht: Im Gegensatz zum Proletarier Anthrax bei Dürrenmatt, dessen einziges »Produktionsmittel« der eine Esel ist, rühmt sich Anthrax bei Wassermann mehrfach seiner zehn Esel und seines Reichtums.[64]

So bedürfte dieses belanglose Laienspiel in diesem Zusammenhang kaum einer Erwähnung, wenn es nicht in einer recht amüsanten Schlußwendung den Eselsschattenstoff wie bereits Fulda mit dem Motiv der Schattenlosigkeit verbinden würde.

Als das Gericht die Vorführung des Esels verlangt, ertönen draußen Rufe: Dieser verfluchte Esel hat ja gar keinen Schatten. – Ha, er hat keinen Schatten. – Man hat uns belogen![65]

Diese überraschende Szene ist klug als scheinbar verblüffende Pointe der Streithandlung aufgesetzt und findet ihre rationale Erklärung für die Zuschauer erst einige Minuten später, als die Fragmente des von der Volkswut zerrissenen Esels dem Gericht vorgelegt werden:

Wenn der Esel wenigstens noch einen Schatten gehabt hätte! – Er hatte einen wunderbaren Schatten, der Achilles! Ihr lügt! – Weil heute die Sonne nicht scheint, deshalb war er nicht zu sehen![66]

Die scheinbare Schattenlosigkeit des Esels mangels Sonnenschein wird hier zum Anlaß seiner Zerstückelung: eine Lösung, der man ihre Herkunft aus echt abderitischem Geiste nicht absprechen kann.

g. H. Taner »Des Esels Schatten«

Daß schließlich die Eselsschattengeschichte keine ausschließliche Domäne der deutschen Literatur ist, sondern daß der Stoff auch in andere Literaturen hineingewirkt hat, dafür bietet der angesehene türkische Dramatiker Haldun Taner ein glückliches Beispiel: Sein Lehrstück (ibret) »Des Esels Schatten« (»Esegin Gölgesi«)[67], das 1965 in Istanbul und Ankara aufgeführt wurde, nimmt denselben Stoff zur Ausgangsbasis für ein Lehrstück vom Ausbeutungsmechanismus der modernen Gesellschaft und erregte zeitweise sogar wegen seiner Aufstachelung zum Klassenkampf das Interesse nicht nur des Publikums, sondern auch der Staatsanwaltschaft.

Das Überraschende, daß Wielands Stoff auch in der modernen Türkei Anklang findet, erklärt sich allerdings weniger geographisch aus der Nähe des klassischen Abdera (bei Taner wird daraus Abdalya = Stadt der Dummen) zur europäischen Türkei als vielmehr biographisch dadurch, daß Taner, der in allen seinen Dramen den türkischen Alltag in die europäischen Theaterformen einfängt, in Wien Theatergeschichte und in Istanbul Germanistik studierte.

Dieser knappe Überblick über die Entwicklung der Eselsschattengeschichte von Wieland bis Taner wäre nicht vollständig ohne die köstliche Spiegelung, die sie im Backfischgeschwätz von Wedekinds »Frühlingserwachen« (I,3) als Schwundstufe und quasi Abbreviatur klassischer Bildung überhaupt findet:

Du lieber Gott, die griechische Geschichte! Ich weiß nur noch, wie Sokrates in der Tonne lag, als ihm Alexander den Eselsschatten verkaufte.[68]

Dieser Weg, der zum Teil durch das literarische Unterholz führte, erschien notwendig, um aufzuzeigen, daß auch der chronologisch früheste Ansatz einer Trennung von Körper und Schatten sich gemäß der ihm innewohnenden satirischen Züge mehr zur Narrenliteratur politischen Gepräges wandte und nur gelegentlich und als Nebenmotiv in den jüngeren Bearbeitungen das Motiv der Schattenlosigkeit nutzbar machte, das möglicherweise von hier aus seinen gedanklichen Ausgang nahm, aber, nicht wie der Stoff vom Eselsschatten satirisch vorbelastet, eine völlig andere und eigenständige Entwicklung nahm. Innerhalb der scheinrealistischen oder doch glaubwürdig realitätsnahen Welt der Satire war für romantisch-surreale Märchenmotive wie den verlorenen Schatten so wenig Raum, daß die wenigen Verbindungen vom Eselsschattenprozeß zur Schattenlosigkeit immer nur auf der Ebene der Hypothese oder gar des Mißverständnisses liegen.

III. DAS KURIOSUM

1. A. VON CHAMISSO »PETER SCHLEMIHLS WUNDERSAME GESCHICHTE«

a. Allgemeines

Mit »Peter Schlemihls wundersamer Geschichte«[69] von Adelbert von Chamisso, entstanden im August/September 1813 und 1814 veröffentlicht, tritt das Motiv der Schattenlosigkeit erstmals in der Weltliteratur als Hauptmotiv einer Dichtung in Erscheinung und wird damit zum Thema einer ganzen Dichtung, die wiederum ihren weltweiten Erfolg wie wohl selten ein Literaturwerk so ausschließlich diesem Motiv und seiner Behandlung verdankt. Für die literarische Welt datiert das Motiv des verlorenen Schattens damit seit 1814.

Anders als in der Eselsschatten-Tradition, wo das Motiv des verlorenen Schattens bestenfalls zum Randmotiv innerhalb andersgearteter Thematik aufsteigen konnte, und anders als in den späteren Stoffbildungen, in denen die Schattenlosigkeit zum mythischen Symbol für etwas anderes wird, also auf etwas verweist, das sich der konkreten Benennung, weil zu umfassend, entzieht, wird der verlorene Schatten hier im doppelten Sinne des Wortes zum Hauptmotiv der Handlung und zum Drehpunkt der ganzen Erzählung. Und es mag in der Literaturgeschichte als ein Glücksfall gelten, daß die erste Dichtung, die sich diesem Motiv widmet, es gleich zum Kardinalpunkt erhebt, so daß nicht aus vielen weniger bedeutenden Vorstufen allmählich das Motiv heranwächst, bis es vielleicht Generationen später seine bleibende und gültige Gestaltung erfährt, sondern daß es hier mit einem Schlage und in voller Größe präsent ist.

Aus dieser singulären Situation heraus versteht es sich, daß wir, guter stoff- und motivgeschichtlicher Tradition folgend, bei der Behandlung dieses Werkes uns ganz auf den Schatten konzentrieren können und an vielen anderen Problemen, die die Forschung beschäftigt haben – etwa das Gattungsproblem Märchennovelle, die Namensfrage ›Schlemihl‹, die sonstigen Märchenmotive und deren Herkunft, die Strukturfrage der Erzählung im Hinblick auf die Zweiteilung des Werkes u. a. m. – vorübergehen können, weil sie nicht der Motivgeschichte des verlorenen Schattens angehören, ohne daß wir den Kernpunkt der Dichtung außer acht lassen.

Das Schattenmotiv selbst, das hier für alle Interpreten im Zentrum der Untersuchung gestanden hat, gibt Anlaß zu zwei hauptsächlichen Fragestellungen: der Frage nach Vorbildern, Quellen und Anlaß der Schattenlosigkeit einerseits und der nach der angemessenen Deutung des Motivs andererseits. Als dritte Fragestellung schließt sich nur für motivgeschichtliche Untersuchungen die nach dem Fortwirken der Dichtung an, die diese Arbeit im ganzen verfolgt.

Wenn der bisherigen Forschung ein Vorwurf nicht ganz erspart werden kann, dann ist es der, daß es ihr nicht immer ganz gelungen ist, die beiden erstgenannten Fragestellungen nach Quellen und Bedeutung säuberlich zu trennen. Nicht selten hat die Ratlosigkeit der Interpreten gegenüber den Deutungsmöglichkeiten dazu geführt, bei den vermuteten Quellen eine Hilfestellung zu suchen und so gewissermaßen von vorgefaßten Bedeutungsinhalten her über die Dichtung hinweg zu interpretieren. Dieser Vorwurf trifft insbesondere die Ansätze zu einer psychoanalytischen Deutung ›avant la lettre‹.

b. Quellen und Vorbilder

Die Frage nach Quellen und Vorbildern für das Motiv des Schattenverlustes bei Chamisso ist von der positivistischen Literaturwissenschaft in vorbildlicher Weise erforscht und geklärt worden, so daß hier angesichts der zutage geförderten Stoffmassen mit wesentlichen neuen Ergebnissen wohl kaum zu rechnen ist. Weniger Augenmerk hat die Forschung dem Problem gewidmet, neben dem Aufzeigen von motivischen Parallelen zu vorangegangenen Gestaltungen auch die Einflußwege zu ermitteln, auf denen sie Chamisso zur Kenntnis gelangt sein sollen, was naturgemäß viel schwieriger nachzuweisen ist.

aa. Volksglauben und Volksdichtung

Zum Ausgangspunkt vieler Spekulationen über mutmaßliche Anregungen Chamissos sind immer wieder seit dem Vorgang von Jacob Grimm (s. u.) Märchen, Sagen und Volksbräuche aus den verschiedensten Kulturkreisen genommen worden, ohne daß eine größere Übereinstimmung mit »Peter Schlemihls wundersamer Geschichte« als eben die Tatsache des Schattenverlusts oder der Schattenlosigkeit in die Waagschale geworfen werden konnte. Die Literatur über Schattenmotive und Schattensymbolik in Volksdichtung und Volksglauben hatte schon zur Jahrhundertwende beträchtliche Ausmaße angenommen[70], ohne daß die daraus aufscheinenden Parallelen in irgendeine nähere Beziehung zu Chamissos Werk gebracht werden konnten oder eine Kenntnis der Überlieferung für Chamisso definitiv nachweisbar war.

Es fragt sich daher, ob der Versuch, Chamissos Werk mit unliterarischen Volkstraditionen zu verknüpfen, angesichts der Anlage seines Textes überhaupt als sinnvoll gelten kann. Daß Chamissos artifizielles Novellenmärchen in einem Sinn gesehen werden kann mit den Urbildern und Vorstellungen des kollektiven Unbewußten, mag doch wohl nur der psychoanalytischen Motivforschung genügen, die im bewußten Bestreben einer Rückführung auch literarischer Motive ins kollektive Unbewußte von der künstlerisch-individuellen Leistung bewußt absieht, sie als quantité négligeable betrachtet und deren Erfassungskategorien die Sphäre äußerster Rationalität, in der Chamisso seine Erzählung ansiedelt, nicht in Betracht ziehen. Zwei Aspekte sind es vor allem, welche die auch thematisch absolute Andersartigkeit von

Chamissos Erzählung gegenüber den Schattenvorstellungen des Volksglaubens belegen:

1. Im Volksglauben gilt der Schatten zumeist in irgendeiner Form als Wesensteil der Persönlichkeit und als Ausfluß von deren Wirkungskraft im aktiven wie im passiven Sinne: er kann Unheil, Krankheit oder Tod dem bringen, auf den er fällt, und andererseits wirken ihm zugefügte Handlungen auf den Träger des Schattens zurück.[71]

Es erklärt sich beinahe von selbst, daß diese Vorstellung vom Schatten als Stellvertreter seines Trägers bei Chamisso nicht den geringsten Ansatzpunkt findet. Schlemihls Schatten ist weder in aktive noch in passive Handlungen verwickelt, und was immer der Graue mit seinem Schatten anstellt, hat keine Rückwirkungen auf Schlemihl selbst. Er hat durch den Besitz des Schattens nicht einmal Macht über ihn, so daß sich beide schließlich aus den Augen verlieren.

Die ganze Voraussetzung des Volksglaubens, daß nämlich der Schatten ein wesentlicher Bestandteil des Menschen und mit seinem Ergehen auf magische Weise gekoppelt sei, steht daher in eklatantem Widerspruch zu der von Schlemihl eingenommenen rationalistischen Grundposition vom Schatten als etwas Wesenlosem, absolut Nichtigem, dem nur in den Augen der Außenstehenden eine unangemessene Bedeutung verliehen wird. Auf dieser Umkehrung beruht die Spießersatire im »Peter Schlemihl«. Aber auch zur Begründung der Spießerposition, die den wesenlosen Schatten für so wichtig hält, wird der Volksglauben von Chamisso nicht nutzbar gemacht, was doch nahe läge, so daß eine Kenntnis dieser folkloristischen Schattenvorstellung bei Chamisso nicht vorausgesetzt werden kann.

2. Im Volksglauben gilt der Schatten als Seele der Person oder Sitz ihrer Lebenskraft, daher das Fehlen des Schattens als Seelenlosigkeit oder Zeichen des Todes bzw. Vorzeichen nahenden Todes.[72] Deshalb gelten die Geister als schattenlos (s. u.). Auch diese Vorstellung geht der »Schlemihl«-Erzählung völlig ab, sie scheint eher ins Gegenteil umgeschlagen, wenn Schlemihl nicht seine Seele opfert, um seinen Schatten wiederzuerlangen. Die durchgespielten Möglichkeiten ›Seele, aber keinen Schatten‹ und ›Schatten, aber keine Seele‹ sind denen des Volksglaubens diagonal entgegengesetzt, so daß sich auch hier für eine Beeinflussung durch Züge des Volksglaubens keinerlei Anhaltspunkte finden. Gerade auch die penible Aufmerksamkeit, die Chamisso – etwa bei den anderen Zaubermitteln aus dem Angebot des Grauen – der Quellentreue zuteil werden läßt, spräche dagegen, daß er hier andere folkloristische Elemente aus dem gleichen Vorstellungsbereich in ihr Gegenteil verkehrt.

Mag somit die psychoanalytische Archetypenforschung sich noch einen Gewinn aus der Parallelisierung von Vorstellungen des Volksglaubens mit der rationalistischen Behandlung ähnlicher Motive im »Peter Schlemihl« erhofften; für die Literaturwissenschaft sollte diese Phase als ergebnislos abgeschlossen erscheinen.

Noch ein anderer, wiederum literarischer Aspekt spricht schließlich gegen die Annahme einer Entlehnung des Motivs aus der Folklore, und zwar die motivische Umwelt, in die Chamisso das Motiv der Schattenlosigkeit einbettet. Eine genaue Herkunftsanalyse der anderen sogenannten Märchenmotive der Erzählung (der Taschenzauber des Grauen, die Siebenmeilenstiefel, die Tarnkappe, unsichtbarmachendes Vogelnest, Glückssäckel, Galgen-männlein, Teufelspakt usw.) würde aufzeigen, daß keines dieser Motive unmittelbar der Volksüberlieferung entlehnt ist, sondern daß alle aus bereits literarisch vorgeformten Stoffen übernommen wurden. Diese Tatsache aber läßt nur den Analogieschluß zu, daß Chamisso auch für seine Erfindung, den verlorenen bzw. verkauften Schatten, bewußt die gleiche literarische Repräsentanz als genuines Motiv beanspruchen will und sie daher mit voller Absicht zu ähnlich repräsentativen Motiven der Kunstliteratur in Beziehung bringt. Der verlorene Schatten unter diesen durchwegs literarischen Motiven kann doch wohl schlechterdings nicht bedeuten, daß hier ein mythologisches Motiv in eine ihm wesensfremde literarische Motivumwelt eingegliedert wer-den soll, sondern daß er ebenso wie diese anderen surrealen Motive in der-selben Märchenwelt verankert und beglaubigt werden soll.

Diese Beobachtung kann demnach nicht ausschließen, daß Chamisso das Motiv des verlorenen oder verkauften Schattens wenn schon nicht aus münd-lich umlaufenden Vorstellungen des Volksglaubens, so doch aus literarisch fixierten Sagen und Märchen kennengelernt haben könnte. Seine Begeisterung für Märchen ist aus seinem Briefwechsel hinreichend bekannt; Briefe beson-ders vom März bis Mai 1806[73] geben ihr immer wieder Ausdruck. Doch handelt es sich in allen Fällen nicht um das Sammeln mündlich umlaufenden Volksguts, sondern ausschließlich um das Lesen publizierter Märchensamm-lungen. Nachdem die Durchsicht der von Chamisso genannten Märchenlitera-tur keine Parallelen zur Schattenlosigkeit erbracht hat, beschränken sich die Vermutungen möglicher Quellen auf drei zumeist kaum greifbare Fälle:

1. Schon Jacob Grimm hat in der »Deutschen Mythologie«[74] auf die spanische Sage vom Teufel in Salamanca hingewiesen, deren unten zu behan-delnde literarische Bearbeitung durch Theodor Körner Chamisso jedoch wohl nicht gekannt hat. Zu beiden wie auch zu den von Grimm[75] und Bieler[76] angeführten schottischen, isländischen, siebenbürgischen und holsteinischen Pendants wäre zu sagen, daß sie alle im Grunde dort aufhören, wo Chamisso einsetzt: beim Schattenverlust. Es mag die Phantasie reizen, sich vorzustellen, wie es dem Studenten in der Welt gehen möge, der sein Wissen in der Schwarzen Kunst mit dem Verlust seines Schattens bezahlt, und ob ihn ein Schicksal ähnlich dem Peter Schlemihls erwarten sollte. Gerade darüber aber gibt die Sage keine Auskunft. Und bei näherem Hinsehen ergibt sich, daß die Gegensätze hier größer sind als die Parallelen: Nicht der Student ist hier der Geprellte, sondern der Teufel, der die Seele verlangt und nur den Schatten erhält, während der Graue bei Schlemihl genau umgekehrt vorgeht, das Geringe verlangt, um nach Schlemihls einjährigen Erfahrungen, wie er vermeint, um so sicherer der Seele habhaft zu werden. Der Student zieht also die Lehre vorher, zu der Schlemihl sich erst in mühsamen Erfahrungen des Leidens und dann auch nur mit Hilfe eines gütigen Schicksals durchringt. Und der Student von Salamanca geht dank der Vorlesungen des Teufels mit magi-schen Kräften ausgestattet in die Welt, die wiederum Schlemihl erst dann dank gütiger Fügung zuteil werden in Gestalt der Siebenmeilenstiefel, als er auf jede Mitwirkung des Teufels an seinem weiteren Schicksal Verzicht gelei-stet hat. Die Parallele greift also nicht über eine vage Motivverwandtschaft hinaus, und auch Grimm vermutet nur, daß sich Chamissos Erzählung auf eine ähnliche Sage gestützt haben könne.

2. Dieser ähnlichen Sage glaubt Grimm vielleicht durch den aus dem Nachlaß veröffentlichten Hinweis[77] auf die spanische Erzählung »Hombre que vendío su sombra« auf der Spur zu sein, wenn die Notiz aus dem Nachtrag »die erzählung Chamissos ist auch spanisch: hombre que vendío su sombra« so zu verstehen ist und nicht auf eine der damals bereits vorliegenden Übersetzungen von Chamissos Erzählung[78] anspielt.[79]

Auf eine andere oder gar dieselbe mögliche folkloristische Quelle des »Peter Schlemihl« verweist Elisabeth Hausmann:[80] Nach Ausweis seines Tagebuchs hat Ludwig Uhland in Paris am 16. Juni 1810 »auf der Bibliothek Abschrift des Märchens vom verkauften Schatten« genommen und ist darauf am 2., 9. und 23. Juli mit Chamisso zusammengetroffen, mit dem ihn nicht nur eine Freundschaft, sondern auch das gemeinsame Interesse an der Volksdichtung verband. E. Hausmann schließt aus der Tatsache, daß sich die erwähnte Abschrift Uhlands nicht in seinem handschriftlichen Nachlaß in Marbach befindet, Uhland habe sie Chamisso gegeben, der am 30. August 1810 an Wilhelm Neumann schreibt:

> In der Manuskriptensammlung, die ich hierher mitgenommen habe, sind wahre Meisterstücke.[81]

Da sich jedoch weder das Original in der Bibliothèque Nationale noch die Abschrift in Chamissos Nachlaß bisher haben auffinden lassen und überdies unklar bleibt, ob es sich um einen deutschen, französischen oder gar spanischen Text handelte oder eventuell um dieselbe bei Grimm erwähnte Erzählung – gelangte Uhlands Abschrift an Grimm? – bleibt auch diese Vermutung unbewiesen und unbeweisbar. Die Freimütigkeit allerdings, mit der Chamisso seine sonstigen Quellen nennt, indem er etwa auf Lafontaines Roman verweist[82], und die nicht geringe Schadenfreude, die er empfindet, als E.T.A. Hoffmanns Nachahmung bei der Kritik ein weniger günstiges Echo findet als Chamissos Original, sprechen nicht gerade dafür, daß Chamisso hier volkstümliches Gut uneingestanden benutzt habe.

3. Eine dritte folkloristische Quelle schließlich vermutet Gaster[83] in Vorstellungen des jüdischen Volksglaubens von der Schattenlosigkeit, die Chamisso durch seine Beziehungen zu den jüdischen Salons der Berliner Romantiker vermittelt bekommen haben könnte. Diese Möglichkeit theoretisch zugegeben, sprechen jedoch zweierlei gewichtige Argumente dagegen: Einmal lassen sich, worauf auch schon Bieler[84] verweist, gerade für die charakteristischen Züge von Chamissos Erzählung keine jüdischen Parallelen erweisen, die etwa den allgemeinen folkloristischen Anschauungen näherständen; zum anderen aber scheint es gerade bei dem engen Verkehr Chamissos mit den Berliner jüdischen Kreisen geradezu als ausgeschlossen, daß nicht wenigstens einer seiner Freunde und Korrespondenten auf Parallelen aus dem jüdischen Volksglauben hingewiesen hätte und der Fund die Runde gemacht hätte. Und wenn dieser Beweis ex silentio nicht ausreicht, so spricht doch die Freude seines engsten jüdischen Freundes Hitzig, als ihm der Brief Chamissos an Trinius vom 11. 4. 1829 mit Chamissos eigener Quellenangabe in die Hände geriet[85], eindeutig dagegen, daß in Chamissos Berliner Freundeskreis irgendein anderer Ursprung als der dort beschriebene des Zufallsfundes im Gespräch mit Fouqué vermutet worden wäre.

Die Überprüfung der vermuteten Anhängigkeiten von Chamissos Motiv des Schattenverkaufs gegenüber Vorstellungen aus dem Volksglauben und der Volksüberlieferung hat zu keinen greifbaren Quellen geführt, aber im Gegenteil zwar nicht deren Bestehen für sich, doch deren Relevanz für Chamissos Dichtung aus inneren Gründen in Abrede gestellt. Chamissos anhaltendes Interesse an Volksdichtung und Folklore, das sich in der Volksliedersammlung der Pariser Zeit[86] und in seiner Reisebeschreibung bekundet, hat bei der Konzeption und Ausformung des »Peter Schlemihl« offensichtlich keine größere Einwirkung gehabt. Ebenso wie in seiner Lyrik ließ er sich auch hier stärker durch bereits literarisch vorgeformte Quellen anregen.

bb. Literarische Anregungen

Während sowohl von der psychoanalytischen Typenforschung als auch von der Volkskunde, der Erforschung des Aberglaubens und der Märchenmotivik breitere Ansätze zur Quellenforschung und – wie später zu zeigen sein wird – auch zur Deutung des »Peter Schlemihl« gemacht worden sind, ist die Literaturwissenschaft allgemein im Aufzeigen literarischer Anregungen und Vorbilder zu dieser Erzählung wesentlich zurückhaltender gewesen und hat damit der Volkskunde und volkskundlichen Parallelen nur allzu bereitwillig das Feld überlassen. Diese Zurückhaltung hat andererseits ihre Berechtigung insofern, als angesichts der Einzigartigkeit von Chamissos Motiv des Schattenverkaufs diesem kein überzeugendes Vorbild nachgewiesen werden konnte. Und doch mag es scheinen, daß wenigstens einige Berührungspunkte mit Motiven anderer Literaturwerke bisher nicht gebührend ins Bewußtsein gehoben wurden, zumal es sich im Gegensatz zu den folkloristischen Motiven nicht um bloße Spekulationen über mögliche Kenntnisse Chamissos handelt, sondern sich die Kenntnis der Texte zumeist einwandfrei nachweisen läßt.

1. Lukian

Den ersten Schritt in dieser Richtung, wenn auch keinen sehr überzeugenden, so doch einen methodisch richtigen, unternahm Franz Grillparzer. Er notierte 1842 in seinen »Studien zur deutschen Literatur«:

Eine barocke, um nicht zu sagen romantische Idee beim Luzian (nekyomanteia), daß der Schatten des Menschen ihn in der Unterwelt über seine Vergehen anklagt. Der Keim zu Chamissos Peter Schlemihl liegt wohl in diesem luzianischen Dialog.[87]

Grillparzers Beobachtung wird in der Chamisso-Literatur immer wieder zitiert[88], ohne eine gebührende Eingrenzung zu erfahren. Grillparzer bezieht sich auf Lukians Dialog »Menippos e Nekyomanteia« (um 161 n. Chr.), in der Menippos seine Erlebnisse einer Hadesfahrt berichtet. Und ohne Grillparzer deswegen Recht zu geben, ist biographisch festzuhalten, daß Chamisso tatsächlich, wie aus seinen Briefen hervorgeht[89], im Zuge seines Griechischstudiums im Jahre 1805 »zwei größere Dialoge des Lukian« gelesen haben will. Die Titel der Dialoge gibt Chamisso nicht an, aber nichts schließt aus, daß es sich um die beiden Dialoge handeln könnte, in denen Lukian sein Vorbild Menippos als Erzähler einführt und ihn eine Luftreise (»Ikaromenippos«) und eine Unterweltsfahrt (»Menippos e Nekyomanteia«) unternehmen läßt.

Um allerdings die antike Vorstellung des Schattenreichs als Ort der Verstorbenen, in dem deren Seelen als Schattenwesen fortleben, zu vermitteln, hätte es nicht Lukians bedurft, da sie Allgemeingut der klassisch Gebildeten war und etwa auch »Ilias«[90] und »Odyssee«[91], die Chamisso ebenfalls studierte[92], zu Genüge darauf anspielen.[93]

Eine moderne Variante der Vorstellung von der Schattenexistenz der Verstorbenen hatte übrigens u. a. auch schon Alain-René Lesage in »Le diable boiteux« (1707) gegeben, wenn dort Asmodeus dem Studenten die auf den Friedhöfen herumirrenden Schatten der dort Beigesetzten sichtbar macht (12. Kapitel).

Die Verbindungen zwischen der Existenz ohne Schatten bei Schlemihl und der Existenz nur noch als Schatten scheinen aber doch so vage, daß hierfür Lukian nicht bemüht zu werden braucht, und wenn bei Lukian Person und Schatten in einen Dialog verwickelt werden, so führt von dort aus keine Linie zu dem für Chamisso wesentlichen Motiv des Schattenverkaufs bzw. des verlorenen Schattens.

2. Dante

Die ebenfalls volkstümliche Vorstellung, daß Geister insbesondere Verstorbener wegen ihrer Nichtzugehörigkeit zur sterblichen Körperwelt keinen Schatten werfen[94], fand ihren bekanntesten literarischen Niederschlag in Dantes »Divina Commedia«. Im 3. Gesang des »Purgatorio« bemerkt dort der Erzähler, mit dem Rücken zur aufgehenden Sonne stehend[95], daß nur ein Schatten fällt, glaubt sich von seinem Führer Vergil verlassen, wendet sich nach ihm um und erhält die Erklärung:

Vespero è già colà, dov'è sepolto
Lo corpo, dentro al quale io facea ombra:
Napoli l'ha, e da Brandizio è tolto
Ora, se innanzi a me nulla s'adombra
Non ti maraviglia più che de' cieli,
Che l'uno a l'altro raggio non ingombra.[96]

Während wir für Chamissos Dante-Kenntnisse weder positive noch negative Anhaltspunkte haben, liegt auch hier der Unterschied in der Behandlung der Schattenlosigkeit klar zutage: Chamisso, sonst so begierig, alle Varianten der Schattenlosigkeit auszuschöpfen, läßt auch unter den Reaktionen der Umwelt niemals den Verdacht auftauchen, Schlemihl gehöre dem Reich der Geister oder der Verstorbenen an. Er vermeidet bewußt das irrationale Element in bezug auf seine Hauptfigur und umgeht jede andere Erklärung für die Ablehnung des Schattenlosen als die eines sozialen Vorurteils. Mag also der Beweis ex silentio nicht für Chamissos Unkenntnis Dantes sprechen, eine Beeinflussung, wie sie R. Flores[97] nahelegt, erscheint ausgeschlossen.

Die Schattenlosigkeit der Geister fand nämlich nicht erst bei Dante literarischen Niederschlag, sondern weit früher schon in der Nala-und-Damayantī-Episode des indischen »Mahābhārata«, wo die vier um Damayantīs Liebe werbenden Götter alle Nalas Gestalt annehmen, aber sich durch ihre Schattenlosigkeit von ihm unterscheiden.[98] Darüber hinaus aber ist sie eine feste Vorstellung des Volksglaubens. Hätte Chamisso sie gekannt oder zur Grundlage seiner Erzählung nehmen wollen, so hätte er ja wohl konsequenterweise den Grauen auf jeden Fall als schattenlos darstellen müssen.

Ein Werk dagegen, das (neben Wielands »Onoskiamachia«) sehr wohl auf Chamissos »Peter Schlemihl« Einfluß gehabt hat, wurde von der Chamisso-Forschung bisher nicht beachtet: Friedrich de la Motte-Fouqués 1810 entstandene und erschienene Erzählung »Das Galgenmännlein«[99], die der Freund dem Freunde sicher in dieser oder jener Form zugänglich gemacht hat.[100]

Fouqués »Galgenmännlein« behandelt die auch aus Grimmelshausens »Landstörzerin Courasche« (18. Kapitel) bekannte Sagengestalt des spiritus familiaris in einer Form, die stark an die spätere, wohl bekanntere Ausformung dieses Stoffes in Robert Louis Stevensons »The Bottle Imp« erinnert.

Hier ähnelt schon die Ausgangssituation der des »Peter Schlemihl« insofern, als auch hier ein Fremder in eine berühmte Handelsstadt kommt, deren Milieu realistisch beschrieben wird. Auch hier führen Geld- und Besitzgier, die Sucht nach einem behaglichen und vergnüglichen Leben in Reichtum den Helden zum Teufelspakt; auch hier ist es eine der unscheinbarsten, von den anderen nicht beachteten Gestalten aus dem Kreis der Gesellschaft, die ihm die Möglichkeit dazu eröffnet, und auch hier wird die magische Kraft zunächst dazu benützt, »beide Taschen von immer neu herbeigewünschten Dukaten«[101] klingeln zu lassen. Auch hier erregt der Teufelsbündler mehrfach den Abscheu und Widerwillen der Gesellschaft und wird zum Ortswechsel genötigt, auch hier erfaßt ihn Ekel vor seinem Partner, und er versucht auf verschiedene Weise, sich seiner zu entledigen.

Dem Kaufmann Reichard in Fouqués »Galgenmännlein« gelingt es jedoch im Gegensatz zu Peter Schlemihl, ohne Schaden an seiner Erscheinung oder seiner Seele aus dem Teufelsbündnis zu entkommen und in ein ehrbares bürgerliches Leben zurückzukehren. (Das Motiv, daß der Schritt zum wirklich bedrohlichen Teufelspakt und zu absehbaren ewigen Verdammnis noch ein zweites Mal, und jetzt aus Liebe vollzogen wird, blieb R. L. Stevenson vorbehalten – auch Peter Schlemihl wird solcher Entscheidung durch eine Ohnmacht entrückt.)

Es ergibt sich somit, daß eine Reihe von Motiven und Einzelzügen im »Peter Schlemihl« mit Fouqués »Galgenmännlein« übereinstimmt – mit Ausnahme eben des Motivs vom Schattenverkauf, aber diese Reihe ist beweiskräftig genug, den Einfluß von Fouqués Erzählung auf den äußeren Handlungsrahmen von Chamissos »Peter Schlemihl« zu belegen. Und es ist sicher nicht zufällig, daß E.T.A. Hoffmann, dessen Begeisterung für »Peter Schlemihl« bis zur eigenen Umdichtung reichte, auch Fouqués »Galgenmännlein« höchstes Lob zollte.[101a] Schließlich verweist Chamisso selbst darauf, daß ein Wiener Volksstück von 1819 seinen Schlemihl und das Galgenmännlein Fouqués zu einem Stoff vereinte: »Der Puzlivizli, oder: Der Mann ohne Schatten«.[102] Darüber mehr im Zusammenhang der Schlemihliana.

Trotz aller näheren Berührung in der Konzeption und dem äußeren Aufbau der Handlung kann auch Fouqués »Galgenmännlein« nicht als Anstoß für Chamissos Idee des Schattenverkaufs herangezogen werden. Dafür gibt es m. W. nur eine Anregung von einer Seite, der die Chamisso-Forschung bisher kaum Wert beigemessen hat und daher auch nicht nachgegangen ist.

Nach allem, was zu Wielands »Geschichte der Abderiten« oben gesagt wurde, braucht für die Motivgeschichte nur noch der Knoten zwischen Wieland und Chamisso geknüpft zu werden.

Aus seiner öden, durch Lektüre belebten Militärzeit in Hameln schreibt Chamisso Anfang Juli 1806 an seinen Freund Wilhelm Neumann:

> Auch vom alten Wieland habe ich mir, nicht immer ohne Freude, manches vorleiern lassen, das ich schon wußte; über Sultanschaft nämlich und Fakirs und Kalender. (Danischmend.) Auch ist wohl der Eselschatten- oder Schatteneseln-Prozeß in den Abderiten sehr artig.[103]

Drei Punkte sind an dieser Briefstelle trotz des saloppen Tons bedeutsam: der betonte Ausdruck des Gefallens, die isolierende Hervorhebung der Onoskiamachia aus den »Abderiten« und das Nachvollziehen von Wielands Wortspiel: Hinweis genug, daß hier nicht nur etwas so leicht dahingesagt wird, sondern daß schon in der Formulierung zwischen Ansprechendem und weniger Ansprechendem geschieden wird.

Wie oben ausgeführt wurde, kommt Wielands »Geschichte der Abderiten« in der Motivgeschichte des verlorenen Schattens das Verdienst zu, erstmals und mit breitem Erfolg das Bewußtsein gestärkt zu haben, daß Körper und Schatten gedanklich nicht immer und unbedingt in eins gehen, zusammen- gehören, also quasi die Emanzipation des Schattens eingeleitet zu haben, so wie »Peter Schlemihl« erstmals in der Kunstliteratur den schattenlosen Men- schen gestaltet. Schon dies würde einen motivgeschichtlichen Zusammenhang ergeben. Doch dieser läßt sich noch tiefer verankern anhand der schon zitier- ten Stelle aus dem Gutachten des Miltias, daß »mehrbesagter Schatten weder geerbt, noch gekauft, noch inter vivos oder mortis causa geschenkt, noch ver- mietet, noch auf irgendeine andre Art zum Gegenstand eines bürgerlichen Contracts gemacht werden könne«.[104]

Es würde der Komplexität von Chamissos Werk nicht gerecht, aber mit einigen Vorbehalten ließe sich behaupten, daß Chamissos Erzählung sich als Ziel gesetzt hätte, zum Gegenbeweis dieses Satzes anzutreten: Genau das, was Miltias bestreitet, geschieht dem Schatten Schlemihls: Er wird »gekauft« und ist bei dem Austausch »Gegenstand eines bürgerlichen Contracts«, ja er wird Schlemihl sogar wieder »vermietet« oder geliehen.

Es bleibt nicht bei diesem einen Satz; auch andere juristische Definitionen des Miltias bei Wieland, die doch satirisch als Scharfsinn nur gelten sollen, weil sie Selbstverständliches besagen, werden von Chamisso in ähnlicher Weise widerlegt bzw. ins Gegenteil verkehrt, z. B. »daß der Schatten seinem Körper von selbst folge«[105] oder daß ein »Schatten schlechterdings nicht für sich selbst ... bestehen könne«.[106] Und schon Miltias erklärt andererseits ganz in der Linie Schlemihls, daß dem Esel durch die strittige Nutzung seines Schattens durch einen anderen »an seinem Sein und Wesen nicht das Min- deste benommen werde«[107] – genau das Gegenteil dessen, was Schlemihl auf seinem Weg durch die Welt als öffentliche Meinung erfahren muß.

Es bedarf wohl keiner weiteren Belege, um die Patenschaft von Wielands Argumentation zur Schattenfrage für Chamisso zu belegen, und die Par- allelen sind so offenkundig, daß auf die entsprechenden Pendants bei Chamisso nicht verwiesen zu werden braucht.

Es würde nun ein voreiliger Schluß sein, aus der Abhängigkeit Chamissos von Wielands »Abderiten« die Folgerung zu ziehen, man habe damit die Probleme der Dichtung gelöst; für die Deutung ist mit dem Nachweis der Abhängigkeit noch gar nichts getan, und nur die älteren motivgeschichtlichen Arbeiten, die diese Forschungsrichtung in Verruf gebracht haben, beschränkten sich auf das bloße Aufzeigen inhaltlicher Abhängigkeiten. Was indessen über das bloß Inhaltliche hinausgeht und trotzdem Wieland mit Chamisso verbindet, ist die Art der Betrachtungsweise für die in den jeweiligen Werken gestellten Probleme: Es soll noch weiter unten für Chamisso nachgewiesen werden, daß auch der Ansatz beider Autoren gleichläuft: Wie bei Wieland die Gutachter und Anwälte der Parteien einem Sachverhalt alle möglichst verschiedenartigen Perspektiven abgewinnen und ihn facettenartig darstellen, um das Thema in allen seinen Aspekten auszuschöpfen, so experimentiert auch Chamisso mit dem einmal aufgegriffenen Motiv, spielt alle in ihm liegenden Möglichkeiten durch, fasziniert von den sich anbietenden Variationen des Motivs, ohne dabei die Einheitlichkeit des Werkes aus den Augen zu verlieren.

cc. Biographische Quellen

Neben die hypothetischen Quellen aus der Folklore und die nachweisbaren literarischen Anregungen treten schließlich überlieferte biographische Tatsachen bzw. ›Erlebnisse‹, die zur Findung und Handhabung des Motivs nicht unwesentlich beigetragen haben.

Solche Zeugnisse existieren in drei Versionen. Die früheste stammt von Chamisso selbst in seinem Brief an Staatsrat Trinius vom 11. April 1829:

> Der Schlemihl ist auch nicht anders entstanden. Ich hatte auf einer Reise Hut, Mantelsack, Handschuhe, Schnupftuch und mein ganzes bewegliches Gut verloren; Fouqué frug: ob ich nicht auch meinen Schatten verloren habe? und wir malten uns das Unglück aus.[108]

Der Bericht klingt so glaubwürdig, ehrlich und einfach, daß ihn die wenigsten Interpreten bisher ernstgenommen haben. Seine Glaubwürdigkeit wird überdies verstärkt durch die Tatsache, daß die Geschichte vom Verlust des Mantels (auf der Reise nach Paris vor Osnabrück am 29. Januar 1810) auch in einem Brief an Hitzig erwähnt wird.[109] Es besteht also kein Anlaß, diese Version als ein Understatement des erfolgreichen Autors zu betrachten.

Die chronologisch zweite Version zitiert Helmuth Rogge aus einem bis dahin ungedruckten Brief Fouqués an Hitzig vom 5./7. Oktober 1839:

> Das Aufgehen des Schlemihl gehört nicht nach Kunersdorf, sondern nach Nennhausen. Unweit des Chamisso-Baumes, worin er schon früher seinen Namen eingeschnitten hatte mit gewaltigen Zügen, war es, an der vielleicht Dir noch erinnerlichen Außenseite des Parks, grade dem Wohnhause gegenüber, nach einem Korn-Felde zu. Ich seh' es noch, wie heute. Der Mittags-Sonnen-Schein lag licht um uns her. Wir tändelten keck mit poetischen Gebilden, wie es wohl im Dyalog vel Zwisprach unsre Art zu sein pflegte. Da blieb Adelbert mit Einmal stehn, und sagte: »Wenn so Eins von uns plötzlich seinen Schatten verlöre, oder Jedes den Seinigen?« — — Es ergriff uns Beide wunderlich. — — Das ist die Wurzel Peter Schlemihls. Also in Nennhausen wurzelt er, und nicht in

Kunersdorf, wo er dann allerdings unter zahlreich sinnvoller Umgebung weitere Ausbildung gefunden hat, und auch, so viel ich weiß, geschrieben worden ist.[110]

Die dritte Version desselben Ereignisses schließlich stammt von Chamissos Berliner Freund Wilhelm Rauschenbusch:

Ich kann aus einer mündlichen Mittheilung, die ich entweder von Chamisso, oder von Fouqué habe, hinzufügen, daß zur Entwicklung des Märchens wesentlich ein Spaziergang beigetragen, den beide einmal auf Fouqués Gute Nennhausen gemacht. Die Sonne warf lange Schatten, so daß der kleine Fouqué nach seinem Schatten fast so groß aussah, als der hochgewachsene Chamisso. »Sieh, Fouqué«, sagt da Chamisso, »wenn ich Dir nun Deinen Schatten aufrollte und Du ohne Schatten neben mir wandern müßtest?« Fouqué fand die Frage abscheulich und reizte dadurch Chamisso, die Schattenlosigkeit weiter auszubeuten. Wahrscheinlich ist dieser Vorfall der Anlaß gewesen, daß Fouqué, dem Briefe an Trinius gemäß, demnächst Chamisso fragte, ob er nicht auch seinen Schatten verloren habe.[111]

Alle drei Versionen stimmen darin überein, daß die Idee der Schattenlosigkeit aus einem Gespräch zwischen Chamisso und Fouqué hervorging, das offensichtlich verschiedene Aspekte der Idee probeweise durchspielte. Die geringfügigen Varianten erklären sich noch leichter, wenn man Fouqué als Informanten Rauschenbuschs annimmt, dem eben andere Teile des Gesprächs in Erinnerung geblieben sind oder durch die Erzählung wieder in Erinnerung gerufen wurden. Gerade daß Chamissos Brief an Trinius Rauschenbusch bekannt ist und er dennoch nicht das dort Berichtete in seine Version integriert, spricht für die Redlichkeit und Richtigkeit seiner Erinnerung.

Es sei also festgehalten, daß der eigentliche Anstoß für die Entstehung des »Peter Schlemihl« ein scherzhaftes Gespräch der beiden Freunde war, in dem sie sich im Wetteifer die Möglichkeiten und Konsequenzen des Schattenverlusts sicher geistreich und witzig ausmalten – ein Mittelding, wenn man so will, also von Blödelei und Brainstorming, ein unverbindliches Spiel mit surrealen Ideen, das den ernsthaften Interpreten der daraus hervorgegangenen Dichtung wohl nicht seriös genug erschien, um als zugrunde liegendes ›Erlebnis‹ in Betracht gezogen zu werden. Es soll im folgenden der Versuch unternommen werden, die Interpretation des verlorenen Schattens im »Peter Schlemihl« gerade auf diesem Ursprung der Idee aufzubauen und zu erweisen, daß die werkimmanente Interpretation unter Hinzuziehung der Lebenszeugnisse sehr wohl zu einer sinnvollen Deutung der Dichtung führen kann und daß es dazu nicht der Spekulation mit abstrakten Ideen bedarf, wie sie die allegorischen Ausdeutungen nahezulegen versuchen. Zuvor scheint ein knapper Überblick über die bisherigen Deutungsversuche angeraten.

c. Die bisherigen Deutungen der Schattenlosigkeit

aa. *Allgemeines*

Obwohl es kein gültiges Kriterium für den dichterischen Rang eines Literaturwerks sein mag, wieviele voneinander abweichende Deutungen es hervorzurufen vermag, und obwohl der größere Nutzwert der richtigeren Deutung im Sinne von ›Literatur als Lebenshilfe‹ mit Sicherheit nicht den Ausschlag gab, weil Situationen wie die Peter Schlemihls sich im praktischen Leben nur selten wiederholen, mag es doch als ein Kennzeichen für die Wirkungskraft des »Peter Schlemihl« gelten, daß das Bemühen um seine Deutung und die Entschlüsselung seines Hauptmotivs, des verlorenen Schattens, seit seinem Erscheinen unvermindert bis in die Gegenwart hin angehalten hat.

Unter den Anfängen dieser Interpretationsbemühungen hat Chamisso, der sich selbst jedes Hinweises enthielt, noch selbst zu leiden gehabt, und er speiste bekanntermaßen die Wißbegierigen im Vorwort zur französischen Ausgabe von 1838[112] mit jenem ironischen Vorwort ab, auf das auch das Titelblatt Bezug nimmt. Es heißt darin:

Cette histoire est tombée entre les mains des gens réfléchis qui, accoutumés à ne lire que pour leur instruction, se sont inquiétés de savoir ce que c'était que l'ombre. Plusieurs ont fait à ce sujet des hypothèses fort curieuses; d'autres, me faisant l'honneur de me supposer plus instruit que je ne l'étais, se sont adressés à moi pour en obtenir la solution de leurs doutes. Les questions dont j'ai été assiégé m'ont fait rougir de mon ignorance. Elles m'ont déterminé à comprendre dans le cercle de mes études un objet qui jusque-là leur était resté étranger, et je me suis livré à de savantes recherches dont je consignerai ici le résultat.

De l'ombre

»Un corps opaque ne peut jamais être éclairé qu'en partie par un corps lumineux, et l'espace privé de lumière qui est situé du côté de la partie non éclairée, est ce qu'on appelle ›ombre‹. Ainsi ›l'ombre‹ proprement dite, représente un solide dont la forme dépend à la fois de celle du corps lumineux, de celle du corps opaque, et de la position de celui-ci à l'égard du corps lumineux.«

»L'ombre considérée sur un plan situé derrière le corps opaque qui la produit, n'est autre chose que la section de ce plan dans le solide qui représente l'ombre.«

Haüy, Traité élémentaire de physique,
T.II.§§.1002 et 1006.

C'est donc de ce solide dont il est question dans la merveilleuse histoire de Pierre Schlémihl. La science de la finance nous instruit assez de l'importance de l'argent, celle de l'ombre est moins généralement reconnue. Mon imprudent ami a convoité l'argent dont il connaissait le prix et n'a pas songé au solide. La leçon qu'il a chèrement payée, il veut qu'elle nous profite et son expérience nous crie: songez au solide.[113]

Trotz des stark ironischen Stils, des verräterischen Eingeständnisses eigener Unwissenheit und der Berufung auf ein Physik-Elementarbuch, das der beabsichtigten Irreführung des Publikums wohl am dienlichsten war, haben moderne Interpreten[114] nicht davor zurückgeschreckt, diese vermeintliche Selbstdeutung ernst zu nehmen und als Grundlage eigener Interpretationen zu benutzen – mit entsprechendem Ergebnis.

Drei Tatsachen scheinen die besondere Attraktivität des Schattenverkaufs für Interpreten zu bedingen: erstens die zumindest derzeitige Singularität des Motivs, zweitens die Zentralstellung, die es als Thema des ganzen Werkes einnimmt und die seine Deutung zum Kernpunkt der Werkinterpretation macht, und drittens die Tatsache, daß Chamisso selbst mit Ausnahme des obigen Scherzes keine Schlüsselworte lieferte und jede Deutung ablehnte, ja sogar jeden tieferen Hintersinn seiner phantastischen Erzählung abstritt. Aus der Übersicht der bisherigen Deutungen neigt man zu der Schlußfolgerung, daß insbesondere das letztere Faktum insofern auf die Interpretation stimulierend wirkte, als widersprechende Selbstzeugnisse nicht zu gewärtigen waren und also jeder interpretatorische Balanceakt ohne die Gefahr, von seiten des Autors in die Schranken gewiesen zu werden, über die Bühne gehen konnte.

Das Rätsel der Schattenlosigkeit, dessen Entschlüsselung so viele verlockte, mag insgesamt über 50 sich teils überlappende, teils einander ausschließende Deutungen hervorgerufen haben. Von ihnen können hier nur die landläufigsten und eingängigsten in die Betrachtung einbezogen werden, weil die Widerlegung der abwegigeren Deutungen – der Verlust des Schattens als Verlust der Virilität[115], der Schatten als das persönliche Unbewußte[116] oder gar der Schattenlose als das revolutionäre Frankreich nach Abschaffung der ›schattenwerfend‹ legitimen Monarchie[117] – den Rahmen einer seriösen Untersuchung sprengen würden. Auch diejenigen Abhandlungen, die den Schatten Schlemihls als eine Art Doppelgänger sehen[118], können hier ohne Verlust außer Betracht bleiben, da sie den Text im Zusammenhang einer anderen Motivtradition sehen und Varianten des Doppelgängermotivs verfolgen, während in Chamissos Text selbst keine Anhaltspunkte auch nur für eine Schwundstufe des Doppelgängers gegeben sind.

Die Reihenfolge der zu behandelnden Deutungen wird, durch deren Bezugspunkt bedingt, systematisch vom Allgemeinen zum Speziellen fortschreiten müssen und Verwandtes nebeneinanderstellen. Eine chronologische Abfolge, wie sie einer Rezeptionsgeschichte anstehen würde, müßte hier nur Verwirrung stiften. Es sei aber schon hier darauf hingewiesen, daß die Deutungsgeschichte des Schattens starke Affinität zur Geistesgeschichte aufweist, indem die Werte, die für den Schatten eingesetzt werden, sich stets mit den Werthaltungen der jeweiligen Gesellschaft berühren, so daß ihre chronologische Abfolge – mit individuellen Abweichungen – die Spitzenskala der Wertbegriffe innerhalb der Gesellschaft zu jedem beliebigen Zeitpunkt widerspiegelt. Ehre – Vaterland – Soziabilität und eigene Identität mögen als herausragende Beispiele dafür nur angeführt werden. So verständlich es ist, daß jede Generation ihre eigenen Spitzenwerte in einem so katastrophalen Verlust wie dem Peter Schlemihls verkörpert sieht, sollte doch die Kenntnis der Vielzahl angebotener Deutungen gegenüber der Möglichkeit einer definitiven oder auch nur intendierten Lösung bescheiden stimmen und die Relativität des eigenen Zugangs vor Augen führen. Einigen Deutungen kann dabei der Vorwurf nicht erspart bleiben, daß es ihnen mehr auf eine vorschnelle Gleichsetzung von einem Aspekt aus ankam als auf eine durchgängige Interpretation des Gemeinten zur Überprüfung aller Möglichkeiten.

Innerhalb der vorgeschlagenen Deutungen spielt es interessanterweise terminologisch nur eine höchst untergeordnete Rolle, ob Schatten bzw. Schattenlosigkeit als Allegorie oder als Symbol verstanden werden, da das Motiv auch hinsichtlich seines Bildwertes im Werkganzen der Interpretation freien Spielraum läßt. Wer den Bezugskreis weiter und vager umrissen ansetzt, gibt dem Schatten schon aufgrund der nicht mehr präzis definierbaren

Bezugssphäre den Charakter eines Symbols, hinter dem eine Vielzahl rational nicht gleichsetzbarer Bezüge sichtbar wird. Alle Interpretationen hingegen, die den Schatten nicht in erster Linie als Schatten verstehen, hinter dem Tieferes sichtbar wird, sondern ihn nur als stellvertretend für einen anderen, von ihnen zu substituierenden Begriff sehen, betrachten ihn ausschließlich als Allegorie.

Und je enger das Bezugsfeld der allegorischen Deutung eingegrenzt wird, je mehr man also der Vieldeutigkeit des Werkes Gewalt antut, indem man es als blasse Allegorie versteht, um so größer wird konsequenterweise die Neigung, aus uneingestandenem Mißbehagen an der eigenen engen allegorischen Deutung dem Werk selbst den Vorwurf des »allzu Allegorischen«[119] zu machen.

Schließlich aber ist es für die Deutung nicht ganz unerheblich, welche Perspektive der Interpret einnimmt, ob er die Zusammenhänge aus der Optik Peter Schlemihls sieht, der den Schatten durchgängig als ein unwichtiges, nur von der Welt verlangtes ›Akzessorium‹ betrachtet und die Welt ob solcher Haltung tadelt, oder ob der Interpret den Standpunkt der Umwelt einnimmt, die Schattenlosigkeit Peter Schlemihls mit vorurteilhaften Argumenten als ungehörig abzulehnen: Schatten und Schattenlosigkeit sind nicht wie das Plus und Minus der Algebra, gelten nicht als zwei Seiten derselben Sache.

bb. Der Schatten als Beglaubigung vollmenschlicher Wirklichkeit im Rahmen der bürgerlichen Umwelt

Die umfassendste Bedeutung unterlegen dem Schatten im Bestreben, jede allegorische Substitution zu vermeiden und dem Wesen des nicht ohne Rest auflösbaren Symbols gerecht zu werden, Josef Nadler und Hermann August Korff. Ihre Deutungen sind nahezu die einzigen, die das Symbol ernst nehmen und vom Wesen des Schattens aus argumentieren, als dessen Voraussetzungen eine Lichtquelle und ein schattenwerfender Körper gelten müssen. Nadlers Deutung lautet:

> Der Schatten, den der Mensch wirft, wird durch das erzeugt, was ihn von außen her beleuchtet: Volkstum, Bekenntnis, Familie, Rang, Stand, Beziehungen, Ruf und Name. Dieser Schatten ist nicht Gesellschaftsschliff, sondern alles, was das eigenste Selbst eines Menschen gewissermaßen von außen her bestimmt, von rückwärts beleuchtet.[120]

Dieses Bild, das Anlehnung an Chamissos ironische Erklärung zur französischen Ausgabe von 1838 sucht[121], wird aber dadurch ad absurdum geführt, daß Schattenlosigkeit dann, technisch gesehen, nur durch Ausschaltung aller genannten Lichtquellen entstehen könnte, während in der Erzählung selbst Peter Schlemihl keine davon aufgibt, als er seinen Schatten verkauft. Hier hat also offensichtlich die Frage nach dem Wesen des Schattens den Vorrang vor der Interpretation der Schattenlosigkeit gehabt.

Hermann August Korff sieht den Schatten als Verkörperung all jener »Imponderabilien, die den Menschen erst zum vollgewichtigen Gesellschaftswesen machen. Diese Imponderabilien . . . sind im Schatten symbolisiert, d. h. in jener Begleiterscheinung jedes Körpers, die gleichsam als sonnenhafte Beglaubigung voller Wirklichkeit zu gelten hat. Volle Wirklichkeit im bürgerlichen Sinne aber hat . . . nur wer ›aktenkundig‹ ist, einen Geburtsschein,

beglaubigte Eltern, Heimatberechtigung und tausend andere Dinge hat, die
... zu den wesenhaften Grundbedingungen bürgerlicher Existenz gehören.«[122]

So anerkennenswert der Versuch ist, die Bedeutung des Schattens aus seiner
physikalischen Erscheinung abzuleiten, scheint auch hierbei wieder der gesell-
schaftssatirische Aspekt außer acht geblieben zu sein, daß nämlich Peter
Schlemihl volle Wirklichkeit für seine Person durchaus beanspruchen kann
und daß der Text keine Anhaltspunkte dafür gibt, daß Peter Schlemihl an
seiner voll aktenkundigen Existenz auch nur ein einziges Dokument fehle,
daß aber die Umwelt trotzdem nicht bereit ist, ihn in seiner vollen menschlichen Wirklichkeit zu akzeptieren. Den Schatten mit bürgerlicher Wirklichkeit und behördlicher Existenzberechtigung gleichzusetzen, hieße doch wohl,
dem Schattenlosen auch von seiten des Interpreten die vollmenschliche Wirklichkeit und Existenzberechtigung abzusprechen und sich völlig einseitig mit
der Umwelt Peter Schlemihls zu identifizieren, während das Tragische in
Peter Schlemihls Geschichte darin besteht, daß ihm beides unbenommen
bleibt und er trotzdem wegen einer äußerlichen Nichtigkeit dem gesellschaftlichen Verdikt verfällt. An diesem Widerspruch scheint denn auch diese Deutung zu scheitern: daß der Schattenlose das im Schatten verkörpert Gesehene
weiterhin ungehindert besitzt.

Die meisten weiteren Deutungen greifen nur konkreter einzelne Teilaspekte dieser allgemeinen Interpretation heraus und geraten durch allzu
rasche Gleichsetzung des Schattens mit ihnen in den Bereich allegorischer
Interpretation.

cc. Der Schatten als Heimat oder Vaterland

Die weitaus landläufigste Erklärung des Schattenmotivs, die Gleichsetzung
des Schattens mit Vaterland und der Schattenlosigkeit mit Heimatlosigkeit,
bezieht biographische Fakten aus Chamissos Flüchtlingsexistenz zwischen
zwei Vaterländern in die Interpretation ein. Sie beruft sich vor allem auf
einen von Hitzig überlieferten Ausspruch Chamissos:

> Die Weltereignisse vom Jahre 13, an denen ich nicht thätigen Antheil
> nehmen durfte, – ich hatte ja kein Vaterland mehr oder noch kein
> Vaterland – zerrissen mich wiederholt vielfältig.[123]

Diese Deutung setzt unbekümmert den Ich-Erzähler Schlemihl mit dem
Autor Chamisso gleich, obwohl sie auch in der Erzählung zwei verschiedene
Figuren sind, und übergeht sowohl die Tatsache, daß das obige Zitat fort-
fährt: »ohne mich von meiner Bahn abzulenken« (was für Schlemihl nach
dem Schattenverkauf keineswegs zutrifft), als auch das andere Selbstzeugnis
Chamissos, das eine solche Gleichsetzung durchaus verbietet:

> Den Schatten hab' ich, der mir angeboren,
> Ich habe meinen Schatten nie verloren.[124]

Es ist bezeichnend für die positivistisch-biographische Methode der Literaturgeschichtsschreibung des ausgehenden 19. Jahrhunderts und ihre nationa-
listische Tendenz zumal nach 1871, daß sie mit wenigen Ausnahmen diese
Deutung vertritt.[125]

Wenn dagegen auch die jüngere Literaturgeschichtsschreibung diese Interpretation, gelegentlich als eine Möglichkeit unter anderen, übernimmt, kann
dies nur als falsch verstandene Pietät gegenüber der Tradition aufgefaßt

werden.[126] Dabei macht es nur einen graduellen Unterschied, ob man von den »Fremden« spricht, »die ihren Schatten verloren, als sie Deutsche wurden«[127], und damit die Perspektive der Umwelt von außen annimmt, die Vaterlandslosigkeit als ein gesellschaftliches Manko betrachtet, oder ob man den Konflikt in die Seele des Helden projiziert als »die seelische Entwurzelung des heimatlosen Emigranten«[128] und damit ein Manko, an dem nur die Umwelt Anstoß nimmt, als innerseelisches Problem sieht. In jedem Fall müßte sich die Beweiskraft der allegorischen Auslegung am Text selbst erhärten lassen.

Es ist nun interessant zu beobachten, daß Stimmen gegen die patriotische Deutung schon aus dem nationalen Lager selbst laut wurden und mit denselben Argumenten zum Gegenbeweis antraten, so der Schweizer Heinrich Kurz:

> Es scheint uns diese Auslegung durchaus verfehlt; eben weil das Vaterland für den Menschen so bedeutsam ist, hat es Chamisso durch den Schatten, dieses nichtigste aller Dinge, unmöglich bezeichnen wollen.[129]

Auch ohne diese Methode, den Patriotismus mit seiner eigenen Wertskala ad absurdum zu führen, läßt sich die Gleichsetzung von Schatten und Vaterland nicht aufrechterhalten. Biographische Motive jedoch lassen sich nur mit biographischen Fakten widerlegen:

Weder hat Chamisso seine französische Heimat in eigener freier Entscheidung unüberlegt und leichtsinnig aufgegeben, noch geschah dies um Besitzes willen wie bei Schlemihl – im Gegenteil haben die Eltern vielmehr ihren Besitz geopfert, um ihre Existenz zu retten. Das für Chamisso typische Schwanken zwischen zwei Vaterländern aber, das immer eine Alternative in Betracht zieht, hat im Schicksal Peter Schlemihls, dem sich eine Alternative gar nicht bietet, der nur reagieren kann, keine Parallele. Was andererseits für Chamisso unfreiwillige Reaktion auf die revolutionäre Situation war, hat mit Schlemihls unbedachtem Leichtsinn nichts gemein.

Vor allem aber steht der Ernst der Klagen Chamissos in diametralem Gegensatz zu der Haltung Peter Schlemihls, dem es durch die ganze Erzählung hindurch unverständlich bleibt, was die Umwelt im Schatten eigentlich Wichtiges sieht. Diese Haltung überträgt sich als Ironie auf den Erzählstil und bewirkt einige der ergötzlichsten Situationen, von denen unten noch die Rede sein wird.

Gerade diese Ironie aber müßte doch wohl von einer allegorischen Interpretation auf Heimat und Vaterland hin als ungehörig, dem Thema nicht angemessen, ja als unwürdiger Stilbruch betrachtet werden.

Die nationale Deutung unterscheidet sich von der Mehrzahl der anderen dadurch, daß ihrzufolge gemäß der biographischen Parallele der Held noch mehr als die ihm wohlgesinnte Umwelt das Manko der Schatten- oder Vaterlandslosigkeit empfinden soll. Genau das Gegenteil aber ist im Text der Fall.

Die meisten anderen Deutungen kommen der Konstellation der Erzählung schon insofern näher, als sie den Schatten als Allegorie für etwas nehmen, das nur die Umwelt vom Helden erwartet, das er aber vorzuzeigen nicht in der Lage ist. Die drei folgenden unterscheiden sich entsprechend auch nur in Nuancen.

dd. Der Schatten als äußere Ehre, Ansehen, guter Ruf

Es entspricht dem Prestigedenken in den Geleisen bürgerlicher Wohlanständigkeit im 19. Jahrhundert, daß nächst dem Vaterland die ›Ehre‹ zu den Spitzenkategorien der Bürgertugend zählte, und entsprechend hat die Chamisso-Forschung relativ früh Peter Schlemihls katastrophale Lage als einen Verlust an äußerer Ehre gedeutet (J. J. Ampère, K. Simrock[130]).

Diese Auslegung wurde dann anscheinend unabhängig wieder aufgegriffen von Wilhelm Scherer, der in seiner »Geschichte der deutschen Literatur« nach der Besprechung des »Peter Schlemihl« anfügt, man könne sich dabei auch an die Tatsache erinnert fühlen, »wie oft Reichtum mit unreinen Händen erworben werde, wie leicht das ›Nichts der Ehre‹ dabei verloren gehe und den Menschen aus der Gesellschaft ausstoße«.[131] Was Scherer nur als periphere Assoziationsmöglichkeit streift, um zu erläutern, was man alles auch ohne Kenntnis der Biographie Chamissos in den Schatten hineinsehen könne, daß die Lebenserfahrung des Lesers hier quasi Beliebiges substituieren könne, das erweitert Julius Schapler[132] behend und detailliert zu einer allegorischen Deutung, nach der der Schatten »der so flüchtige ›gute Ruf‹, die ›äußere Ehre‹ im scharfen Gegensatze zur inneren Ehrenhaftigkeit«[133] sei. Nichts überzeugt nachhaltiger von der Unhaltbarkeit dieser These als Schaplers ganze 10 Druckseiten umfassende kapitelweise Nacherzählung der Handlung, in der er – ein Verfahren, von dem alle allegorischen Ausleger sonst abraten – nicht davor zurückschreckt, statt ›Schatten‹ jeweils ›äußere Ehre‹ einzusetzen. Im 2. Kapitel paraphrasiert Schapler etwa:

> Um so viel das Gold auf Erden Verdienst und Tugend überwiegt, um so viel wird äußere Ehre höher geschätzt als selbst das Gold.[134]

Nach dieser Logik wären Verdienst und Tugend nicht einmal Konstituenten der ›äußeren Ehre‹ oder, moderner gesagt, des Ansehens, sondern ihr untergeordnet, und der gute Ruf wäre jederzeit durch Dreingabe der Seele wiederherzustellen, Ehrlosigkeit wäre jedermann selbst durch Kinder und einfache Leute auf der Straße anzusehen, und der Erfolg des gewissen- und ehrlosen Rascal wäre unverständlich. Es nimmt wenig wunder, daß Schapler bei solch rigoroser Allegorese von der »beabsichtigten Humoreske ... doch herzlich wenig herauszufinden«[135] vermag.

Solche Art von Allegorese führt sich selbst ad absurdum, und in der Tat ist die Gleichsetzung des Schattens mit ›äußerer Ehre‹ seither von keinem ernsthaften Interpreten mehr aufgegriffen worden.[136] Wir vermögen in solcher Ausdeutung nur einen Ausfluß der auf Äußerlichkeiten wie Ruf und Ansehen, also ›Sozialprestige‹ erpichten Gründerjahre zu sehen, die mit der Wertskala Chamissos nicht zu vereinen ist. Verwandte Deutungen, die in der Schattenlosigkeit allgemein einen »gesellschaftlichen Mangel«[137] sehen, argumentieren entsprechend mit weniger begrenzten, aber auch unschärferen Begriffen, die auch die Schuldfrage ambivalent behandeln.

ee. Der Schatten als Weltläufigkeit, gesellschaftliches Talent

Während Ruf, Ansehen und Respektabilität Imponderabilien sind, deren Besitz oder Verlust nicht oder nicht ausschließlich vom Subjekt abhängen, sondern den vielfach irrationalen Gesetzen der öffentlichen Meinung folgen, unterlegt die Deutung des Schattens als ›Weltläufigkeit‹ die Geltung innerhalb des sozialen Bereichs nicht der von außen manipulierbaren Reputation, sondern der inneren Fähigkeit des einzelnen, sich der Gesellschaft angenehm zu machen, »Talent für die Welt« (s. u.) zu entfalten, sich der gesellschaftlichen Konventionen zum eigenen Vorteil zu bedienen, um sich in ein angenehmes Licht zu setzen. Schattenlosigkeit wäre demnach unkonventionelles Benehmen, Vernachlässigung oder Nichtachtung äußerer Formen.

Chamissos früh gefaßte Abneigung gegen den konventionellen gesellschaftlichen Formelzwang ist durch viele Äußerungen seit seiner Pagenzeit 1798 belegt[138], noch 1810 bekennt er seinen »Mangel an Talent für die Welt, und Abneigung gegen dieselbe«.[139]

Der Biographismus des 19. Jahrhunderts hat sich bemüht, durch Identifikation von Autor und Held Chamissos Introvertiertheit, Verachtung des sozialen Formenzwanges in Schlemihl wiederzuerkennen. Wilhelm Scherer formulierte in Anlehnung an Chamissos Worte:

Sein eigenes geringes Talent für die Welt ... hat Chamisso diesem Pechvogel geliehen.[140]

und moderne Interpreten haben den Gedanken aufgegriffen. Man ist geneigt, Thomas Manns Deutung des Schattens als Symbol »aller bürgerlichen Solidität und menschlichen Zugehörigkeit«[141] ebenfalls als eine Teilhabe an zwischenmenschlichen Kontakten zu verstehen. Benno von Wiese übernimmt diese Formulierung, allerdings ohne Anerkennung ihrer Herkunft, und zitiert überdies falsch:

Der Schatten ist das ... Symbol ... für die bürgerliche Solidität und menschliche Zusammengehörigkeit.[142]

Zusammengehörigkeit kann im Gegensatz zu Zugehörigkeit keine Eigenschaft eines einzelnen Menschen sein. Auch die anderen Hilfsdefinitionen von Wieses erweisen sich als wenig hilfreich:

Offensichtlich geht es darum, daß ohne Schatten zu sein, den Verlust des ›sozialen Ich‹ bedeutet, das heißt der jeweiligen Quer- und Rückverbindung, in der der Einzelmensch mit anderen Menschen steht.[143]

Der geworfene Schatten zeigt an, in welcher Weise der Einzelmensch jeweils in das soziale Leben eingeordnet ist.[144]

Zum einen läßt sich darauf erwidern, daß der schattenlose Schlemihl selbst sehr wohl zwischenmenschlicher Kontakte wie zu Bendel, Mina oder der Figur Chamisso fähig ist, zum anderen wäre festzuhalten, daß gerade die gesellschaftlichen Außenseiter wie Rascal oder der Graue durchaus über respektable Schatten verfügen. Die Trennlinie zwischen Kontaktfähigen und Kontaktarmen einerseits und Schattenwerfenden und Schattenlosen andererseits stimmt also nicht überein.

An diesem Faktum scheitert auch die etwas engere Deutung von James Boyd[145], der im Schatten mitmenschliche Tugenden wie menschliches Mitgefühl, Mitleid, Engagement und Verständnis für den Mitmenschen verkörpert sieht und deren Fehlen nicht nur in Peter Schlemihls Schattenlosigkeit, sondern auch im blassen Schatten des rücksichtslosen Spekulanten und Bankrotteurs aufgedeckt sehen will. Gerade daß Rascal einen besonders deutlichen und der Graue teilweise sogar zwei Schatten besitzt, stellt diese moralische Rangordnung nach der Schattenstärke doch sehr in Frage.

Überdies erweist sich der Versuch, in der Schattenlosigkeit mangelndes

Talent für die Welt und Unkonventionalität verkörpert zu sehen, beim Vergleich mit der Handlung der Erzählung als ein biographisch bedingter Fehlschluß: Erst der spätere, von der Welt zurückgestoßene Schlemihl entwickelt unkonventionelle Individualität; solange er sich aber in der Menschenwelt bewegt, paßt er sich durchaus deren Erwartungen an, ist bescheiden und zurückhaltend im Kreise der Neureichen, selbstsicher in der Rolle des Reichen im Hotel, jovial in der ihm aufgenötigten Rolle des Grafen Peter usw., und sein Drang, die Menschen zu meiden, resultiert nicht aus innerem Mißbehagen oder Unbeholfenheit, sondern ist Folge, nicht Ursache seiner Schattenlosigkeit. Erst in der Zwangslage des Schattenlosen entfaltet er jenes Talent für die Welt, jene Extrovertiertheit, die ihm mit dem Schatten angeblich abhanden gekommen sein soll, und zwar sogar in einem Maße, daß er sich selbst darüber wundert.[146] Die Absonderung von der Welt ist eine späte und stets bedauerte Reaktion auf deren Verdikt, keine psychische Prädisposition.

ff. Der Schatten als bürgerliche Solidität

Thomas Manns zweite Deutung des Schattens als »Symbol aller bürgerlichen Solidität«[147] oder mit anderen Worten »der menschlichen Standfestigkeit, des bürgerlichen Schwergewichts«[148] geht von der oben zitierten ironischen Erklärung des Schattens in Chamissos Einleitung zur französischen Ausgabe von 1838 aus und bemüht sich, aus dem unübersetzbaren französischen Wortspiel mit ›le solide‹, das die dem Schatten zugeschriebene Eigenschaft eines festen Körpers mit der finanziellen Zahlungsfähigkeit kombiniert, das Beste zu machen.

Was für Thomas Manns persönliche Problematik dabei anklang, die Frage nach der bürgerlichen Solidität und dem Daseinsrecht des Künstlers in der Gesellschaft, läßt sich jedoch auf einen entschiedenen Nicht-Künstler wie Peter Schlemihl nicht übertragen[149], und wenn H. A. Korff[150] und Benno von Wiese[151] diese Auslegung aufgreifen, führen sie damit letztlich wieder in eine geheimnislose allegorische Interpretation, die um so fataler wirkt, als dem deutschen Begriff der Solidität ein eindeutiger Beiklang des finanziell-merkantil Gesunden, Vertrauenerweckenden eignet. Die augenzwinkernd-ironische Schlußmoral der Erzählung »... lerne verehren zuvörderst den Schatten, sodann das Geld«[152] würde damit in eine Tautologie und eine Apotheose des Spießertums verkehrt.[153]

gg. Der Schatten als Teilaspekt der materiellen oder spirituellen Existenz

Eine Reihe individueller, voneinander unabhängiger Deutungen versteht die Schattenlosigkeit als Aufgabe einzelner materieller oder spritueller Positionen zugunsten einer – jeweils umgekehrt – entweder mehr sprituellen oder mehr materiellen Existenz. Damit ist zugleich gesagt, daß diese Deutungen einander notwendigerweise widersprechen oder sich gegenseitig aufheben müssen.

Nachdem Chamisso zum Glück oder Unglück seiner Interpreten dafür Sorge getragen hat, daß der Schatten nicht mit der Seele gleichzusetzen ist, deren Verlust »Verlust der menschlichen Existenz überhaupt«[154] wäre, betrachtet Franz Schulz den Schattenverkauf als »Aufgabe der eigenen Identi-

tät«[155] zugunsten äußerer Anpassung an die Standards der Gesellschaft durch
äußeren Reichtum, widerspricht sich jedoch selbst, wenn Peter Schlemihl
späterhin erkennt, »daß er seine Schattenlosigkeit ... und damit seine Identität nicht ändern kann«.[156] Hier wird einmal der Schatten, dann die
Schattenlosigkeit mit der Identität identifiziert. Was vermutlich gemeint ist,
die Erfahrung der eigenen Möglichkeiten des Selbst angesichts eingeschränkter
Chancen zu seiner Verwirklichung, würde letztlich in den Bereich des Ent-
wicklungsromans führen.

Wenn Schulz ferner argumentiert, »an die Stelle des wahren Seins tritt
der gesellschaftliche Schein«[157], so wird die schattenwerfende Existenz als
das wahre Sein wohl doch zu unidealistisch aufgefaßt. Das bietet Anlaß, sie
mit der extremen Gegenposition von Wieses zu kontrastieren, der gerade in
der schattenlosen Existenz die Realisierung von Fichtes reinem, absolutem Ich
erkennen möchte:

> Schattenlosigkeit ist nur dem reinen Ich, in der Terminologie des Idealis-
> mus, dem intelligiblen Ich möglich. Das unabhängige reine Selbst ist ohne
> Schatten.[158]

Die spekulative Überinterpretation angesichts von Chamissos eigener Absage an die Philosophie wird auch deutlich, wenn man mit W. Muschg in der
Schattenlosigkeit »das ahasverische Los des geistigen Menschen, sein Heraus-
fallen aus der Welt«[159] sieht: Weder vermögen wir im jugendlich unerfahre-
nen Peter Schlemihl den geistigen Menschen schlechthin zu sehen, noch ist
seine durch Besitzgier motivierte Schattenlosigkeit eine unfreiwillige Exi-
stenzbeschränkung.

Den Deutungen, die im Verzicht auf materielle Positionen freiwerdende
Geistigkeit sehen, stehen in schöner Symmetrie diejenigen gegenüber, in denen
eine empirisch-diesseitige Haltung zur Aufgabe geistiger Positionen führt.
Dazu gehören die christlich-theologische Interpretation von Hans Peter
Müssle[160] sowie die verschiedenenorts von Emil Ermatinger[161] vertretene
These, Schlemihls Schattenverkauf sei die Absage eines Realisten an die
illusionär-spekulative Philosophie, Kunst und Metaphysik der Romantik.
Auch Ermatinger argumentiert biographisch aufgrund entsprechender Selbst-
zeugnisse von Chamissos unphilosophischer Lebenspraxis, übersieht jedoch die
Logik des Textzusammenhangs, daß gerade die unromantischen, besitzgierigen
Spießer wohl am allerwenigsten eine Aufgabe metaphysischer Spekulationen
überhaupt gemerkt, geschweige denn Anstoß an ihr genommen hätten.

Alle diese gewiß interessanten Interpretationen gehen im Grunde von der
Auffassung aus, die Schattenlosigkeit Schlemihls sei entweder Ursache oder
Folgeerscheinung einer inneren Gespaltenheit[162], während der Konflikt der
Erzählung nicht auf einem innerseelischen Zwist beruht, sondern auf dem
Zusammenprall zweier verschiedener Wertskalen, auf deren einer der Schat-
ten einen sehr hohen, auf deren zweiter er einen geradezu vernachlässigens-
werten Rang einnimmt. Das führt zur Frage seiner Wertigkeit unter ver-
schiedenem Aspekt.

hh. Der Schatten als Symbol bürgerlicher Scheinwerte

Die Mehrzahl der bisher erörterten Deutungen macht sich die Perspektive
der Umwelt zu eigen – ob sie sie gutheißen oder nicht, bleibt belanglos –,

nach der die Schattenlosigkeit Schlemihls ein katastrophales Manko darstellt, und sucht diese Auffassung durch Substitution aller möglichen Werte
zu stützen. Wenn man von der ironischen Schlußmoral absieht, gibt es jedoch
im Text keine Stelle, die den Schluß zuließe, diese Auffassung der Außenwelt
sei mit der Überzeugung des Icherzählers Schlemihl identisch. Freilich bedauert auch Schlemihl, nachdem er mit der bürgerlichen Wertskala in Konflikt geraten ist, seinen übereilten Schattenverkauf, zumal er wesentliche
Einschränkungen seiner Handlungsfreiheit mit sich bringt und ihn vom Ver-
folg bürgerlicher Lebensziele ausschließt. Diese Einsicht in seine Fehlhandlung
geht jedoch nicht ineins mit einer Neubewertung des Schattens. Er paßt sich
zwar, solange er im Kontakt mit der Umwelt lebt, den bürgerlichen Wertvorstellungen insofern an, als er das ihnen anstößige Fehlen des Schattens zu
verbergen sucht, aber er vermag bis zum Schluß in ihm keinen eigenen Wert
zu sehen, und es ist bezeichnend, daß die sympathisch gezeichneten Figuren
Chamisso, Bendel und z. T. Mina an seiner Schattenlosigkeit keinen oder
doch weniger Anstoß nehmen – man vergleiche die Krankenhaus-Episode.
  Verzichtet man nun auf den Versuch, dem Text eigene Wertvorstellungen
zu unterlegen, so ergibt sich der Sachbestand, daß dem Schatten nur in der
Meinung der Welt höchster Rang zukommt. Und akzeptiert man die
nüchtern-sachliche Optik Peter Schlemihls, daß der Schatten etwas Nichtiges,
verhältnismäßig Bedeutungsloses ist, so ergibt sich generell, daß der Schatten
etwas an sich Wertloses oder Wertfreies ist, dessen einzige Bedeutung in der
Meinung der Menschen von seinem Wert liegt. Aus solcher Sicht wäre der
Schatten ein Scheinwert ohne Berechtigung, den zu akzeptieren jedoch jeder
genötigt ist, der in der menschlichen Gesellschaft Aufnahme finden will.
  Der Scheinwert-Charakter des Schattens ergibt sich auch daraus, daß die
Welt bei Reichen nicht danach fragt, ob sie eine Seele haben, sondern den
fehlenden äußerlichen Schatten zur Ursache des Verdammungsurteils nimmt,
eine Preisgabe der Seele aber weder bemerken noch beanstanden würde. Eben
weil Schlemihl die Oberflächlichkeit dieses Wertsystems nicht nachvollziehen
kann, verweigert er die Dreingabe seiner Seele für den Schatten und dokumentiert damit seine Distanzierung von den Scheinwerten.
  Wenn man diese Schritte nachvollziehen kann, dann ist der Schatten allerdings nicht mehr Allegorie für etwas Spezifisches, sondern eben Symbol für
alle Scheinwerte der bürgerlichen Gesellschaft, und man wäre nicht abgeneigt,
die Mehrzahl der obengenannten allegorischen Bezüge unter dieselbe Kategorie
der Scheinwerte einzuordnen. Womit sie dann letzten Endes als Teilaspekte
des Gemeinten eine allerdings etwas fragwürdigere Berechtigung finden
würden. Schauen wir jedoch von hier aus zurück zu der Inspirationsquelle
Chamissos, zu Wielands »Geschichte der Abderiten«, und beachten, welche
›höchsten Werte‹ dort im Streit um eines Esels Schatten in die Waagschale geworfen wurden, so mag solche Subsummation nicht mehr ganz so abwegig erscheinen: Wenn es dort den streitenden Parteien übertragen wird, Religion und
Vaterland, Gesittung und Gesellschaft durch einen Schatten bedroht zu sehen,
so hat Chamisso dies in weiser Zurückhaltung seinen späteren Interpreten
überlassen. Schlemihl selbst stellt in der Erzählung an zwei Stellen das Rang-
system der bürgerlichen Werte auf: einmal in der schon erwähnten ironischen
Schlußmahnung:
  Lerne verehren zuvörderst den Schatten, sodann das Geld.[163]

und ausführlicher vorher, als ihm die Ahnung aufsteigt, »daß, um so viel das Gold auf Erden Verdienst und Tugend überwiegt, um so viel der Schatten höher als selbst das Gold geschätzt werde«[164].

Schematisiert ergäbe sich daraus eine dreistufige Skala von 1. Schatten als Höchstwert, 2. Gold als mittlerem Wert und 3. Verdienst und Tugend als geringwertig. Es ist einsichtig, daß diese Umkehrung der eigentlichen Werte den Topos der Verkehrten Welt entspricht, der auch sonst in der Erzählung auftaucht, etwa wenn Thomas Johns Gäste »zuweilen von leichtsinnigen Dingen wichtig, von wichtigen öfters leichtsinnig«[165] sprechen oder wenn sich wiederholt herausstellt[166], daß niemand den Grauen und dessen erstaunliche Taschenspielerkünste zur Kenntnis genommen hat, jedermann aber sofort das Fehlen des Schattens bemerkt. Wenn also der Graue späterhin den Schatten etwas Wirkliches nennt und demgegenüber den Wert der Seele bagatellisiert[167], weiß er sich in voller Übereinstimmung mit dieser Schein-Wertordnung, wenn auch nur zum Schein. Und auch sein Handlanger Rascal bedient sich nur zum Schein dieser Wertordnung, wenn er seine Forderung nach Entlassung damit begründet, »ein sehr ehrlicher Mann« könne »einem Schattenlosen nicht dienen wollen« und von ihm nichts annehmen.[168] Gerade für ihn und seinesgleichen gilt diese bürgerliche Wertordnung eben nicht.

H. J. Weigand[169], der in dieses Wertsystem an dritter Stelle statt »Verdienst und Tugend« gleich »the immortal soul« einsetzt, erklärt die Umkehrung der Wertskala als ein Werk des Teufels und seiner Rhetorik. Das ist nur insofern richtig, als der Graue jeweils die Werte, auf die er aus ist, gegenüber dem angebotenen Tauschobjekt herabsetzt. Die verkehrte Weltordnung selbst läßt sich nur indirekt als teuflisch bezeichnen; sie beruht doch wohl auf der Grundlage bürgerlicher Wertmaßstäbe und wird vom Spießertum sanktioniert.

Dagegen ist zweifellos R. Flores zuzustimmen, wenn er die Arbeitsweise des Teufels beschreibt:

The gray man attacks the human world by making use of methods and values of that world.[170]

Die Tatsache wiederum, daß sich der Teufel der bürgerlichen Wertskala bedienen kann, erweist wie die ganze Erzählung die Hinfälligkeit und Brüchigkeit eines solch absurden Wertsystems. Schlemihl ist ihm solange unterworfen, als er mit ihm hinsichtlich des Wertes des Geldes übereinstimmt – bis zu dem Augenblick, als er durch Wegwerfen des Glückssäckels sich auch davon befreit.[171] Die beiden Traumerscheinungen – der tote Chamisso, dann der schattenlose Chamisso – spiegeln auf verschiedenen Stadien Schlemihls dessen Entfremdung und Nähe zu Chamissos eigenem Wertsystem.

Diese Interpretation des Schattens als Symbol aller konventionellen Scheinwerte, deren Mißachtung als asozial empfunden und mit dem Ausschluß aus der Gesellschaft geahndet wird, will nun keineswegs den Anspruch auf Neuheit erheben.[172] Daß sie bisher jedoch nicht mit letzter Konsequenz durchgefochten worden ist, mag drei Ursachen haben. Einmal entspricht es nicht unbedingt der Arbeitsweise der Literaturwissenschaft, einfache Dinge auch immer einfach zu sehen und den Schatten für einen Schatten, also für etwas Nichtiges, zu halten, und es mag wie eine Kapitulation vor dem Text erscheinen, ihm praktisch nicht mehr als die ohnehin inhärente Bedeutung zu unterstellen. Nächst der auch gelegentlich von berufener Seite geäußerten Meinung, der Schatten verlange »gar nicht nach Entschlüsselung«[173], die aus der Not eine Tugend macht, bietet sie jedoch die einzige Möglichkeit einer durchgängigen textimmanenten Interpretation ohne Heranziehung außerwerklicher, biographischer oder weltanschaulicher Zeugnisse und läßt die meisten der angebotenen Deutungen, nur ihres Ausschließlichkeitsanspruches entkleidet, als Teilaspekte gelten.

Zum zweiten – und das betrifft die Leserpsychologie – hat die Tradition der Interpretation unter hochseriös-tragischem Aspekt inzwischen wohl z. T. zu einer Voreingenommenheit geführt, die den Zugang zu den spielerisch-ironischen, humoristischen und kuriosen Zügen der Erzählung verstellt.

Drittens aber läßt sich nicht leugnen, daß ein Widerstand gegen die einfache Deutung des Schattens als Scheinwert vom Text selbst auszugehen scheint. Wenn es nämlich Chamissos vornehmliches Anliegen gewesen wäre, die Wertvorstellungen der bürgerlichen Gesellschaft in ihrer Hohlheit aufzudecken und ihnen in Peter Schlemihl ein starkes Individuum gegenüberzustellen, dem die wesenlosen Scheinwerte nichts bedeuten, der infolgedessen aus dem sozialen Gefüge der Welt hinausfällt, aber, auf die seelischen Kräfte seines unversehrten Innern verwiesen, dem Schein des Menschentums das Sein vorzieht, dann hätte dies durchaus in anderer Weise erfolgen können. Die Absicht, hohle Prätentionen bloßzustellen, hätte nach den Definitionen der Poetik zur satirischen Vernichtung ihrer Träger und damit zur Spießersatire führen müssen. Diesen Weg geht Chamisso nicht oder doch nur in geringen Ansätzen. Die Gründe dafür können nicht in der Symbolik gesucht werden, sie müssen in der Behandlungsweise des Motivs der Schattenlosigkeit liegen, in einer Art Interessenkonflikt zwischen der dem Motiv eingeräumten Bedeutung und seiner Funktion im Erzählfluß.

Chamisso selbst äußert noch während der Arbeit am »Peter Schlemihl« die Befürchtung, »daß das Komische erlischt und das Weinerliche zu sehr aufkomme; denn er besteht doch und soll bestehen aus a + b, Ideal und Karikatur, das tragische und komische Element«[174]. Da das »er« sich grammatisch wohl eher auf die Hauptfigur als auf das Werkganze bezieht, lassen sich auch in diesem Stadium nicht Ideal mit Held und Karikatur mit Umwelt gleichsetzen, Tragik auf Schlemihl und Komik auf die Gesellschaft beziehen, sondern alle Elemente sind in der Hauptfigur gemischt zu sehen. Dann aber ließen sich Schlemihls Verhältnis zur Umwelt als tragisch, sein Verhältnis zum Schatten als komisch – zumindest: geplant – verstehen, und alles spricht dafür, daß für Chamisso die volle epische Ausschöpfung der im neugefundenen Motiv der Schattenlosigkeit angelegten Möglichkeiten gleichen Rang, wenn nicht gar Priorität vor dessen Symbolik genoß. Dies wird anhand der Aspekte zu erörtern sein, die dem Motiv in der Erzählung abgewonnen werden.

d. Die Durchführung des Schattenmotivs

Für die Rangordnung des Schattenmotivs innerhalb der Schlemihl-Erzählung ist es nicht unwesentlich, zu beachten, daß unter den vier Titelfassungen, die Chamisso in Erwägung zog (»Peter Schlemiels Abentheuer«, »Peter

Schlemiels Schicksale«, »Peter Schlemiels sonderbare Geschichte«, »Peter Schlemihls wundersame Geschichte«[175]) die zweite einen Untertitel führte »Als Beitrag zur Lehre des Schlagschattens«. Neben dem ›Schicksal‹-Motiv, das den an die Hauptfigur gebundenen Interpretationen die Grundlage liefert, steht also frühzeitig an zweiter Stelle und unverbunden damit das Schattenmotiv, und zwar in einer bewußt gewählten ironischen Formulierung, die dem »Schlagschatten« das »Schicksalhafte« nimmt und ihm eine quasi selbständige Funktion innerhalb des Erzählflusses gibt.

J. Boyd[176] bringt diesen Untertitel wohl zu Recht in Zusammenhang mit der »science de l'ombre«, auf die das französische Vorwort von 1838 Bezug nimmt, und die Tatsache, daß zwischen beiden Anspielungen auf eine wissenschaftliche Schattenlehre ein Zeitraum von 25 Jahren liegt, spricht gewiß dafür, daß Chamisso diesen Aspekt seiner Erzählung nie aus den Augen verloren hat. Man erinnert sich an das oben angeführte Gespräch mit Fouqué, von dem es hieß »wir malten uns das Unglück aus« (Chamisso) bzw. »Fouqué ... reizte ... Chamisso, die Schattenlosigkeit weiter auszubeuten« (Rauschenbusch), und man wird sicher versucht sein, nicht nur die realistische Schilderung der Alltagswelt, die sich dem Märchenhaften langsam öffnet, aus dieser Gesprächssituation in realer Umwelt herzuleiten, sondern auch die Varianten des geistreichen Spiels mit surrealen Möglichkeiten im Werk selbst wiederzuerkennen. Das einmal gefundene und ergriffene Motiv wird dabei wie stets bei Chamisso mit viel Phantasie nach allen in ihm angelegten Möglichkeiten abgetastet und mit Erfindungsgabe und Einbildungskraft weiter ausgestaltet, so daß sich ein surreales Spiel mit bizarren Konstellationen ergibt, dessen Spuren wir sehr wohl in der fertigen Erzählung wiederzufinden vermögen.

The fantastic, ironic element holds throughout, it is all delightfully impossible, yet based on a stern sense of reality.[177]

Die Methode, die sich dafür anbietet und die Chamisso auch durch sein Studium nahegebracht worden sein mag, ist die des systematischen naturwissenschaftlichen Experiments, der physikalischen Versuchsreihe. »Der Wissenschaft will ich durch Beobachtung und Erfahrung, Sammeln und Vergleichen mich nähern«, schreibt Chamisso im Herbst 1812 an De la Foye[178], und es ist amüsant, im »Peter Schlemihl« nicht nur Chamisso als Autor, sondern auch seinem Helden als Betroffenem bei solchen Experimenten über die Schulter zu schauen. Sie beziehen sich ja nicht nur auf den Schatten, sondern ebenso auf das Glückssäckel, das »erprobt« wird[179] und zu der Erfahrung führt, daß es einmal herausgeholtes Geld nicht mehr zurücknimmt[180], oder auf die Siebenmeilenstiefel, die sich entgegen der Überlieferung bei Tieck nicht abnutzen[181] und durch »Hemmschuhe«[182] in ihrer (unerwünschten) Reichweite eingeschränkt werden können.

Hinsichtlich des Schattens bildet die Basis der vergleichenden Beobachtung eine amüsant surreale ›vergleichende Schattenkunde‹, nach der die Bandbreite der Möglichkeiten von Männern ohne Schatten über diejenigen mit einem »etwas blassen Schatten«[183], mit einem »breiten«[184] oder gar »untadeligen«[185] Schatten und die ausgedehnten Schlagschatten bei Sonnenaufgang[186] bis zum Grauen mit zwei Schatten gleichzeitig (als notwendige mathematisch-logische Konsequenz der Existenz Schattenloser) reicht. Und unser Schattenspezialist verabsäumt keineswegs, das interessierte Publikum auch darüber aufzuklären, wie der modebewußte Besitzer zweier Schatten diese zu tragen pflegt, nämlich entweder zu entgegengesetzten Seiten[187] oder nebeneinander[188]. Aus dem einen Einfall – der Schattenlosigkeit – wird sogleich die ganze denkbare Variationsbreite aufgerollt, und nicht nur in quantitativer Hinsicht nach Größe, Stärke und Anzahl: der Schattenkenner differenziert auch hinsichtlich der Qualität der Stücke und weiß einen »schönen«, »herrlichen«, »edlen« oder »unschätzbaren«[189] Schatten sehr wohl von der üblichen Durchschnittsware zu unterscheiden.

Als Grundlage der systematischen ›science de l'ombre‹ gilt nun die in der Erzählung niemals angezweifelte Hypothese, daß der Schatten oder besser Schlagschatten weder eine gasförmige, noch eine flüssige, sondern eine feste Materie darstellt, eine greifbare Sache, ein »Ding«[190], wie der Graue sich ausdrückt, oder »etwas Wirkliches«[191]. Die Körperlichkeit des Schattens als ein flaches, folienartiges Objekt erweist sich für die poetische Logik des Textes darin, welche Manipulationen sich mit ihm anstellen lassen: Man kann ihn »aufheben«, »zusammenrollen«, »falten«, »einstecken«[192], wieder »aus der Tasche ziehen«, »entfalten«, »ausbreiten«, an der Sonnenseite anbringen[193] oder auch wieder »einpacken«[194]. Als Gegenstand kann man ihn »von sich werfen«[195] oder jemand daran »festhalten«[196], er kann »am Boden festfrieren«[197] (Schlemihls Erklärungen sind ja nur für den Leser, nicht für seine Umwelt absurd), und als Materie unterliegt er dem natürlichen Verschleiß, ist durch Schimmel[198] und Mottenfraß[199] gefährdet, kann Löcher bekommen und ausgebessert werden[200]; selbst Verlust und Wiedergewinn liegen im Bereich des Möglichen[201], und sogar der Förster rät Schlemihl, er solle »sich nach einem Schatten umtun«[202].

Als Besitzgegenstand kann dieser Logik zufolge der Schatten zum Objekt mehr oder weniger legaler geschäftlicher Transaktionen gemacht werden: man kann ihn kaufen, verkaufen[203], »eintauschen«[204], anprobieren und »leihen«[205]. Nur beim Versuch illegaler Aneignung bemerkt Schlemihl zu seinem Erstaunen, daß der Schatten sich abweichend von anderen Objekten streng an der juristischen Sachlage orientiert: mit Gewalt rauben[206], stehlen[207] oder »entführen«[208] läßt sich der Schatten nicht. (Das Verhältnis des Schattens zu seinem Besitzer wird unten noch eingehender behandelt werden.)

Das Gedankenspiel mit dem Dingcharakter des Schattens als einer vom Individuum unabhängigen, ablösbaren Sache erreicht seinen Höhepunkt in der Vogelnest-Episode, als der vermeintlich herrenlose Schatten »sehr natürlich erklärbar«[209] wird, indem das Vogelnest zwar den Träger, nicht aber seinen Schatten unsichtbar macht – darin ist es der Tarnkappe unterlegen – und daher nur mit einem ohnehin schattenlosen Träger die ideale Kombination bildet. Hier ist wieder einer der Höhepunkte der Erzählung, an dem durchscheint, wie genau das Motiv der Schattenlosigkeit bis zur äußersten Konsequenz zu Ende durchgedacht wurde.

Aus dem postulierten Dingcharakter und der – bei Wieland noch negierten – Fähigkeit des Schattens, zum Gegenstand geschäftlicher Vereinbarungen gemacht zu werden, resultiert, daß das Verhältnis des Schattens zu seinem Besitzer neu durchdacht werden muß. In dem Moment, wo der natürliche physikalische Kausalnexus für die Logik des Textes aufgehoben wird, treten an dessen Stelle jedoch nicht die Gesetze des Warenverkehrs, sondern ein privatrechtliches Abhängigkeitsverhältnis, das die Geschäftsmoral merkwürdigerweise zugleich integriert: der Schatten gehorcht nur insoweit den Gegebenheiten der Dingwelt, als sie nicht mit der Moral in Konflikt geraten. Er erweist sich damit also scheinbar gegenüber dem Menschen als ethisch höherstehend: auf Schlemihls Entführungsversuch reagiert er, indem er »seinen gesetzmäßigen Eigentümer auf der Landstraße erwartete«[210]. Doch die gemutmaßte ethische Überlegenheit ist ein Trugschluß: nicht der Schatten entscheidet nach Gut und Böse, sondern die Befehlsgewalt des Besitzers, der gegenüber die Naturgesetze – er kann den Schatten auch zur Sonnenseite auslegen[211] – und ethische Ansprüche – etwa auf Schutz gegen die Ausnutzung jugendlicher Unerfahrenheit – nicht durchgreifen.

Auch in bezug auf die praktischen Folgen der ›Rechtslage‹ überrascht »Peter Schlemihl« durch eine genaue, nahezu systematische Behandlung aller denkbaren Möglichkeiten: Der gekaufte Schatten muß in allem seinem neuen Besitzer »gehorchen«[212], er muß »nach allen seinen Bewegungen sich richten«[213], aber er behält im Grundriß seine ursprüngliche Form als Silhouette des ›Erstbesitzers‹ bei, so daß er für Bendel als Schlemihls Schatten »nicht zu verkennen«[214] ist. Er paßt sich also formal nicht seinem neuen Besitzer an, und wenn der Förster von Schlemihl einen »wohlangepaßten Schatten«[215] verlangt – was E.T.A. Hoffmann später mit dem »vollkommen ähnlichen Spiegelbild«[216] oder dem »vollständigen, völlig ähnlichen Spiegelbild«[217] variiert – so bedeutet diese Forderung praktisch die nach Schlemihls eigenem Schatten. Der Versuch Schlemihls, den vermeintlich herrenlosen Schatten zu fangen, kann diese Forderung schon deswegen nicht erfüllen, weil es sich dabei nicht um den Seinigen handelt. Dennoch gibt Schlemihl sich der Hoffnung hin, wenn er in seine Spur träte, würde er wohl »hängen bleiben und sich mit der Zeit an (ihn) gewöhnen«[218], konzediert dem Schatten also gleichsam ein gefühlsmäßiges Eigenleben. Gleichwohl muß er sich später vom Grauen belehren lassen, selbst sein eigener Schatten werde erst wieder an ihm »festhangen«[219], wenn er der rechtmäßige Eigentümer wäre. Mangelhafte Adhäsionskraft gibt überflüssiger- und daher ironischerweise auch der Maler als Grund dafür an, daß ein gemalter Schatten an Schlemihl nicht haften würde[220].

Die Untersuchung des Verhältnisses von Schatten und Besitzer ergibt also eine eindeutige Aufhebung der Naturgesetze zugunsten der Vorschriften des Handelsrechts, und diese Substitution wird in aller Konsequenz mit innerer Logik durchgeführt; sie bildet die Grundlage für das Funktionieren des Schattenkaufs.

Es spricht auch nicht gegen diese juristische Sachlogik, wenn der Graue behauptet[221], der Schatten lasse nicht von seinem Herrn und zöge ihn Schlemihl nach, da dies nur ein emotionales Argument seiner Überredungskunst ist; die Praxis erweist im Gegenteil, daß der Graue nach der Beschwörung endgültig von ihm abläßt.

Erst auf dieser Basis – der Schatten als Ding und als veräußerbarer Besitz – ergibt sich mit logischer Konsequenz die Möglichkeit des Schattenverlustes oder Schattenverkaufs, erscheint es innerhalb der poetischen Logik vorstellbar, daß es Menschen ohne Schatten und folglich auch solche mit einem Zweitschatten geben kann, wie es Menschen ohne Auto und solche mit einem Zweitwagen gibt. Und auch hier stellt Chamisso die daraus notwendig folgernden Fragen: Wenn es Menschen ohne Schatten gibt, gibt es dann auch

Schatten ohne Menschen?[222] Und: Wenn sichtbare Menschen keinen Schatten haben können, können dann Unsichtbare einen Schatten haben?[223]

Der Schattenlose sieht sich nun in dieser Welt der sehr realen Dinge mit drei Problemen konfrontiert: Er muß versuchen, seine Schattenlosigkeit zu vertuschen oder zu überwinden, er ist, sobald sie offenkundig wird, der Reaktion der Umwelt ausgesetzt, und er muß für diesen Fall plausible Erklärungen zur Hand haben, denn »Ungeschicklichkeit« und »Nachlässigkeit«[224] reichen dafür nicht aus.

Die witzigen Erklärungen, die Schlemihl im Zuge der Erzählung seiner Umwelt gegenüber für seine Schattenlosigkeit gibt – er sei ihm im kalten Rußland am Boden festgefroren[225], er habe ihn wegen eines eingerissenen Loches zur Reparatur gegeben[226] und er sei ihm während einer Krankheit ebenso wie Haare und Nägel ausgegangen[227] – werden in der Literatur gelegentlich als eines Baron von Münchhausen würdig bezeichnet. Das ist dann richtig, wenn man in Münchhausens Lügengeschichten das beinahe noch naturgesetzlich Mögliche sieht, nicht wenn man sie als amüsante Schwindeleien betrachtet. Denn Schlemihls Erklärungen sind zwar erlogen, doch das wissen nur er und die Leser; innerhalb der poetischen Logik der Erzählung selbst und für ihre Figuren, die eben den Schatten als eine reale Sache betrachten, liegen sie durchaus im Bereich des Möglichen und stoßen daher auch nirgends auf Zweifel. Die schon zitierte amüsante Erklärung des Malers, ein gemalter Schatten würde erstens überhaupt nicht haften und zweitens erst recht nicht bei einer Person, die »an dem eigenen angebornen Schatten so wenig festhing«[228], entwickelt diese Logik nur ins Absurde fort.

Noch einfallsreicher als bei der Erklärung seiner Schattenlosigkeit erweist sich Schlemihl bei seinen Versuchen, sie vor der Umwelt zu vertuschen. Hierbei erweitert sich die im Untertitel apostrophierte Lehre vom Schlagschatten zur Lehre von der Vermeidung von Schlagschatten, und Schlemihl entfaltet eine reiche Erfindungsgabe, sein Manko zu bemänteln, was durchaus der Entstehung der Erzählung als Unterhaltung für Kinder entspricht und eben als Denksportaufgabe auch die kindliche Einbildungskraft zu beschäftigen und zu faszinieren vermag.[229]

Nur drei dieser Bemühungen zielen auf die direkte Überwindung der Schattenlosigkeit durch einen Ersatz ab: Der Versuch, den eigenen Schatten zu entführen, scheitert an der Rechtslage, die Substitution durch den gemalten Schatten an physikalischen Gesetzen, die für Bild und Schatten unterschiedlich sind, und auch die irrige Hoffnung, sich den vermeintlich herrenlosen Schatten aneignen zu können, wird überschattet von der Frage, ob dieser wohl an Schlemihls Füßen »hängen bleiben würde«[230] und was geschähe, wenn der Schatten in den Waldesschatten flöhe.

Die anderen Lösungen zielen auf Bemäntelung der Schattenlosigkeit und lauten aufgefächert: sich tagsüber im verschlossenen Zimmer aufhalten[231], Sonnenschein vermeiden[232], nur nach Sonnenuntergang ausgehen, aber auch dem Mondschein ausweichen[233], sich möglichst im Schatten von Bäumen bewegen[234] (Dies gibt übrigens sowohl dem schattenlosen Herrn als auch dem herrenlosen Schatten Sicherheit vor Entdeckung!), nach Sonnenuntergang diffuses Licht durch viele Lichtquellen bevorzugen, weil es alle Personen schattenlos erscheinen läßt[235], sich im Schatten anderer bewegen, mit deren Schatten decken[236], schließlich unter Tage in einem Bergwerk arbeiten[237], in einer schattigen Höhle leben[238] und zu guter letzt nebelreiche Gegenden bevorzugen[239].

Es tut der Erzählung keinen Abbruch, wenn man feststellt, daß die so summierten Ratschläge sich zu einer absurden Sammlung von Verhaltensmaßregeln für Schattenlose zusammenschließen lassen, und einer der Reize der Erzählung für den unbefangenen oder gar kindlichen Leser liegt durchaus darin, einzelne dieser Maßnahmen gedanklich vorwegzunehmen und dann deren Bestätigung zu finden. Auch aus der Technik der Ausbeutung des einen Motivs wäre also der Schluß nicht abwegig, daß es Chamisso mehr auf die spielerische Durchführung des Motivs in allen seinen Verästelungen als auf die Unterlegung eines tiefen, tragischen Sinnes ankam.

Dieser tiefere Sinn entwickelte sich vielmehr sekundär aus der Konstellation des Motivs in der sozialen Umwelt, d. h. in der Konfrontation des Schattenlosen mit den Schattenwerfenden und ihrer Reaktion auf den Andersartigen. Dies allein ist eine Situation, die Schlemihl eingestandenermaßen beim Schattenverkauf nicht vorausgesehen hat und von der er, überzeugt von der Nichtigkeit des Schattens, nicht voraussehen konnte, daß sie ihn ins gesellschaftliche Abseits drängen würde. Auch hier ergibt sich wieder ein breitgestreutes Feld der Variationsmöglichkeiten je nach Geschlecht, Alter, Stand und schlechthin ›Menschlichkeit‹ des Gegenübers.

Es ist ja nicht so, daß nur der Graue und, solange es ihm nützt, dessen Helfershelfer Rascal[240] an Schlemihls Schattenlosigkeit keinen Anstoß nehmen; vielmehr sind am extremen anderen Ende der Skala auch die am weitesten menschlich entwickelten Figuren Bendel[241] und Mina[242] bereit, sich mit Schlemihls Schattenlosigkeit abzufinden, und beachten sie bei der letzten Begegnung[243] gar nicht, da sie höhere Werte als die Scheinwerte der Gesellschaft anerkennen. Doch diese Figuren erscheinen neben dem Adressaten der Erzählung, Chamisso selbst, als die Ausnahmen zur Regel, die das breite Spektrum einnimmt.

Das Spektrum gliedert sich weiter auf in Reihen namenloser Gruppenvertreter und in einzelne Individuen. Die ersten Gruppenreaktionen erfährt Schlemihl gleich bei der Rückkehr in die Stadt nach dem Schattenverkauf[244]: die besorgte Warnung des »alten Weibes« (»Sehe sich der Herr doch vor, Sie haben Ihren Schatten verloren«), das Mitleid der »paar Frauen« (»Jesus Maria! der arme Mensch hat keinen Schatten!«), die inquisitorische Frage der Obrigkeit (»Wo hat der Herr seinen Schatten gelassen?«) und die aufdringliche Neckerei der Schuljugend, die den ironisch tadelnden Ton ihres Schulmeisters nachahmt (»Ordentliche Leute pflegten ihren Schatten mit sich zu nehmen, wenn sie in die Sonne gingen«). Sie ergeben bereits ein sorgfältig nach sozialer Zugehörigkeit abgestuftes Reaktionsbild, dem noch die aggressive Schärfe mangelt, das aber einheitlich in Ergänzung zu den obigen Ausführungen den Schatten als ein dingliches Akzessorium betrachtet.

Dieser ersten unfreiwilligen und unvorhergesehenen Erfahrung folgt am Abend darauf nunmehr eine gesteuerte Versuchsreihe quasi unter »kontrollierten Bedingungen«[245] mit ausgewählten anonymen Versuchspersonen, um »die öffentliche Meinung noch einmal zu prüfen«[246], in der Anlage also einem naturwissenschaftlichen Experiment nicht unähnlich. Das Ergebnis wird dementsprechend auch nicht fallweise, sondern generalisierend und kategorisierend aufgeschlüsselt mitgeteilt als [247]: »das tiefste Mitleid« der Frauen, der »Hohn der Jugend«, die »hochmütige Verachtung der Männer« und das Erschrecken des Mädchens (als einzige Einzelreaktion).

Kollektivreaktionen sind schließlich auch die Plünderung des aufgehetzten Pöbels[248] und die Ausweisung durch die Polizei[249], die, massenpsychologisch richtig, der Reaktion der anonymen Massen einen weitaus höheren Grad von Aggressivität zugestehen als den vorgenannten Einzelreaktionen.

Individuelle Reaktion auf die Schattenlosigkeit, von Schlemihl z. T. wissentlich herausgefordert, ergänzt das durch Experimente gewonnene Bild nur um ausführlicher geschilderte Einzelfälle, ohne das Ergebnis in Frage zu stellen. Die Weltläufigkeit in der Reaktion des »berühmten Malers« stellt ihn außerhalb der spießbürgerlichen Verachtung der Außenseiter[250], die Ohnmacht der oberflächlich-eitlen »schönen Fanny« entspricht dem Erschrecken des jungen Mädchens[251], die des alten Bauern[252] der der hochmütigen Männer, und nur der Förster als Verkörperung spießbürgerlicher Scheinwerte kann seiner Verachtung vor dem lichtscheuen Brautwerber, weil persönlich betroffen, breiteren Raum geben, wobei seine Voreingenommenheit durch das Ende Rascals später Widerlegung findet.

Zieht man die Summe dieser nur graduell unterschiedlichen Ablehnungen des Schattenlosen, so fällt auch hier wieder der Experimentalcharakter des Erzählens ins Auge. Die Problemstellung ›Umweltreaktionen auf Schattenlosigkeit‹ wird möglichst weit aufgefächert, aber bis auf oben begründete Ausnahmen ist nicht nur die Reaktion negativ, sondern ein Weiteres wird offenkundig, das für die Deutung nicht unwesentlich ist: keine der verachtenden, ablehnenden, bemitleidenden, erschreckten oder zurückstoßenden Figuren gibt eine Erklärung für ihre Haltung. Das Andersartige, nicht der Norm Entsprechende, wird ohne jede Begründung abgelehnt. Geht man davon aus, daß die Versuchspersonen sozial und bildungsmäßig abgestuft sind, so hätte sich hier eine Fülle von Motiven für die Ablehnung des Schattenlosen gleichsam von selbst angeboten. Allein aus dem Volksaberglauben hätten sich zahllose Begründungen herleiten lassen. Vom Teufelsbündler und Geist über den Wiedergänger zum Seelenlosen hätte die Skala reichen können. Nichts dergleichen bei Chamisso. Schlemihl wird ausgestoßen, ohne daß ihm ein logischer oder irrationaler Grund genannt wird, warum ihn seine Schattenlosigkeit in eine Position außerhalb der menschlichen Gesellschaft drängt.

Die Erklärung von der Rangordnung menschlicher Werte: Schatten – Geld – Verdienst und Tugend – ist denn auch nicht eine solche, die ihm von der Gesellschaft vorgehalten wird und an der er sich zu messen habe, sondern sie ist seine eigene Fabrikation, aufgebaut auf seinen Erfahrungen und untermauert durch seine Experimente. Sie ist eine Erfahrungstatsache, deren Begründung nur ebenso irrational sein könnte wie die Ursachen, die dafür in Betracht kämen. Sie beruht auf einer irrationalen Wertordnung und ist damit Symbol für alle irrationalen Scheinwerte der menschlichen Gesellschaft.

Und wie Schlemihl diese Scheinwerte erst nach und nach erfährt und erkennt, so spricht einiges dafür, daß auch für den Erzähler Chamisso das ursprünglich wertfreie Motiv des verlorenen Schattens erst allmählich diese Symbolfunktion angenommen hat, daß der Ausgangspunkt ein wertfreies, geistreiches Spiel mit einem ungewöhnlichen Motiv war, das erst im sozialen Umraum deutlichere Konturen annahm und den Tenor der Erzählung vom ursprünglich intendierten Komisch-Kuriosen ins mehr und mehr Tragische überführte.

Nur die Annahme, daß das ursprünglich Intendierte das Kuriose war und daß es sich um ein geistreiches Spiel mit den Möglichkeiten des Kuriosums ›verlorener Schatten‹ handeln sollte, würde auch die zahlreichen, bewußt witzigen Bilder, Vergleiche und Sprachspielereien des Textes in die Stileinheit des Werkes integrieren[253].

Wenn etwa der Graue Schlemihl durch geschickte Verhandlungstechnik[254] den Schatten ablisten will, spricht er von dem »schönen Schatten ... den Sie ... mit einer gewissen edlen Verachtung ... von sich werfen«[255] und insinuiert damit zugleich die verachtend ›wegwerfende‹ Geste[256]. Oder wenn der Graue nach dem Tausch »spurlos wie ein Schatten verschwunden« ist[257], wird diese populäre Wendung hier auf einmal doppelbödig, wenn Schatten wie der Schlemihls wirklich verschwinden können. Bendel will seinen Herrn nicht »um Schattens willen«[258] verlassen und nimmt mit dieser Redewendung nichtsahnend zugleich auf seine aktuelle Situation Bezug und nicht Bezug. Schlemihl will den Förster besänftigen und meint, »es wäre doch am Ende ein Schatten nichts als ein Schatten«[259], und legt damit gerade den Finger auf die Wunde. Schließlich bezieht Schlemihl die Schattenlosigkeit so ausschließlich auf sich als Ausnahme, daß er auch Redewendungen in die 1. Person Singular setzt, wenn er erklärt, »daß ich an und für mich schattenlos war«[260].

Solche humoristische Ausbeutung des ambivalenten Schatten-Wortfeldes um komischer Effekte willen entspricht wiederum der hohen Bewußtheit des spielerisch unterhaltenden Elements innerhalb der Erzählung. Sie grenzt das Experimentieren mit den Möglichkeiten nicht auf die Schattenlosigkeit als solche ein, sondern bezieht auch die Sprache als deren Vehikel in den Experimentalprozeß mit ein: dem Schattenspiel dort entspricht das Wortspiel hier. Gehalt und Gestalt sind nur dann im Einklang, wenn man den ›Esprit‹, den geistreichen Witz, auch dort nicht übersieht.

e. Zusammenfassung

Man mag solche detaillierte Betrachtungsweise des Motivgebrauchs vordergründige Stoffhuberei oder perspektivische Enge schelten, sie erscheint unerläßlich, will man von vorgefaßten Meinungen abkommen, das Motiv als solches in der ganzen Breitenskala seiner Durchführung erfassen, bevor man zu Urteilen und Deutungen ansetzt.

Als Ergebnis solcher Nahperspektive entsteht dann doch der Eindruck, daß hier ein Autor ein Motiv gefunden hat, das ihn unabhängig von seiner Bedeutung zunächst rein als Vorwurf zu einer unterhaltenden und kuriosen Erzählung so sehr faszinierte, daß er in erster Linie darauf absah, es nach allen Dimensionen und Variationsmöglichkeiten hin experimentell zu entfalten, und daß sich ihm der symbolische Bezug quasi erst an zweiter Stelle und sekundär aus dem Zusammenstoß von Motiv und Welt einstellte. Es braucht beinahe nicht darauf hingewiesen zu werden, daß die Umkehrung der Werte, das Kuriose eines Schwimmens gegen den Strom, auch sonst in Chamissos Werk einen bedeutenden Platz einnimmt[261].

H. J. Weigand bemerkt zu Recht:

Chamisso is playing a game – a game that abounds in wit, humor, hilarious fun, satire, irony, parody, and paradox.[262]

Die deutsche Literatur ist nicht so reich an erstklassiger Nonsensedichtung, daß man den originären Zugang zu dieser heiter-tragischen Geschichte durch gewaltsame allegorische Festlegungen versperren sollte. Die Stelle, die ihm in der Motivgeschichte des verlorenen Schattens gebührt, ist die, daß »Peter Schlemihl« das neue Motiv erstmals in voller Breite und als ein Kuriosum mit allen Konsequenzen ausgestaltet.

2. SCHLEMIHLIANA

a. Allgemeines

Würde man die Anzahl der Fortsetzungen, Nachahmungen und Bearbeitungen eines Werkes zum Gradmesser seines literarischen Ranges nehmen, so stünde »Peter Schlemihl« in der ersten Reihe der individuell erfundenen, nicht mythisch vorgeprägten Stoffe, denn die Zahl der durch ihn (mit) inspirierten Werke mag an die hundert gehen.

Berücksichtigt man dagegen auch die Qualität der Werke, die ein anderes Werk hervorgerufen hat, so fällt »Peter Schlemihl« freilich gegen andere Stoffe stark ab. Während die großen erfundenen Stoffe und Figuren der Weltliteratur oft erst nach Generationen ihre klassische Ausformung erhalten und deren ursprüngliche Erfinder dann oft bereits vergessen sind, ist Peter Schlemihl keine bedeutende spätere Gestaltung zuteil geworden, und man mag es als ein Zeichen für die hohe Qualität von Chamissos Original nehmen, das es nur zu Fortsetzungen und Bearbeitungen anregte, keinen Autor von Rang jedoch inspirierte, durch eine Neufassung mit dem Original zu konkurrieren.

Wegen der Dritt- und Viertrangigkeit der meisten Schlemihliana scheint es für diese Untersuchung angemessen, sie nur in groben Zügen zu streifen, und zwar aus arbeitstechnischen wie aus darstellerischen Gründen. Arbeitstechnisch wäre weniger die Unzugänglichkeit einiger Texte (in verschollenen Bühnenmanuskripten mittlerweile erloschener Bühnenvertriebe) ein Problem als die Tatsache, daß ein solcher Überblick, wollte er über die vorliegenden Arbeiten von Albert Ludwig[263], René Riegel[264] und Elisabeth Frenzel[265] hinausgehen und nicht nur einige aktuelle Ergänzungen liefern, nur im Rahmen einer selbständigen Arbeit geleistet werden könnte. Denn das darstellerische Problem der Schlemihl-Stoffgeschichte greift weit über das Motiv des verlorenen Schattens hinaus: die Stoffgeschichte fächert sich auf und umfaßt auch solche Werke, die mit dem Hauptmotiv der Schattenlosigkeit nichts mehr zu tun haben.

Setzt man »Peter Schlemihl« als den Ausgangspunkt einer stoffgeschichtlichen Betrachtung, so sind es vor allem drei Aspekte der Schlemihl-Geschichte, die für die Nachahmer und Bearbeiter von ausschlaggebender Bedeutung waren und in deren Werken teils isoliert wieder auftauchen, teils die verschiedensten Verbindungen untereinander oder mit anderen Motiven eingehen: das Motiv Schatten, das Motiv Verkauf und die Figur Schlemihl.

b. Das Motiv Schatten

Das Motiv des verlorenen oder verkauften Schattens bzw. der Schattenlosigkeit schlechthin wird wieder aufgegriffen und in anderen stofflichen oder
figuralen Zusammenhang gestellt. Die Werke dieser Gruppe werden im Zuge
dieser motivgeschichtlichen Untersuchung, die sich den Schattenverlust zum
Thema gewählt hat, an angemessener Stelle einzeln behandelt werden und
gelten nur für die Terminologie dieser Arbeit nicht als Schlemihliana im
engeren Sinne.

Weder der Motivtradition des verlorenen Schattens noch den Schlemihliana
zuzurechnen sind jedoch solche Weke, die den verlorenen Schatten als bloßes
Bild für eine überwundene Vergangenheit oder für die Aufgabe individueller
Entscheidungsfreiheit im Titel führen, ohne im realistischen Inhalt darauf
zurückzukommen. Dazu gehören etwa Maxim Zieses Heimkehrerdrama um
eine vermeintliche Blutschuld »Der erschlagene Schatten« (1935)[266], Fried
Noxius' Jugendroman einer überwundenen Schuld »Der verlorene Schatten«
(1959), Colin Wilsons existentialistischer Tagebuchroman eines angehenden
Schriftstellers »Man without a Shadow« (1963)[267] und der arabische Jour-
nalistenroman von Fathy Chanem »The Man who Lost his Shadow«
(1966)[268].

c. Das Motiv Verkauf

Das Motiv vom Verkauf oder Verlust eines anderen immateriellen bzw.
ideellen Gutes tritt an die Stelle des Schattenverkaufs. Durch seine meist
ebenfalls leichtsinnig-unbedachte Hergabe wird der Verkäufer jedoch in
seiner Psyche unerwarteterweise stark beeinträchtigt, obwohl er ihm zunächst
kaum Wert beigemessen hat. Es ist evident, daß hier eine einfache Übertragung des Plots aus »Peter Schlemihl« auf andere Tauschobjekte vorliegt,
und Erfolg wie Überzeugungskraft der Substitution hängen dementsprechend
weitestgehend von der glücklichen Wahl der Gegenstände und ihrer Durchführung und Sinngebung ab.

Es ist bezeichnend, daß von diesen Varianten nur eine, und zugleich die
zeitlich früheste, vollauf geglückt ist: E. T. A. Hoffmanns »Geschichte vom
verlornen Spiegelbilde« (in »Die Abentheuer der Sylvester-Nacht«, 1815),
die unten separat noch ausführlicher in ihrem Verhältnis zu »Peter Schlemihl« zu analysieren sein wird. Der Grund dafür liegt eindeutig darin, daß
das Spiegelbild neben dem Schatten als einziges von allen Substituten – denkbar wäre allenfalls noch das Echo – eine wert- und sinnfreie physikalische
Reflexion der Persönlichkeit darstellt und damit nicht bereits bedeutungs-
mäßig eingeschränkt ist. Von allen Nachahmern kommt damit Hoffmann
dem Urbild am nächsten auch insofern, als sich Spikhers Spiegelbild noch
nicht völlig zum Doppelgänger und Gegenspieler verselbständigt, sondern
durch sein bloßes Fehlen allein Anstoß erregt.

Daß übrigens nicht nur das Fehlen des Spiegelbildes, sondern auch gerade
sein Vorhandensein als ein selbständiges Wesen, dem man nicht entfliehen
kann, zur Quelle der Irritation werden kann, schildert ebenso geistreich wie
eindrucksvoll Nathaniel Hawthornes wenig bekannte Betrachtung »Monsieur
du Miroir« (1854)[269].

Wohl weniger der Hoffmann-Nachfolge zuzurechnen, vielmehr als Beitrag zu der zeitgenössischen wissenschaftlichen Erforschung der Geisteskrankheiten und des Hypnotismus zu sehen ist die m. W. einzige Bearbeitung des Motivs vom verlorenen Spiegelbild aus der Epoche des Naturalismus, nämlich Guy de Maupassants Novelle »Le Horla« (1886)[270]. Der Ich-Erzähler dieser naturalistisch exakten Tagebuchaufzeichnungen glaubt sich von einem unsichtbaren, ungreifbaren übernatürlichen Wesen verfolgt und beherrscht, das er den Horla[271] nennt, und sucht mit allen Mitteln, der Erscheinung habhaft zu werden. Als er, einen großen Schrankspiegel im Rücken, zu schreiben vorgibt und die Empfindung hat, der Horla schaue ihm über die Schulter, dreht er sich plötzlich hastig um und schaut in den Spiegel. Dieser zeigt jedoch kein Spiegelbild, da der gleichwohl unsichtbare Horla es verdeckt:

> On y voyait comme en plein jour, et je ne me vis pas dans ma glace! ... Elle était vide, claire, profonde, pleine de lumière! Mon image n'était pas dedans ... et j'étais en face, moi! Je voyais le grand verre limpide du haut en bas. Et je regardais cela avec des yeux affolés; et je n'osais plus avancer, je n'osais plus faire un mouvement, sentant bien pourtant qu'il était là, mais qu'il m'échapperait encore, lui dont le corps imperceptible avait dévoré mon reflet.
> Comme j'eus peur! Puis voilà que tout à coup je commençai à m'apercevoir dans une brume, au fond du miroir, dans une brume comme à travers une nappe d'eau; et il me semblait que cette eau glissait de gauche à droite, lentement, rendant plus précise mon image, de seconde en seconde. C'était comme la fin une éclipse. Ce qui me cachait ne paraissait point posséder de contours nettement arrêtés, mais une sorte de transparance opaque, s'éclaircissant peu à peu.[272]

Da in diesem Zusammenhang nicht die Pathologie des Verfolgungswahns und die literarische Darstellung des Geisterglaubens zu analysieren sind, bleibt dieses Nebenmotiv für das Thema dieser Arbeit nur ein reizvoller Gag ähnlich denen, die Chamisso für den herrenlosen Schatten erfand: das Übernatürliche des verlorenen Spiegelbildes findet seine »ganz natürliche Erklärung« durch etwas noch viel Übernatürlicheres: Das dazwischentretende unsichtbare Wesen verhindert die Reflexion.

Weiterhin erscheint das verlorene Spiegelbild als Nebenmotiv in der Kostümierungsepisode von R. M. Rilkes »Aufzeichnungen des Malte Laurids Brigge« (1910), wo der Spiegel nicht sogleich auf den kostümierten Erzähler anspricht[273] und die Geistererscheinung Christine Brahes kein Spiegelbild wirft[274]. Es wird ferner aufgenommen in Louis Aragons Roman »La mise à mort« (1965)[275], wo das völlige Verschwinden des Spiegelbildes den Identitätsverlust darstellt.

Die meisten anderen Bearbeitungen des Spiegelbild-Motivs dagegen münden in die Motivtradition des Doppelgängers: Karl Wilhelm (Salice-) Contessa (»Das Schwert und die Schlangen«, Erzählung 1816), Hanns Heinz Ewers (»Der Student von Prag«, Filmdrehbuch 1912[276]) und Franz Werfel (»Spiegelmensch«, Drama 1920) lassen ihre Hauptfiguren durch Doppelgänger, die aus Spiegelbildern entstehen, unterdrücken und leiten in das Motiv der Persönlichkeitsspaltung über, das mit dem Motiv des verlorenen Schattens nur noch seiner Herkunft nach verwandt ist. Indem der Doppelgänger für gewisse Schichten der Persönlichkeit steht, wird er der Rätselhaftigkeit ebenso entkleidet wie alle anderen Nachahmungen des Schattenverkaufs mit anderen Tauschobjekten, die durchweg nicht einmal mehr Allegorien sind, sondern die Abstrakta selbst einsetzen, und zwar vorwiegend solche psychische Funktionen, deren Fehlen die Person äußerlich intakt erscheinen läßt, von der Umwelt also nicht sofort bemerkt wird.

Friedrich Brunold (eigentlich August Ferdinand Meyer) führt in seinem Märchen »Waldgeist« (1845)[277] das Motiv vom verkauften Schlaf ein, das Moritz Gottlieb Saphir in seinem Bericht »Der verkaufte Schlaf« (1846) und Karl Haffner (eigentlich Karl Schlachter) in seinem »dramatisierten Märchen« »Der verkaufte Schlaf« (1870) wieder aufnehmen.

Von hier aus führt der Weg zum verkauften Traum, durch den Sylvia in Truman Capotes Erzählung »Master Misery« (1949)[278] sich ihrer Seele begibt[279]:

Dreams are the mind of the soul and the secret truth about us. Now Master Misery, maybe hasn't got a soul, so bit by bit he borrows yours, steals it . . .[280]

Ihre Wunschträume und Illusionen vom Großstadtleben verfliegen nach und nach, und am Ende hat Master Misery ihre Träume »verbraucht«.

Ihr Handel läßt sich daher ebensowenig rückgängig machen wie der des Landstreichers in Max Jungnickels Roman »Gäste der Gasse« (1919), der seine Erinnerungen um Geldeswert verkauft[281], oder schließlich der Verkauf der Jugend in Herbert George Wells' »The Story of the Late Mr. Elvesham« (1897)[282]: der junge George Eden, vom berühmten, greisen Gelehrten Egbert Elvesham zum Erben seines Vermögens auserlesen, tauscht mit diesem Namen, Wohnung, Körper und seine eigene Zukunft für dessen ruhmvolle Vergangenheit. Als er erwacht, steckt sein jugendlicher Geist in einer Ruine von Körper.

Der Persönlichkeitstausch mit Hilfe einer Droge führt also nicht zum Identitätswechsel – Eden behält seine eigene Erinnerung – sondern, von der Umwelt als Schizophrenie betrachtet, zum Selbstmord, der auch dem jetzt in Edens jungem Körper steckenden Elvesham nichts mehr nützt, da dieser Opfer eines Verkehrsunfalls wird und das gewissermaßen sich selbst zugedachte Erbe an Jugend und Besitz nicht mehr antreten kann.

Elisabeth Frenzel erweitert den Katalog der verkäuflichen Persönlichkeitsbestandteile um den Namen (Karl Spindler, »Der Mann ohne Namen«, Erzählung 1833), das Talent (Anton Freiherr von Perfall, »Das verkaufte Genie«, Novelle 1900), selbst den Magen oder Appetit (Alexander von Ungern-Sternberg, »Die Erzählung des dicken Herrn«, in »Das Buch der drei Schwestern«, 1847, und Sir Walter Besant und James Rice, »The Case of Mr. Lucraft«, Erzählung 1876). Er könnte noch ergänzt werden um das verkaufte Lachen in James Krüss' Kinderbuch »Timm Thaler oder das verkaufte Lachen« (1962), dessen Held einem teuflischen Konzernbesitzer sein kundenwirksames Lachen verkauft gegen die Zusicherung, jede Wette zu gewinnen, und um das verkaufte Seelenheil in Jakob Schaffners »Das verkaufte Seelenheil« (1919)[283], dessen Hauptfigur seinen Körper einem irrsinnigen Anatomen verkauft und damit sein Seelenheil verliert. Und obwohl hier sicher nur ein kleiner Kreis der Nachahmungen abgeschritten ist, mündet ihre Aufzählung damit bereits in einen schwunghaften anatomischen Tauschhandel, der dann auch die verkauften, verlorenen, steinernen usw. Herzen umfaßt[284] und von der Grundidee, dem Verkauf von etwas Immateriellen, Wesenlosen, weit abführt.

Zusammenfassend läßt sich über alle Nachahmungen des Verkaufsmotivs sagen, daß sie zwar den novellistischen außergewöhnlichen Fall und damit das Kuriose beibehalten, dagegen aber das Unverbindlich-Rätselhafte, Vieldeutige des Schattens durch das Eindeutige, nicht einmal mehr Allegorische, sondern durch die Sache selbst ersetzen und damit jene Denkanstöße, die »Peter Schlemihl« durch seine Unbestimmtheit auf das Leserpublikum ausübt, sofort im Klartext auf das Gemeinte hinlenken und damit beseitigen. Auch von hier aus gesehen erweist sich Chamissos Kombination als weitaus überlegen.

d. Die Figur Schlemihl

Kaum günstiger ist das Bild derjenigen Nachahmungen, die nicht so sehr das Motiv Verkauf als vielmehr die Figur Peter Schlemihls (neben seiner Schattenlosigkeit) mit vollem Namen[285] wieder aufgreifen und variieren oder weiterentwickeln. Diese figurbezogenen Nachahmungen und Bearbeitungen – nur sie können als Schlemihliana im engeren Sinne bezeichnet werden – gliedern sich in drei Gruppen: Fortsetzungen des »Peter Schlemihl«, freie Bearbeitungen und unabhängigere Wiederaufnahmen der Schlemihl-Figur mit dem Pechvogel-Motiv. Wenn sie hier ebenfalls nur der Vollständigkeit halber flüchtig gestreift werden sollen, gilt aus den oben erörterten Gründen die Frage der literarischen Relevanz als mangels Masse ausgeklammert.

aa. Fortsetzungen

Der mehr oder weniger offene Schluß von Chamissos Erzählung reizte einige Autoren zu Fortsetzungen seines Lebenslaufs oder zur Darstellung seines Nachwirkens, die die Kenntnis von Chamissos Erzählung voraussetzen und darauf aufbauen.

Den allein zur Fortsetzung berechtigenden glücklichen Ausgang liefert Friedrich Försters phantasievoller, von zeitpolitischen Anspielungen durchsetzter Roman »Peter Schlemihls Heimkehr« (1843), in dem Peter Schlemihl nach mannigfachen exotischen Abenteuern durch die opferbereite Liebe der Mameluckentochter Adele, die ihr Spiegelbild an die Rettung des Geliebten setzte, seinen Schatten zurückgewinnt, den der Graue im Bergwerk hat arbeiten lassen, und seine Retterin heiratet.

Ein ähnlich glückliches Ende steuert auch Paul Gilsons Dramatisierung des ganzen Werkes als »L'homme qui a perdu son ombre« (1954)[286] bei, während die Dramatisierung als »modernes Teufels-Märchen-Schauspiel« durch Hermann Wette (»Peter Schlemihl«, 1910) den Schlemihl-Stoff auf das Selbstopfer eines zeitgenössischen Sozialidealisten überträgt.

Das Fortwirken des Fluchs und Mißerfolgs von Peter Schlemihl schildert Ludwig Bechsteins Roman »Die Manuscripte Peter Schlemihl's« (1851)[287], in dem ein junger Deutscher auf der Suche nach Peter Schlemihl nur noch dessen Leichnam und seine Manuskripte findet, in allen Bemühungen, sie zu veröffentlichen oder zu verkaufen, nur Enttäuschungen erlebt und ebenfalls im Elend stirbt.

Eine humoristische Note gewinnen der literarischen Rezeption die anonymen »Erinnerungen an Peter Schlemihl« (1839)[288] ab, in denen ein Reisender nach der Lektüre von Chamissos Erzählung durch einen grau gekleideten Mitreisenden, der sich sehr für seinen Schatten interessiert, zum Entsetzen getrieben wird, bis sich herausstellt, daß dieser ein bekannter Schattenspieler ist.

bb. Bearbeitungen

Die Bearbeitungen des Schlemihl-Stoffes für die Bühne tragen zum Motiv der Schattenlosigkeit kaum Neues bei. Neben den schon als Fortsetzungen genannten Dramen von P. Gilson und H. Wette und den Dramatisierungen von E. T. A. Hoffmanns »Abentheuern der Sylvester-Nacht« (s. u.), die mit dem Leben der Nebenfigur Schlemihl oft beängstigend großzügig verfahren, fällt in diese Kategorie noch die frühe Dramatisierung als Volksstück von Ferdinand Rosenau »Der Puzlivizli, oder: Der Mann ohne Schatten« (1819)[289], das nach Chamissos eigener Anmerkung 1819 »ein Zugstück der kleinen Wiener Theater« war[290] und derzeit infolge eines Mißverständnisses der Rollen von Verfasser und Herausgeber auf dem Titelblatt der Erstausgabe des »Peter Schlemihl« als Bearbeitung eines Märchens von F. de la Motte-Fouqué ausgegeben wurde und sich auf demselben Wege auch in die unrechtmäßigen Nachdrucke der Werke Fouqués eingeschlichen hatte[291].

Der Volksstück-Tradition folgt ebenfalls David Kalischs Posse »Peter Schlemihl« von 1850[292].

Moderne Ballett-Bearbeitungen liegen vor durch P. Ronnefeld (1956)[293] und durch P. Thilman (1966). Eine unaufgeführte Oper »Der Mann ohne Schatten« schrieb der Darmstädter Komponist Hans Ulrich Engelmann 1960.

cc. Der Pechvogel

Wenn schon die Namengebung Peter Schlemihl für Chamissos Hauptfigur in der jüdischen Tradition der Pechvogelfigur nicht unbedingt logisch begründet ist – schließlich hat Schlemihl in einigen Punkten Glück im Unglück (Ohnmacht, Siebenmeilenstiefel) – so entfernen sich diejenigen Schlemihliana, die vorwiegend den Pechvogelcharakter Schlemihls in den Vordergrund stellen, am weitesten von der hier zu verfolgenden Motivgeschichte des verlorenen Schattens. Um es auf eine vereinfachende Formel zu bringen, ist für sie der Held nicht ein Schlemihl, weil er seinen Schatten verkauft, sondern er verkauft seinen Schatten, weil er ein Schlemihl ist, und entsprechend lassen sich andere Unglücksfälle des zwar liebenswerten, aber lebensuntüchtigen Helden aufzählen.

Für die Stoffgeschichte sind dabei von vornherein zwei Traditionsstränge zu unterscheiden:

1. Die jüdische Schlemiel-Tradition, die die Figur des Schlemiel nicht als Individuum dieses Namens, sondern als Typ des Ungeschickten und daher teils durch eigene Schuld Unglücklichen auffaßt. Daß dieser Typ zuerst innerhalb der jiddischen Literatur (Mendele Moicher Sforim, Scholem Alechem, Isaac Bashevis Singer, besonders »The First Shlemiel«, »When Shlemiel Went to Warsaw«) und dann im amerikanischen Schrifttum jüdischer

Autoren (Bernard Malamud, Saul Bellow u. a.) eine Reihe hervorragender Ausprägungen gefunden hat, hat jüngst Sanford Pinsker[294] in einer ausführlichen Studie dargestellt. Da diese Traditionsreihe sich nirgends mit dem Motiv der Schattenlosigkeit verbindet, kann sie für diese Zusammenhänge außer Betracht bleiben.

2. Die von Chamissos Figur Peter Schlemihl ausgehende und auf ihn Bezug nehmende Tradition innerhalb der deutschen Literatur. Wenn es schon oft genug beobachtet worden ist, wieweit sich Schlemihls Teufelspakt von dem Fausts unterscheidet, wie biedermeierlich-betulich beide Figuren hier geworden sind, so konnte nur noch Julius Mosen seinen biedermeierlichen Faust in seinem Weltanschauungsroman »Georg Venlo«[295] von 1831 als einen faustischen Schlemihl mit Siebenmeilenstiefeln und Tarnkappe durch die Welt wandern lassen, um ihn schließlich allem Streben entsagen zu lassen; in den anderen Schlemihliana herrscht das lächelnd resignierende Element von Anfang an vor.

Franz Theodor Wangenheims Novelle »Der Schlemihl« aus dem Jahr 1838[296] gibt dem Typ die Wendung ins Komische. F. (eigentlich Karl) Riedel benutzt in »Peter Schlemiel und sein Sohn« (1839)[297] die Figur zu einer gehässigen, antisemitischen Schmähschrift gegen einen ehemaligen Gönner[298]. Im Gegensatz dazu stellt Leopold Kompert in seinem »Schlemiel« (1848)[299] die liebenswerten Züge seiner wiederum jüdischen Hauptfigur heraus.

Heinrich Heine, der auch anderweitig Schlemihl im Sinne von Unglücksmensch verwendet[300], berichtet im Gedicht »Jehuda ben Halevy« (1851)[301] von seinen Nachforschungen nach der Herkunft des Wortes und Hitzigs Erklärung mit der Pointe, daß Schlemihl I. nicht nur jemand war, der für etwas sterben mußte, das alle ungestraft taten, sondern darüber hinaus auch für etwas starb, das er gar nicht getan hatte. Der Rückgriff auf die jüdische Tradition diente dabei weder als Parallel noch als Erhellung von Chamissos Figur. Auf den verlorenen Schatten nimmt Heine nicht Bezug, aber die Reverenz vor dem Freunde Chamisso[302] als dem »Dekan der Schlemihle«[303] erkennt seine Leistung rückhaltlos an.

Das Jahrhundertende brachte die nationalen Deutungen des Schlemihlschicksals zwischen zwei Religionen bzw. Rassen – so in D. Mendls Erzählung vom abtrünnigen Talmudschüler »Ein jüdischer Peter Schlemihl« (1864) – oder zwischen zwei Nationen wie Johann Georg Meyers Roman »Der neue Schlemihl« (1905).

Den Typ des Lebensunfähigen schildert wiederum letztmalig Richard von Schaukal in seinen Erzählungen »Schlemihle. Drei Novellen« (1908).

Die falsche Wertordnung stellt noch einmal Adelbert Alexander Zinn heraus, wenn er seinem Schauspiel vom Dichter, der »seinen Schatten verkauft«, als er Nachtredakteur einer Zeitung wird, den Titel »Schlemihl« (1909) gibt.

Die Schlemihl-Nachfolge mündet damit in jene oben beschriebene Gruppe von Werken, die den verlorenen Schatten nur noch als Symbol des Verzichts auf Selbstverwirklichung oder der Treulosigkeit gegenüber den eigenen Idealen im Titel führen.

Es mag auch nicht ganz von der Hand zu weisen sein, wenn man Ludwig Thomas' Wahl des Pseudonyms ›Peter Schlemihl‹ für seine satirischen Simplicissimus-Gedichte[304], zu der er selbst keine Begründung gibt, auf eben diese falsche Wertordnung zurückführt, die er satirisch angreift.

Am Ende der Schlemihliana schließlich steht ein Roman, der in traditioneller Weise Chamisso mit der Schlemihl-Figur gleichsetzt und die Schattenlosigkeit wiederum als Vaterlandslosigkeit interpretiert, jetzt jedoch gespeist durch das eigene Erlebnis der Heimatferne in der Emigration: die biographie romancée des Exilschriftstellers Hans Natonek »Der Schlemihl. Ein Roman vom Leben des Adelbert von Chamisso.« (1936)[305].

Daß der obenstehende exkursartige Überblick über die Schlemihliana[306] weder die Konsequenz einer literarischen Traditionsbildung noch die Kohärenz gemeinsamer Urbilder wie im Fall des Eselsschattenprozesses aufzuzeigen vermochte, dafür sind fünf Faktoren maßgebend:

1. Zwischen der jüdischen Pechvogel-Figur des Schlemihl und Chamissos schattenlosem Helden sind die Bezüge höchst locker, so daß der eine Bearbeiter mehr an dieses, der andere mehr an jenes Vorbild anlehnt.

2. Die drei eingangs erwähnten Ansatzpunkte für Motivtradition: Schattenlosigkeit, Verkauf von etwas Immateriellem und Schlemihl-Figur (als Pechvogel oder als literarische Schöpfung Chamissos) können alleinstehen oder die verschiedensten Verbindungen untereinander oder mit anderen Motiven eingehen.

3. Aus den verschiedenen Deutungsmöglichkeiten des verlorenen Schattens ergeben sich beliebig viele weitere Kombinationen.

4. In vielen Fällen werden der verlorene Schatten oder der Name Schlemihl quasi nur als Zitat zur Assoziationsbildung für gänzlich abweichende Sachverhalte gebraucht.

5. Die meisten der Bearbeiter sind literarische Außenseiter ohne Kenntnis voneinander und ohne Originalität.

3. E. T. A. HOFFMANN »DIE ABENTHEUER DER SYLVESTER-NACHT«

Nichts ist wohl bezeichnender für die Qualität der direkten Schlemihl-Nachahmung, als daß sich als ihre bedeutendste Leistung ein Werk ansprechen läßt, das lange als eine »unzulängliche«[307], »schwache Arbeit«[308] oder »Gelegenheitsarbeit«[309] eines Chamisso zumindest gleichrangigen Autors galt und bis heute kaum intensivere Beachtung[310] gefunden hat: E. T. A. Hoffmanns »Die Abentheuer der Sylvester-Nacht«[311] von 1815 und insbesondere die darin enthaltene, aber nicht herauslösbare »Geschichte vom verlornen Spiegelbilde«.

Mehrere Faktoren spielen für diese traditionelle Bewertung des Werkes eine Rolle. Der auf Originalität eingeschworenen älteren Forschung schien das Werk als Nachahmung, Pendant, Variation zu »Peter Schlemihl«, wo nicht gar Plagiat an Chamisso, suspekt bzw. uninteressant und der äußerst komplizierte Aufbau mit seinen Perspektiven und Parallelen konfus, so daß je nach dem Ansatzpunkt des Kritikers der Plagiatscharakter zur Einstufung als belangloses Nebenwerk führte oder umgekehrt der scheinbar undurchsichtige Aufbau zur Abqualifikation als mühsam verschleiertes ›Plagiat‹ führten. Für das 19. Jahrhundert bedingte die Moral die Ästhetik: Chamissos geradlinig und übersichtlich erzählte Geschichte war für es der Erfolg, Hoffmanns wegen seiner vielfachen Brechungen unübersichtliches Gegenstück das ›mit Recht‹ gescheiterte Plagiat, ein unbeachtetes Nebenwerk. Daß beide, Variation und »umständliche Künstlichkeit«[312], einander geradezu bedingen, hat erst Wulf Segebrecht aufgezeigt.

Erst die nähere Beschäftigung mit der Erzählperspektive in Hoffmanns »Fantasiestücken«[313] hat jüngst zu einer Neubewertung des Werkes geführt. Doch entspricht es guter motivgeschichtlicher Traditon, wenn für diese Untersuchung erzähltechnische und stilistische Aspekte ebenso ausgeklammert werden müssen wie die Diskussion der autobiographischen Elemente, des Doppelgängermotivs innerhalb der Figuren und der Künstlerproblematik, soweit sie nicht für die Parallele zu Chamisso von Bedeutung sind.

Ebensowenig aber kann es die Aufgabe einer motivgeschichtlichen Untersuchung sein, moralisch-juristische Wertmaßstäbe an die Motivverwandtschaft zweier Werke anzulegen, wie es die ältere Forschung vielfach getan hat, um je nach dem Ausgangspunkt von Chamisso oder von Hoffmann aus von Nachahmung, geistigem Diebstahl, Plagiat zu sprechen oder den Plagiatsvorwurf zu widerlegen und Hoffmanns Verfahren zu rechtfertigen. Hierzu bedürfte es übrigens nicht nur des Hinweises auf die romantische »Großzügigkeit in Fragen des geistigen Eigentums«[314], sondern gerade im Fall Hoffmann auch genauerer Untersuchungen zur zeitgenössischen Praxis der Motivübernahme und -abwandlung in der Musik, die mitunter den Charakter der ›Huldigung‹ annehmen kann. Ohne daß ich dieser Frage weiter nachgehen will, scheint mir doch die Einführung Schlemihls als handelnde Figur in Verbindung mit dem Hinweis auf die Inspirationsquelle (ausführlicher als Chamissos eigener Verweis auf Tieck als Quelle für die Siebenmeilenstiefel[315]) dieser Praxis sehr nahezustehen. So wenig also die Abhängigkeitsfrage für unser Hoffmann-Bild allgemein und für die literarische Wertung der »Abentheuer der Sylvester-Nacht« von ausschlaggebender Bedeutung sein mag, so genau muß die Motivgeschichte, der es nicht um Autoren und Werke, sondern um historische Motivtraditionen geht, das Verhältnis von Spikher zu Schlemihl analysieren[316].

Negativ für die Forschungslage wirkt sich dabei das Faktum aus, daß die Hoffmann-Forschung ihre wesentlichen Impulse erst in nachpositivistischer Zeit erhielt, so daß die Arbeiten zum Nachwirken Hoffmanns diejenigen zur Quellenforschung weit übersteigen und das ja literarhistorisch nicht ganz irrelevante Verhältnis der beiden Autoren Chamisso und Hoffmann zueinander bisher m. W. noch gar keine eingehendere Untersuchung erfahren hat[317].

Über die Rolle des »Peter Schlemihl« bei der ersten Bekanntschaft der beiden Autoren liegen zwei annähernd gleichlautende Zeugnisse von Julius Eduard Hitzig vor, deren längere Version in dem »Peter Schlemihl« vorangestellten Briefwechsel lautet:

> Nie werde ich die Stunde vergessen, in welcher ich es (»Peter Schlemihl«, Anm. d. Vf.) Hoffmann zuerst vorlas. Außer sich vor Vergnügen und Spannung, hing er an meinen Lippen, bis ich vollendet hatte; nicht erwarten konnte er, die persönliche Bekanntschaft des Dichters zu machen . . .[318]

Das persönliche Kennenlernen scheint nach Hoffmanns Brief an Hippel vom 1. November 1814[319] wirklich erst anläßlich eines Festmahls mit Hitzig, Tieck, Fouqué und Chamisso am 27. September 1814 erfolgt zu sein[320], und anderslautende Vermutungen, die aus der Erwähnung des Namens Chamisso in Hoffmanns früheren Briefen[321] die Bekanntschaft ins Jahr 1807 verlegen[322], messen wohl dem aus einer flüchtigen Begegnung oder vom Hörensagen bekannten Namen zuviel Bedeutung bei.[323]

Es ist hier nicht der Ort, die weitere Entwicklung dieser Dichterfreundschaft biographisch aufzuzeichnen, die zeitweilig zu allabendlichem Zusammensein und zu regelmäßigem Gedanken- und Motivaustausch führte, wobei, den Briefen nach zu urteilen, Chamisso eher der Gebende war. Hoffmanns Verhältnis zu Chamisso ist jedenfalls geprägt von der uneingeschränkten Bewunderung des »Peter Schlemihl«, der auf ihn »besonders gewirkt«[324] hat. Hitzigs schon zitierter Einleitungsbrief zur 2. Auflage des »Peter Schlemihl« schildert diese Wirkung so:

Sonst jeder Nachahmung so abhold, widerstand er doch der Versuchung nicht, die Idee des verlorenen Schattens in seiner Erzählung: »Die Abenteuer der Silvesternacht«, durch das verlorne Spiegelbild des Erasmus Spikher, ziemlich unglücklich zu variieren.[325]

Während noch Walther Harich[326] sich diesem Urteil anschloß, hat Jean Giraud diese vereinfachende, vergröbernde Darstellung sicher zu Recht als eine »idée simpliste«[327] bezeichnet, weil sie dem Verhältnis beider Werke zueinander nicht gerecht wird: Die ›Nachahmung‹ versucht, das Original zu ersetzen, das ›Gegenstück‹, ihm einen ähnlichen oder spiegelverkehrten Fall an die Seite zu stellen, und nur als solches kann Hoffmann seine Arbeit aufgefaßt haben, die er am 13. Januar 1815 daher auch ohne Skrupel Chamisso, Hitzig und Contessa vorlesen konnte[328].

Nicht nur die Einführung Schlemihls in die Rahmenerzählung mit genauer Quellenangabe bezeichnet Ausgangspunkt und Vorbild des Werkes, auch die wiederholten Anspielungen auf Peter Schlemihl in den späteren Werken[329] lassen sich nur als eine Art Huldigung Hoffmanns vor einem besonders eindrucksstarken zeitgenössischen Literaturwerk verstehen, nicht zuletzt, indem sie dessen Kenntnis bei seinen Lesern voraussetzen: daß gerade sie auf Chamissos Schlemihl, nicht auf Hoffmanns Erasmus Spikher verweisen, läßt sich nur als eine neidlose Anerkennung des Vorbildes verstehen. Sie bezeugen, daß E. T. A. Hoffmann dem Mann ohne Schatten als einer verwandten Seele ein Bürgerrecht in seiner Figurenwelt einräumte.

Ein wenig anders allerdings stellt sich das Verhältnis der beiden Autoren von Chamissos Seite aus dar. Man mag eine vorsichtig formulierte Abneigung gegen die Motivanleihen des Freundes schon aus der Bemerkung im Brief an De la Foye von Anfang 1819 herauslesen:

Unser Hoffmann ... läßt den Hund Berganza von Cervantes, meinen Schlemihl und was nicht alles, wieder auftreten.[330]

Vollends deutlich aber werden Chamissos Unbehagen und sein Erfinderstolz jedoch erst nach Hoffmanns Tod, als die Nekrologe Schlemihl und Spikher miteinander vergleichen:

Ich bin dabei vielfältig gekrönt worden. Die Sache verhält sich also. Hoffmann hat nämlich eine Erzählung geschrieben von einem, dem der Teufel ein Spiegelbild abgeluxt, und worin dieser mit dem Schlemihl zusammenkommt. Es ist vielfältig gesagt worden, daß diese Nachahmung weit hinter dem vortrefflichen Original zurückgeblieben.[331]

oder:

Weißt du, daß bei dem Tode eines deutschen Autors (Hoffmann), der ... eine Nachahmung des Schlemihl geschrieben, wo ein gewisser Jemand dem Teufel sein Spiegelbild gegeben, daß bei diesem Todesfall, sage ich, wo sich alle literarischen Journale mit ihm beschäftigen und verschiedene Bücher seinem Andenken geweiht sind, der Schlemihl allgemein zur Hand genommen, besprochen und recensirt worden, aber immer weit über die Nachahmung gestellt worden ist, die der Gefeierte geliefert?[332]

Hier ist nicht von dem Freunde Hoffmann, sondern von dem »deutschen Autor« die Rede, und hier fallen eindeutige Worte wie »Nachahmung« und »Original«, hier werden Prioritätsrechte geltend gemacht, und nicht ganz ohne eine gewisse Schadenfreude wird der für Chamisso positive Ausgang des Vergleichs festgehalten. Ob Hitzigs oben angeführte Abwertung der »Abentheuer der Sylvester-Nacht« als »ziemlich unglücklich« auf Chamissos Anregung zurückging, auf eigenem Werturteil beruhte oder die communis opinio der zeitgenössischen Kritik zusammenfaßte, läßt sich nicht mehr rekonstruieren; daß sie mit ausschlaggebend für die Einstufung des Werkes als mißglückte Nachahmung wurde, ist jedoch evident.

Die Motivgeschichte indessen kann sich nicht auf pauschale Werturteile berufen, sondern muß durch den Vergleich der Texte selbst feststellen, welche Übereinstimmungen und welche Unterschiede bestehen, inwieweit beide Autoren von ähnlicher Ausgangsbasis zu abweichenden Ergebnissen gelangen. Auf jeden Fall liegen die Dinge heute nicht mehr ganz so einfach wie für Georg Ellinger, der erklärte, daß »nur die Erfindung von der Verpfändung des Spiegelbildes durch ›Peter Schlemihl‹ angeregt ist und im übrigen in Handlung und Gestalten wie in der Darstellung nichts an das Vorbild erinnert.«[333]

Die äußeren Übereinstimmungen beginnen mit der Erzählsituation: beide Werke haben vorgeschobene Erzähler (als solcher ist auch der Chamisso des ersten Einleitungsbriefes zu betrachten), die morgens beim Erwachen eine schriftliche Lebensbeichte eines Bekannten vorfinden, der gleich nach deren Hinterlegung verschwindet[334]. Beide beeilen sich, den Inhalt des Manuskripts einem individuellen, namentlich genannten Adressaten, den sie duzen, mitzuteilen[335], mit dem Unterschied allerdings, daß dieser ›zweite Leser‹ in Chamissos Fall J. E. Hitzig, in Hoffmanns Fall nach Ausweis des Postskripts wiederum E. T. A. Hoffmann selbst ist. Während die namentliche Anrede des Verfassers in der Binnenerzählung Chamisso selbst gelten kann, kann sie infolge der zweifachen Brechung der Spikher-Geschichte nur in deren Rahmen E. T. A. Hoffmann gelten. Der reisende Enthusiast nennt das Manuskript ferner in Anlehnung an »Peter Schlemihls wundersame Geschichte« seinerseits »des Kleinen wundersame Geschichte«[336].

Eine weitere Gemeinsamkeit unter den Adressaten der Binnengeschichten ergab sich erst von der 3. Auflage des »Peter Schlemihl« (1835) an, in der Chamissos Widmungsgedicht »An meinen alten Freund Peter Schlemihl« die schon herangezogene Feststellung trifft: »Ich habe meinen Schatten nie verloren«[337], während der reisende Enthusiast im Postskript sein Spiegelbild gleich, wenn auch mit Mühe, wiedererkennt[338].

Der perspektivische Unterschied, daß Chamisso die angeblichen Aufzeichnungen Schlemihls in der 1. Person Singular quasi unredigiert wiedergibt und das Fehlen geschickterer dichterischer Darstellung bedauert[339], während der reisende Enthusiast Spikhers Lebensbeichte nicht im Wortlaut, sondern in 3. Person Singular, damit des Bekenntnischarakters entkleidet, wiedergibt und redigierend, kürzend eingreift[340], mag für die vergleichende Motivuntersuchung von geringem Belang sein; erzähltechnisch jedoch ist sie symptomatisch für die sehr viel stärker im Spiegel gebrochene Darstellungsweise Hoffmanns. Dazu fügt sich die Beobachtung, daß Schlemihl seine Geschichte chronologisch fortschreitend und ohne Vorgriffe erzählt, während die »Abentheuer der Sylvester-Nacht«, als Ganzes gesehen, zweimal nach Vorwegnahme des Gesamteindrucks die Hauptszenen in zeitlichem Rückgriff erzählen (die Teegesellschaft und Spikhers Geschichte). E. F. Hoffmanns Formulierung »Die Darstellung folgt also den Erfahrungen des Enthusiasten in einfacher zeitlicher Reihenfolge«[341] trifft insofern nicht zu, als die Flucht aus der Teegesellschaft vor deren Schilderung erzählt wird und die zeitlich doch eindeutig vorausliegenden früheren Erfahrungen mit Julia nur andeutungsweise durchscheinen[342].

Was schließlich das Verhältnis der Autoren zu ihren Hauptfiguren betrifft, herrscht Übereinstimmung insofern, als beide ihren Helden jeweils ihre eigene äußere Erscheinung andichten. Der charakterliche Gegensatz der beiden fiktiven Figuren und ihrer realen »Hintermänner«, der in ihrer Reaktion auf ihr Schicksal zum Ausdruck kommt – die ruhige Abgeklärtheit des Wissenschaftlers Schlemihl und die erregte Exaltiertheit des Künstlers Spikher, dem bei seinem Schwanken zwischen zwei Unmöglichkeiten ein gleicher Ausweg nicht zur Verfügung steht – bestimmt dabei den Gegensatz innerhalb dieser Parallelen[343].

Für Chamisso/Schlemihl ist die Übereinstimmung von Autor und Held im Physiognomischen oft genug herausgearbeitet worden und wird durch die Physiognomie Schlemihls in den »Abentheuern der Sylvester-Nacht« bestätigt. Für das ›zweifache Gesicht‹ (le double visage) Spikhers hat Jean Giraud[344] eine Reihe erhellender Beweggründe aus textimmanenter Betrachtung beigetragen, ohne dieser Parallele beider Werke Beachtung zu schenken. Wenn E. F. Hoffmann[345] noch vermutet, »Spikhers Benehmen mag eine Selbstkarikatur Hoffmanns sein«, so wird diese Vermutung ebenso für die physiognomische Beschreibung des ständig wechselnden Gesichts zur Gewißheit durch den Vergleich mit der Schilderung Hoffmanns durch den Schriftsteller Friedrich Laun (eigentlich Friedrich August Schulze) aus der Dresdner Zeit 1813:

> Nicht selten saß er dann wieder in tiefen Gedanken und sprang oft ohne allen äußern Anlaß plötzlich vom Stuhle empor, um, beide Hände in die Tasche seines braunen Fracks so tief wie möglich herabgedrückt, hastig im Zimmer auf und ab zu gehn ... seine Physiognomie verwandelte sich alle Augenblicke. Das kleine, kluge Gesicht war fast immer ein anderes. Die dunkeln stechenden Augen zeugten von einem gewaltigen Leben und um die Lippen zuckten ihm offenbar Sarkasmen ... Zuweilen setzte er sich auch wohl auf einen, so weit wie möglich von der

Gesellschaft entfernten, einsamen Stuhl, um unbemerkt, wie er vermutlich glaubte, seinem Mienenspiel alle mögliche Zügellosigkeit verstatten zu können.[346]

Die Übereinstimmung mit Hoffmanns Beschreibung Spikhers[347] läßt nur den Schluß zu, daß Laun wenn nicht Spikher selbst, dann dessen Doppelgänger vor Augen gehabt hat.

Während Chamisso Schlemihl nur sein Äußeres verliehen hat, liegt in der doppelten Brechung nicht nur der Erzählperspektive, sondern auch der Figuren die »umständliche Künstlichkeit«[348] von Hoffmanns Erzählung: Zur Parallele im Äußeren, gesehen aus der Sicht eines Dritten, tritt das auf zwei Figuren verteilte und obendrein autobiographische Julia-Erlebnis, das die beiden Hauptfiguren Hoffmanns als »Unglücksgefährten« ebenso in Parallele zueinander wie zum Autor stellt. Wenn Hoffmanns Äußeres mehr in Spikher, sein inneres Leben (Julia-Komplex) mehr im reisenden Enthusiasten verkörpert sind, träfe der Vorwurf unscharfer Trennung von innerem und äußerem Leben, wie er im »Vorwort des Herausgebers«[349] erhoben wird, weniger den reisenden Enthusiasten als den Autor selbst.

Eine ähnliche Duplizierung des Verhältnisses gegenüber »Peter Schlemihl« fällt sogleich auch hinsichtlich der Anlage der Handlung, des Plots, auf: Schlemihl wie Spikher treten in einer Art unbewußten Teufelspakts etwas Immaterielles zugunsten handgreiflicher Vorteile ab. Daß es bei Schlemihl um unmittelbaren materiellen Gewinn, bei Spikher um die eigene Präsenz bei der Geliebten und damit um deren Erhaltung für sich geht, macht nur einen graduellen Unterschied und ist bezeichnend dafür, wie das rationale Verhalten Schlemihls bei Spikher ins Emotionale umschwenkt.

Während jedoch der Teufel mit Schlemihl auf geradem Wege sozusagen in Direktverhandlungen eintrat, bedient er sich in Spikhers Fall einer Mittelsperson als Versucherin. Ihr, nicht dem Teufel selbst, läßt Spikher sein Spiegelbild und soll er seine Seele verschreiben. Man könnte sich auf den Standpunkt stellen, daß die Parallele zur Schlemihl-Handlung insofern fortbesteht, als hier Leidenschaft statt Reichtum dem Bösen als Köder diene und Giulietta ohnehin eine Kreatur des Teufels sei, unbestreitbar und symptomatisch jedoch ist die Vedopplung nicht nur der Düpierten, sondern vor allem des dämonisch-diabolischen Personals, die durch die Parallelhandlung (Justizrat/Julia) gegenüber dem schlichten Grauen Schlemihls sogar vervierfacht wird. Das Resultat ist zweifellos eine stärkere Dämonisierung des Plots. Man vergleiche dazu die sehr viel krassere Zeichnung der Teufelsfigur[350] als »ein langer dürrer Mann mit spitzer Habichtsnase, funkelnden Augen, hämisch verzogenem Munde«[351] oder den Teufelsspuk des letzten Abgangs (s. u.)[352] mit Chamissos dezent zurückhaltendem, fast bedauernswertem Grauen. In der Reduplikation der Dämonenfiguren ergibt sich dann zugleich eine überzeugende Umsetzung des Spiegelbild-Motivs in das Figurenpotential.

Daß Hoffmann mit dem Spiegelbild als Gegenstand des Teufelspaktes treffsicher das einzige kongeniale und nicht bedeutungsschwer vorbelastete Substitut des Schattens gewählt hat, dessen Besitz dem Opfer keinen Wert darzustellen scheint und doch für die Umwelt einen hat, davon war schon bei Anlaß der Schlemihliana die Rede. Daß ihm auch das Motiv der Schattenlosigkeit (nicht des Schattenverkaufs) als Zeichen nicht vollwirklicher Existenz schon vor »Peter Schlemihl« geläufig war, zeigt die Stelle aus dem »Ritter Gluck« von 1809, wo es von den im Zwischenstadium des Traumreichs orientierungslos gewordenen Künstlern, die den Weg zur letzten Wahrheit nicht finden, heißt:

Sie zerfließen im Traum (im Erstdruck folgt: sie werden körperlos). Sie werfen keinen Schatten mehr, sonst würden sie am Schatten gewahr werden den Strahl, der durch dies Reich fährt.[353]

Daß Hoffmann jedoch seine Findung, das farbige, durch die volle Wiedergabe der Person über den grauen und nur konturhaften Schatten hinausgehende Spiegelbild möglicherweise bei aller Hochachtung vor Chamisso als dem Schatten überlegenes Symbol und als konsequente Steigerung empfand[354], ließe sich aus Spikhers Stoßseufzer ableiten:

Schlemihl, die reine, gute Seele, ist beneidenswert gegen mich Verworfenen. Leichtsinnig verkaufte er seinen Schlagschatten, aber ich! – ich gab mein Spiegelbild ihr . . .[355]

Es wäre amüsant, Chamissos ironischen Hinweis auf die Dreidimensionalität des Schattens im Vorwort zur französischen Ausgabe von 1838 als eine unbewußte Replik darauf zu verstehen, die zumindest das Gleichgewicht wieder herstellen soll.

Die weiteren Parallelen der Schlemihl- und Spikher-Handlung liegen auf der Hand: Beiden wird der Teufelspakt fern ihrer Heimat, in fremder Umgebung, doch an genau lokalisierten Orten angetragen, beider erste Begegnung mit den diabolischen Figuren erfolgt in leichtlebiger Gesellschaft, an der die Helden als Außenseiter teilnehmen, beide Angebote bezwecken deren Gleichstellung mit den übrigen Teilnehmern der Gesellschaft (durch Reichtum oder Partnerin) und zielen auf unbewußte Wunscherfüllung. Wunscherfüllung scheint der kleinste gemeinsame Nenner der Beweggründe zu sein, denn Spikhers Handel, auch wenn man ihn als ›Besitzsicherung‹ durch Präsenz bei der Geliebten verstehen kann, unterscheidet sich von dem Schlemihls doch darin, daß er nicht eines gegen das andere eintauscht, sondern einen Teil seines Ich ablöst, ohne materiellen Gegenwert zu erhalten. Beiden erscheint die Teufelsfigur abstoßend und widerwärtig[356], beide überleben die Amputation von Schatten oder Spiegelbild in einer Art Betäubung oder Besinnungslosigkeit[357]. Beide bedauern den Handel ohne ein tieferes Schuldbewußtsein, sobald sie mit der Reaktion der karikierten bürgerlichen Welt konfrontiert werden – sogar die Straßenjungen spielen in beiden Werken dieselbe Rolle[358] –, so daß sie den Verlust durch erfindungsreiche Manipulation und Aufnahme persönlicher Charaktereigentümlichkeiten (›Ticks‹) zu vertuschen suchen[359], beide erhalten ein Ultimatum von der Polizei[360], vor dessen Erfüllung sie fliehen. Beiden nähert sich der Versucher nochmals als ein jeweils zuerst unerkannt bleibender Reisebegleiter[361]. Beiden wird der Rückerwerb des Verlorenen zur Wiedererlangung der Geliebten angeboten. Daß Schlemihls Grauer sich zur Überredung letztlich altruistischer Argumente bedient – um Mina vor Rascal zu bewahren –, ist im Grunde nur Anpassung des Versuchers an den weniger egozentrischen Charakter: im Endergebnis wäre auch die Rettung der Schönen vor dem Schurken auf den Gewinn Minas herausgelaufen. In beiden Fällen wird der Rückerwerb aber zunächst abgelehnt, da er mit der Verschreibung der Seele – in Spikhers Fall gesteigert durch gleichzeitige Aufopferung der Familie – verbunden ist. In beiden Fällen ist zur Unterzeichnung des Teufelspakts jederzeit bereits Blut zur Hand[362], und daß die Unterschrift im letzten Moment aus Schwäche oder neugewonnener Stärke nicht zustandekommt, ist weniger ihr eigenes Verdienst als Eingriff der Gnade. In beider Geschichte scheitert der Versucher letztlich kurz vor seinem Ziel; beide Helden schleudern die Gaben des Teufels weg[363] und beschwören den Teufel im Namen Jesu[364], worauf er endgültig von ihnen abläßt, bleiben dann jedoch, wegen ihres Mangels von den Geliebten, die in schöner Gleichmäßigkeit bei dessen Entdeckung weinen[365], fortgeschickt, mit Spott und Argwohn von der Welt ausgestoßen, unstete, ruhelose Wanderer in der Welt.

Viele der angeführten Züge mögen auf übliche Versatzstücke des Teufelspaktes zurückgehen, nur daß hier nach weiteren Parallelen zu suchen sich erübrigt, da die Abhängigkeit gar nicht geleugnet wird. Denn die Regel der Geometrie, daß Parallelen sich nur im Unendlichen treffen, wird für die Literatur von Hoffmann aufgehoben, der seinen Helden mit der Parallelfigur zusammentreffen läßt[366].

Für den vergleichenden Motivforscher wäre es zweifellos höchst aufschlußreich gewesen, dem Erfahrungsaustausch der beiden Helden beizuwohnen, denn nicht nur in diesen großen, äußerlichen Zügen der Handlung hätten sie Gemeinsamkeiten des Schicksals feststellen müssen, der Teufel steckt gerade hier im Detail, wo die Übernahme und Paraphrasierung des Plots ihre Originalität durch die Abwandlung und Anreicherung mit eigenen, zusätzlichen Zügen erweisen müßte.

In diesem Punkt hatte Spikher allerdings Schlemihl wenig Neues zu berichten, denn sei es auf die Identität der beiden Teufelsfiguren, sei es auf einen gemeinsamen Unheilsplan, sei es auf den umfassenden Charakter von Schlemihls Experimenten mit Schatten, sei es gar auf die Priorität seiner Buchausgabe zurückzuführen: In einigen Details nähert sich Hoffmanns Gegenstück zum »Peter Schlemihl« peinlich der bloßen Kopie[367]. Und gerade dies sind diejenigen Züge, die Chamissos Eigenart im Durchdenken aller Eventualitäten, seine Logik des Irrationalen ausmachen. Offenbar gibt es »vollkommen ähnliche«[368], »völlig ähnliche«[369] und weniger ähnliche Spiegelbilder, wie es »wohlangepaßte«[370] und weniger gutsitzende Schatten gibt; veräußerte Spiegelbilder folgen wie veräußerte Schatten nicht mehr den Bewegungen ihres früheren, sondern der neuen Besitzer[371], und diese setzen ihren Stolz darein, ihre Erwerbung »getreu« und »unversehrt« aufzubewahren[372], was sie den früheren Besitzern gelegentlich durch Vorzeigen bestätigen.

Demjenigen, der seines Schattens bzw. Spiegelbildes verlustig gegangen ist, bleibt dagegen als einzige Zuflucht vielfach nur die kasuistische Leugnung von dessen Wert. Ein Schatten wird dann »nichts als ein Schatten«[373] und ein Spiegelbild »nur eine Illusion«[374].

Sowenig angesichts solcher Übereinstimmungen im Formalen, in Handlung und Detail von einem bloßen Gegenstück im Sinne einer Variante gesprochen werden kann, weil vieles gar nicht variiert wird – kein Wunder, daß es von der geplanten »Kompanie« Schlemihl-Spikher heißt: »Es wurde nichts daraus«: Sie hatten zu vieles gemeinsam – sowenig lassen sich auch die Unterschiede der beiden Werke übersehen. Sie führen allerdings nicht bei Hoffmann zu einer »neue(n) Tiefe, eine(r) tragische(n) Gewalt, die man in Chamissos Werk nicht findet«, wie G. Wittkop-Ménardeau[375] meint, sondern vielmehr zu einer Steigerung ins Krasse, Surreal-Groteske, das sich menschlicher Einfühlung, Parteinahme und Mitgefühl entzieht[376]. Über die Einbettung in eine real gesehene Umwelt, die das Unwahrscheinliche glaubhaft machen soll und den Reiz von Chamissos Text ausmacht, indem auch die magische Welt den Regeln des Code civil und der Buchhalterrechnung von Soll und Haben unterworfen ist, greifen sie hinaus einerseits in eine giftige Karikatur der Spießerwelt, andererseits in eine alptraumhafte Welt des Melodramatisch-Opernhaften mit dem Kulissenzauber des Diabolischen. Den eindrucksvollsten Beleg dafür liefert jene schon erwähnte Szene, wo die Teufelsfigur im Namen Jesu beschworen wird und sich entfernt. Bei Chamisso heißt es:

Er erhub sich finster und verschwand.[377]

In Hoffmanns ›Übersetzung‹ lautet derselbe Satz:

Da gellte und heulte es in schneidenden Mißtönen, und es rauschte wie mit schwarzen Rabenfittichen im Zimmer umher. – Giulietta – Dapertutto verschwanden im dicken stinkenden Dampf, der wie aus den Wänden quoll, die Lichter verlöschend.[378]

Das erzähltechnische Mittel dieser Steigerung sind nicht nur die dynamisierenden ›polaren Gegensätze‹ (heilige Christnacht – höllischer Silvesterspuk, »helles Teezimmer« – »dunkler Bierkeller«, »Höllengeist« Giulietta – »liebe fromme Hausfrau«, Philistertum – Künstlerleben, Deutschland – Italien, Glut – Kälte), auf die z. T. schon E. F. Hoffmann[379] verweist, sondern vornehmlich die Aufspaltung und Verdopplung der Figuren, Erlebnisse und Ereignisse in eine Vielzahl spiegelbildlicher, aufeinander bezogener Brechungen: der Justizrat, Julias Mann und Dapertutto, Julia und Giulietta mit jeweils zwei Gesichtern, beider Gewand und Vergleich mit Gemälden[380], die drei ambivalenten Pokalszenen[381], die erlebte und geträumte Teegesellschaft, schließlich Spikher, dessen Name nicht umsonst an den norddeutschen Ausdruck Spicker für Spiegel erinnert[382] und der, obwohl selbst ohne Spiegelbild und zwischen Giulietta und Hausfrau zerrissen, nicht nur das Schicksal des reisenden Enthusiasten – welch ergötzliche Fehlleistung des Hoteliers, Doppelgänger im gleichen Zimmer einzuquartieren! –, sondern autobiographisch auch das E. T. A. Hoffmanns widerspiegelt und für seine Frau zugleich teuflicher Doppelgänger seiner selbst und seinerseits wiederum eine Widerspiegelung von Schlemihls Erfahrungen ist und damit verwandtes Geschehen seiner »Unglücksgefährten«[383] in fünffacher Brechung in die Erzählung einbringt.

Das Prinzip der Duplikation in Doppel- und Mehrfachgänger und -erscheinungen ist aber nicht nur das eigenartige kompositionelle Band der Erzählung, das die Teile zusammenhält und sie relativiert, es entspricht zugleich in einleuchtender Weise dem Ausgangspunkt der Erzählung: Wo in der Keimzelle des Werkes dem Schattenlosen der Spiegelbildlose gegenübergestellt wird, dort hat der männliche Teufel Anspruch auf ein weibliches Gegenstück, das teuflische Weib Anspruch auf ein frommes Pendant, und dem vom Teufel Düpierten steht ein mit knapper Not Entkommener zur Seite. Selbst der Familienstand der Figuren wird spiegelverkehrt redupliziert:

Steht dem Enthusiasten eine verheiratete Julia, so steht Giulietta ein verheirateter Spikher gegenüber.

Wenn nicht so sehr in der Motiverfindung, dann doch in der kompositionellen Auffächerung des Motivs, der quasi musikalischen Durchführung mit Variationen, liegt die eigene Leistung von Hoffmanns Gegenstück zum »Peter Schlemihl«. Und man wird allerdings sagen können, daß diese wiederholten Spiegelungen ein und desselben Geschehens dem Motiv des verlorenen Spiegelbildes – im Gegensatz zu Chamissos verlorenem Schatten – nicht nur eine gewisse Statik verleihen (keine der Figuren macht innerhalb der erzählten Zeit eine Wandlung durch), sondern auch eine sehr eindeutige Sinngebung unterlegen, die das Reizvoll-Unverbindliche auf einen konkreten Bezug festlegt. Noch hat das Spiegelbild bei Hoffmann nicht die Funktion eines voll ausgebildeten Doppelgängers, der eigenwillig und gegen die Interessen seines Pendants handelt, aber im Gegensatz zu Schlemihls Schatten, dem jede echte Doppelgängerfunktion fehlt, deutet es bereits in diese Richtung und ist zweifellos Ausdruck einer (in seiner Aufmerksamkeit für zwei Frauen) gespaltenen Persönlichkeit: »ein Teil seines Ich«, der Giulietta »auf immer verfallen bleibt«[384].

Man muß sicher nicht so weit gehen wie Jean Giraud, der folgert:

Donner son reflet ... c'est se donner déjà à lui (le Diable), mais par représentation.[385]

weil selbst Dapertutto zwischen leiblichem Ich und Spiegelbild unterscheidet[386] und der Vollzug der vollständigen Übereignung ausdrücklich als Fernziel ins Auge gefaßt, aber dann nicht durchgeführt wird. Dieser abgespaltene Teil seines Ich läßt sich anhand des Textes sogar noch genauer definieren als das Traum-Ich der Künstlerseele, das in Gedanken und Sehnsucht einem wie auch immer subjektiven Idealbild verfallen ist. Giulietta mag es mit der Bitte um das Spiegelbild als »diesen Traum deines Ichs«[386a] in seiner Bedeutung zur bloßen Illusion herunterspielen, Dapertutto kontrastiert es abschätzig zum Leib als »nur Euer schimmerndes Traum-Ich«[387]. Beiden ist ganz natürlich am Herunterspielen des spirituellen Elements zugunsten einer rationalistisch-materialistischen Sichtweise gelegen[388]. Aber Spikher selbst hat bereits erfahren, daß das Spiegelbild »das eigene Ich spalte in Wahrheit und Traum«[389]. Der irrationale Teil seines Ich bleibt der geheimnisvollen Welt der Ideale, der Schönheit und des Traums verhaftet, und nur der rationale Teil kehrt mit dem Leib in die rationale, reale Welt des bürgerlichen Alltags zurück und kann sich dort nicht mehr eingliedern. Spikher ist dadurch im Gegensatz zu Schlemihl nicht nur sozial disqualifiziert, sondern er ist auch von dem Erlebnis der Ichspaltung nicht unversehrt geblieben.

Im Gegensatz zu Schlemihls Schatten steht daher der Verlust des Spiegelbildes nicht nur für eine äußere Belanglosigkeit, sondern für eine Verstümmelung des Menschlichen, die es verständlich macht, daß die Hausfrau sich nicht mit Spikhers Leib-Ich zufriedengeben will. Das ist der wesentliche Unterschied der beiden einander sonst so nahen Werke[390]. Ob man darüber hinaus Schlemihls Streben nach sozialer Anerkennung, das zum Ausschluß aus der menschlichen Gesellschaft führt, oder Spikhers Verfallensein an eine Traum-Geliebte, das ihn in eine Welt der Liebeleere hinausstößt, letztlich tragischer bewerten will, bleibt den Werthaltungen des Betrachters überlassen. Die Motivgeschichte kann auf ihrer schmalen, sachgebundenen Basis nicht alle

Aspekte eines Werkes ausleuchten und weder eine tiefergehende Gesamtinterpretation liefern, noch zu einer vergleichenden Wertung voranschreiten.

Vergewissert man sich rückblickend noch einmal der Stellung, die Hoffmanns »Abentheuer der Sylvester-Nacht« innerhalb der Motivgeschichte des verlorenen Schattens zukommt, so liegt ihre eigentliche Bedeutung weniger in der Wiederaufnahme der Figur Schlemihls als in der Übertragung des Grundmotivs auf einen anderen, verwandten Gegenstandsbereich und in der Begründung einer neuen Motivtradition, die bis hin zur Auffächerung in ein eindeutiges Doppelgänger- und Antagonistenmotiv mit dem Motiv der Schattenlosigkeit parallel laufen sollte[391].

Indem sie dem kuriosen Fall Peter Schlemihls einen vergleichbaren Verlustfall und einen beinahe ähnlichen Fall (des Enthusiasten) zur Seite stellt, am ausdrücklichsten beim Zusammentreffen aller drei in der Bierkellerszene, schränkt sie zugleich die Einmaligkeit des Kuriosen im Schicksal Peter Schlemihls ein und ordnet ihn einem vergleichbaren und beliebig wiederholbaren Handlungsschema unter. Diese Beobachtung, daß sein origineller Einzelfall hier verallgemeinert und damit Gemeingut wird, mag Chamissos Mißvergnügen an dem Werk E. T. A. Hoffmanns psychologisch erklären.

Die wichtigsten Nachwirkungen des Motivs vom verlorenen Spiegelbild, die über das Thema dieser Arbeit hinausgreifen und einer gesonderten Darstellung wert wären, wurden unter den Schlemihliana bereits kurz skizziert. Auf einen besonders eklatanten Fall, Th. Gautiers »Onuphrius«, wird noch weiter unten einzugehen sein.

Das merkwürdig einseitige Verständnis des späten Brentano, den aus seinem christlichen Glaubenshorizont her Spikhers kasuistische Verkleinerung seiner Schuld durch den Hinweis darauf, daß »jedes Spiegelbild doch nur eine Illusion sei« und »Selbstbetrachtung zur Eitelkeit führe«[392], zu einer religiösen Ausdeutung der Erzählung und zum Plan einer Fortsetzung anregte, in der Spikher seine Unschuld »durch Jesum« wiederfinden sollte, hat E. F. Hoffmann[393] eingehend untersucht.

Der Hinweis auf das Fortwirken von Hoffmanns »Geschichte vom verlornen Spiegelbilde« in Jacques Offenbachs unvollendeter[394] Oper »Les contes d'Hoffmann« von 1881[395] erübrigte sich nahezu, würde dadurch nicht wiederholt das Mißverständnis gefördert, dies sei die erste und einzige Dramatisierung des Stoffes. Hier sei daher der Vollständigkeit halber der Hinweis angefügt, daß Offenbachs Libretto auf die viel frühere Bühnenbearbeitung durch Paul-Jules Barbier und Michel Carré zurückgreift, die als selbständige Komödie bereits am 31. März 1851 im Théâtre de l'Odéon in Paris uraufgeführt wurde. Auf die entstellende Fassung Offenbachs, nach der Giulietta Schlemihl verführt und ihm seinen Schatten geraubt hat, dieser sich mit Hoffmann um dessen Schatten schlägt und im Duell fällt, brauchen wir hier mangels literarischer Erheblichkeit und wegen der zahllosen unterschiedlichen umlaufenden Fassungen – die Urgestalt ist verloren – nicht einzugehen.

Eine jüngere Funkbearbeitung durch Erich Fortner mit Musik von H. Priegnitz unter dem Titel »Der reisende Enthusiast« sendete der Reichssender Berlin am Neujahrstag 1937[396], und eine Verfilmung erfolgte 1951[397].

Im Hinblick darauf, daß Chamissos »Peter Schlemihl« ursprünglich als Märchen zur Unterhaltung der Kinder eines Freundes konzipiert wurde, ist es nicht verwunderlich, wenn sein märchenhaftes Hauptmotiv des Schattenverlusts gerade auf dem Gebiet der Jugendliteratur breite Nachfolge gefunden hat. Innerhalb der Dramatik nutzt jedoch, abgesehen von den Andersen-Dramatisierungen, nur ein genuines Stück des Jugendtheaters das Motiv des Schattenverlusts, und auch dieses verdankt sein Entstehen dem Bemühen des Autors, die Kinder seiner Freunde zu unterhalten: James Matthew Barries Schauspiel »Peter Pan, or the Boy Who would Not Grow Up« von 1904[398].

Die Parallele zu Chamissos Werk liegt dabei auf der Hand, auch wenn kein ausdrücklicher Bezug auf »Peter Schlemihl« genommen wird und die Chamisso-Forschung sie bisher nicht beachtet hat: So wie Chamisso seine Erzählung mit Motiven und Versatzstücken aus der Märchenliteratur anreichert, ebenso verbindet Barries »Peter Pan« Reminiszenzen, Vorstellungen, Figuren, Motive und Situationen aus der Jugendliteratur. Neben die Feen und Naturgeister nach Grimm und Andersen, die Piraten aus R. L. Stevensons »Treasure Island« und die Insel- und Indianermotive aus der Jugendliteratur allgemein tritt daher hier als gleichberechtigtes volksläufiges Motiv der Schattenverlust nach Chamisso, und wie die meisten Nebenmotive im »Peter Schlemihl« nur ephemere und untergeordnete Bedeutung bei der ersten Begegnung mit dem Grauen erlangen, so spielt der Schattenverlust in »Peter Pan« nur als Randmotiv im 1. Akt eine Rolle: er veranlaßt Peters zweiten Besuch im Hause der Darlings.

Die Anklänge an Chamisso auch in der Verwendung des Motivs sind jedoch nicht zu übersehen: Peter Pan verliert seinen Schatten in einer Weise, die gleichrangig neben Schlemihls Erklärungen für seine Schattenlosigkeit rangieren könnte, wenn das heruntergelassene Schiebefenster ihn wie ein Fallbeil abschneidet[399]. Wie der Graue rollt Mrs. Darling den körperlich gedachten Schatten zusammen und bewahrt ihn sorgfältig auf[400], ja Mr. Darlings Literaturkenntnisse reichen sogar zu der Feststellung »There is money in this, my love«[401] und zum Vorsatz, den Schatten taxieren zu lassen. Die Art und Weise schließlich, in der Peter Pan sich den wiedergefundenen Schatten wieder anzuheften versucht — erst im Vertrauen auf natürliche Adhäsion, dann vermittels Seife und schließlich durch Annähen — und sich dann über den haftenden Schatten freut[402], erinnert deutlich an Schlemihls gleichgerichtete Experimente.

Und auch darin stimmen die Werke von Chamisso und Barrie überein, daß auch Barrie den Schatten nur als ein kurios-phantastisches Motiv verwendet, ohne ihm allegorische oder symbolische Bedeutung beizumessen. Man könnte noch weitergehen und Peter Pans Fähigkeit zu fliegen mit Schlemihls Siebenmeilenstiefeln, seinen freiwilligen Abschluß vor der Erwachsenenwelt mit Schlemihls Ausschluß aus ihr in Beziehung setzen, doch hieße solche Spekulation, die eigengesetzliche Traumwirklichkeit der Peter-Pan-Welt verkennen, die im Gegensatz zum »Peter Schlemihl« mit seiner real bürgerlichen Kulisse hier das Übergewicht behauptet.

Innerhalb der Motivgeschichte des verlorenen Schattens kommt »Peter Pan« nur die Bedeutung zu, das ursprünglich für Kinder gedachte Motiv wiederum im Kindertheater realisiert zu haben. Wieweit das Werk selbst ebenso wie »Peter Schlemihl« über das intendierte jugendliche Publikum hinausgriff und auch das Interesse der Erwachsenen erregte, steht auf einem anderen Blatt.

5. CHRISTOPH MECKEL »DIE SCHATTEN«

Duplizierung der Fälle erschien uns im Grunde als der wesentlichste Beitrag E. T. A. Hoffmanns zur Motivgeschichte des verlorenen Schattens. Beibehalten wurden das Kuriose, das Element eines erschreckenden, außergewöhnlichen und doch nicht einzigartigen Falles, das Exzeptionelle solchen Schicksals, wie es ganz deutlich in dem Kapitel »Im Keller« zum Ausdruck kommt.

Das Kuriose, der Einfall, der Gag, das Ungewöhnliche stehen weiterhin im Zentrum der Werke, und man wird weder in der Reaktion der Umwelt auf Schlemihls Schattenlosigkeit noch in der Reaktion der Hausfrau auf Spikhers Spiegelbildlosigkeit mehr als bloße Anflüge von Volksaberglauben erkennen wollen. Beiden Werken gemeinsam war nicht zuletzt die Perspektive aus der Sicht des um Schatten oder Spiegelbild gekommenen Opfers.

Hierin unterscheiden sich die Werke von Chamisso und Hoffmann von einer neueren Bearbeitung des Motivs der Schattenlosigkeit, die als eine der wenigen ebenfalls weder mythische noch folkloristische Elemente einbezieht, sondern ebenfalls – mittlerweile darf man sagen: surreal – eine ›kuriose‹ Geschichte erzählen will: Christoph Meckels Erzählung »Die Schatten« von 1962[403], deren Witz innerhalb der Motivtradition jedoch darauf beruht, daß sie die etablierten Verhältnisse und Perspektiven gewissermaßen auf den Kopf stellt:

Nicht aus der Sicht des Opfers mehr wird erzählt, sondern das Erzähler-Ich ist identisch mit dem Schattensammler; nicht in aller Stille abgehandelt werden die Schatten, sondern öffentlich feilgeboten; und keinen Einzelfall stellt der Schattenhandel dar, sondern er wird quasi zur Massenerscheinung und zur Mode.

Auf den ersten Blick liest sich Meckels Erzählung wie die kuriose Geschichte eines Mannes, der in einem heruntergekommenen Land mit Hilfe seiner Angestellten die Schatten aller möglichen Dinge, Tiere und Pflanzen sammelt, sie sorgfältig lagert und dann in einer Großaktion an die Menschen verkauft oder gegen deren eigenen Schatten eintauscht. Dabei kommen ihm Modetrends, die Sucht nach Abwechslung oder nach mehreren und größeren Schatten als Statussymbol zu Hilfe, bis sich – und das ist die Pointe – erschreckenderweise herausstellt, daß die Schatten sich die Menschen anverwandeln und Psyche und Schicksal ihrer Träger bis zu letalen Konsequenzen beeinflussen.

Doch das ist nur die durchaus eigenwillig-originelle handlungsmäßige Oberfläche des Geschehens. Auf einer zweiten Ebene läuft die ständige Orientierung an und Auseinandersetzung mit der bisherigen Tradition der Schattenlosigkeit und des Schattenverkaufs, die für Meckel natürlich neben Chamisso auch Hofmannsthals »Frau ohne Schatten« einschließt.

Die Parallelen zu »Peter Schlemihl« werden deutlich, wenn dem Erzähler »in finanzieller Hinsicht eine gewisse Sorglosigkeit möglich«[404] ist und er »bares Geld in jedermanns offene Hand«[405] verteilt, wenn er sich »für längere Zeit in der Stadt« ein Haus mietet[406], wenn die Schatten zusammen-gerollt werden[407] oder einige in der Dunkelheit verschwinden[408], wenn einige Leute mehrere Schatten tragen[409] oder wenn der Erzähler nach der Katastrophe seine »Beobachtungen mit Aufmerksamkeit«[410] macht und schließlich die Gegend unerkannt verläßt[411].

Die Anspielungen auf Hofmannsthals »Frau ohne Schatten« liegen zunächst im orientalischen Milieu der Erzählung, einer »größeren Stadt«[412] »zu beiden Seiten eines breiten Flusses«[413] mit einer Brücke, Wäsche, Fischernetzen[414] und einem »starken Geruch von Fusel und Fäulnis«[415], aber dann noch genauer in der Erwähnung von »schönen Vögeln und seltenen Tieren«[416], »springenden Fischen«[417] oder gar von Fischen, die »über kleinen Feuern brieten«[418].

Und doch wäre es in höchstem Grade irreführend, in diesen nicht einmal wörtlichen Reminiszenzen eine bloße Abhängigkeit von den Vorgängern sehen zu wollen. Auf einer dritten Erzähleben wird nämlich der Erzählvorgang nach bekannten Motiven selbst für Meckel thematisch. Bezeichnend dafür ist, daß der Ich-Erzähler von seinem Großunternehmen des Schattenhandels nie als von einem ›Unternehmen‹, sondern stets nur als von seiner ›Geschichte‹ spricht. Beim Erzähleinsatz, bei Sichtung der Überbleibsel seiner Vorgänger, sieht er sich »mehr dem traurigen Ende eines Märchens nahe als dem Beginn einer Geschichte«[419], dann erwägt er, »die Geschichte mit Hilfe von allerlei poetischen ... Mitteln wieder in ihr Geleise zu bringen, oder ... ganz neu zu beginnen«[420], und sichtet »das ganze verbrauchte und unverbrauchte Material der verlotterten verlorenen Geschichte«[421] im Hinblick darauf, was er noch »benutzen und weiterverwenden«[422] will, erkundigt sich nach dem Hersteller der Geschichte, dem Märchenerfinder und seinen Gehilfen[423] und verspricht, »auf den Trümmern der toten Geschichte eine ganz neue andere, vielversprechende Sache«[424] zu arrangieren, »etwas Einmaliges und Unerhörtes«[425]. Doch nach der »unvorhergesehenen Wendung«[426], daß die neuen Schatten »fest mit dem Körper verwachsen«[427], »nicht loszubekommen waren«[428] und ihrerseits die Menschen beeinflußten, sieht er »keine Möglichkeit ..., noch einmal in die Geschichte einzugreifen«[429], und gesteht sein Scheitern ein.

In den Erzählvorgang zurückgenommen, heißt dies nichts weiteres, als daß dem Erzähler-Ich zwar der Neubeginn mit vielen »guten Ideen«[430] zum Motiv des verselbständigten Schattens geglückt ist, daß sich der Erzählstoff Schatten jedoch als so dominierend erweist, daß er das Menschliche unterdrückt und vernichtet und den Erzähler daher zur Aufgabe seiner Experimente zwingt. Ein schlüssigerer Endpunkt für denjenigen Strang der Motivgeschichte vom verlorenen Schatten, dem das Motiv in erster Linie Anlaß zum spielerischen Erkunden der Möglichkeiten gab, ließe sich kaum wünschen.

6. DIE VERMEINTLICHE SCHATTENLOSIGKEIT

Das Kuriosum des (nicht allegorisch festgelegten) verlorenen Schattens findet seine Wiederverankerung in der Realität schließlich in den Fällen, wo der Schattenverlust nur ein scheinbarer, eingebildeter ist und das surreale Motiv des Schattenverlusts seine reale (physikalische oder psychologische)

Begründung erfährt, das Spiel mit dem Surrealen zwar genußreich ausgekostet wird, dann aber wieder in erklärbare Wirklichkeit mündet. Es ließe sich geradezu voraussagen, daß diese Motivbehandlung literarhistorisch auf dem Übergang von der Romantik zum Realismus im weitesten Sinne erfolgen müßte, und genau dies ist der Fall.

Die Bedeutung Théophile Gautiers für die Vermittlung der deutschen Romantik und insbesondere E. T. A. Hoffmanns nach Frankreich ist seit langem beachtet worden. Ein Kernstück dieser Wirkung E. T. A. Hoffmanns in Frankreich und zugleich Gautiers Absage an die Romantik bildet seine Erzählung »Onuphrius« mit dem bezeichnenden Untertitel »Ou les vexations fantastiques d'un admirateur d'Hoffmann«[431] aus dem Jahr 1832. Gautier kombiniert hier seine frühere Vorliebe für makabre Schauerromantik und ›littérature noire‹ mit dem Spott auf die Exzentrizitäten romantischen Verhaltens und romantischer Weltanschauung und mit der Literatursatire vom Typ des »Don Quixote«: Der weltfremd verträumte, introvertierte Malerdichter Onuphrius verdankt seine romantische Überspanntheit, seinen Geisterwahn und seine Katoptrophobie (Spiegelfurcht[432]) allzu extensiver Lektüre im Bereich des Irrationalen:

> Il ne lisait que des légendes merveilleuses et d'anciens romans de chevalerie, des poésies mystiques, des traités de cabale, des ballades allemandes, des livres de sorcellerie et de démonographie.[433]

Dazu treten als moderne Lektüre Jean Paul, Chamisso und E. T. A. Hoffmann, von dem zahlreiche Motive aus »Der Sandmann«, »Der goldene Topf«, »Die Abentheuer der Sylvester-Nacht«, »Klein-Zaches« und »Die Elixiere des Teufels« entlehnt sind[434].

Onuphrius wagt nicht, in den Spiegel zu schauen, aus Furcht, es könnte jemand anderes herausschauen; er bevölkert sein Atelier mit einem phantastischen Reigen Hoffmannscher Figuren[435], glaubt sich vom Teufel genarrt[436], erblickt im Spiegel seinen bösen Dämon[437], der ihm wie ein Schatten folgt[438] und als Doppelgänger seine Liebschaft bedroht[439]. Er leidet unter dem Alptraum, lebendig begraben und durch falsche Freunde um sein geistiges Eigentum betrogen zu werden[440] und hat auf einer eleganten Soirée ähnliche Erlebnisse wie Hoffmanns reisender Enthusiast bei der Teegesellschaft: Als er ein eigenes Gedicht vortragen soll, fängt eine Dämonenfigur alle seine kostbaren Worte und Gedanken im Netz auf und ersetzt sie für die Zuhörer durch mittelmäßige Imitationen[441].

Als Onuphrius sich dem Wagen in den Weg stellt, in dem die Dämonenfigur mit Onuphrius' Geliebter davonfährt, fährt der Wagen unbeschadet durch ihn hindurch, und Onuphrius endet im Wahn, der Teufel habe ihn nicht nur um seine Stimme gebracht, sondern habe seinen ganzen Körper verschwinden lassen[442]; er besteht daher darauf, weder Schatten noch Spiegelbild zu besitzen:

> L'histoire de Pierre Schlemihl, dont le diable avait pris l'ombre; celle de la nuit de Saint-Sylvestre, où un homme perd son reflet, lui revinrent en mémoire; il s'obstinait à ne pas voir son image dans les glaces et son ombre sur le plancher, chose toute naturelle, puisqu'il n'était qu'une substance impalpable.[443]

Onuphrius' vermeintliche Schattenlosigkeit erklärt sich demnach als das Ergebnis eines durch die Schauerromantik überreizten, delirierenden Gehirns,

bezieht sich wörtlich auf das literarische Vorbild und belegt dessen An-
steckungsgefahr.

So zwingend diese Rückkopplung hier für die Karikatur romantischer
Exzesse ist, sie braucht in anderem Zusammenhang keineswegs vorzuliegen,
sondern mag lediglich als eine Begleiterscheinung des Delirium tremens
genommen werden. In der ersten, handschriftlichen Fassung der Wirtshaus-
szene mit Handwerksburschen von Georg Büchners »Woyzeck« (1836) findet
sich in der Rede des betrunkenen Handwerksburschen die später weggefal-
lene Passage:

Wo is mei Schatten hingekomm? Kei Sicherheit mehr im Stall. Leucht
mir einmal einer mit dem Mond zwische die Bein ob ich mei Schatte
noch hab.[444]

Obwohl Büchners Chamisso-Kenntnis außer Zweifel steht und etwa durch
das Motto zum 2. Akt von »Leonce und Lena« aus Chamissos Gedicht »Der
Blinde«[445] belegt wird, ist man versucht, in diesem Randmotiv keine literarische Reminiszenz, sondern eine genuine Gestaltung der Sinnestäuschung im
Zustand der Trunkenheit zu sehen, die aus der dramatischen Situation heraus
der Szene wie dem Geisteszustand des Sprechers Relief gibt. Was Gautier und
Büchner dann verbindet, ist die Tatsache, daß in den Jahren nach 1830 die
vermeintliche Schattenlosigkeit psychologischer Motivierung bedarf.

Eine physikalische Erklärung der eingebildeten Schattenlosigkeit zieht wiederum Robert Louis Stevensons bekannter Kinderreim »My Shadow«[446]
heran, wenn hier das lyrische Ich, das Kind, eines Tages seinen Schatten
vermißt – weil es vor Sonnenaufgang aufgestanden ist:

He stayed at home behind me and was fast asleep in bed.[447]

Der naiv-wißbegierige Tenor des Gedichts, die intensive Beobachtung des
wechselreichen Schattenverhaltens, die Unterscheidung kurzer und langer
Schatten und die Mutmaßungen über den eigentlichen praktischen Nutzwert
des Schattens (»And what can be the use of him is more than I can see.«)
legen hier die Vermutung literarischer Reminiszenzen an Chamisso nahe. Für
die Wirkung des Gedichts in Deutschland wurde Richard Dehmels stellenweise freie Übersetzung[448] wichtig.

Eine andere rein physikalische Möglichkeit der Schattenlosigkeit durch das
Verschwinden des Schattens im Schatten nimmt Alfred Döblin in seinem
Roman »Die drei Sprünge des Wang-lun« (1915)[449] zur Grundlage einer
Parabel für die Lehre vom Nichthandeln und Nichtwiderstreben der Sekte
der ›Wahrhaft Schwachen‹:

Es war einmal ein Mann, der fürchtete sich vor seinem Schatten und
haßte seine Fußspuren. Und um beiden zu entgehen, ergriff er die Flucht.
Aber je öfter er den Fuß hob, um so häufiger ließ er Spuren zurück.
Und so schnell er auch lief, löste sich der Schatten nicht von seinem
Körper. Da wähnte er, er säume noch zu sehr, begann schneller zu
laufen, ohne Rast, bis seine Kraft erschöpft war und er starb. Er hatte
nicht gewußt, daß er nur an einem schattigen Ort zu weilen brauchte,
um seinen Schatten los zu sein. Daß er sich nur ruhig zu verhalten
brauchte, um keine Fußspuren zu hinterlassen.[450]

Während das Motiv der Schattenfurcht hier nicht weiter entwickelt wird,
gilt die Lehre von Nichthandeln und Gewaltlosigkeit, die Warnung vor
blindem Draufloshandeln, die Wang-lun zeitweilig propagiert, als Einsicht

der Weisheit; nach einer anderen Fabel wandelten auch die großen Weisen und Meister »ohne eine Fußspur zu hinterlassen ... sie warfen keinen Schatten«[451].

Wer dagegen dem Schicksal widerstrebt, hat wie der Sektengründer Manoh alle vier Schatten (nach allen Seiten) verloren[452] und muß sie suchen wie der ›Dämmerungsmensch‹, der einen ihm einmal entwendeten Schatten im festverschlossenen Köfferchen mit sich herumträgt[453], oder er muß sterben[454].

Es entspricht dem rhapsodisch-sprunghaften Charakter des Romans, daß das Schattenmotiv – ohnehin nur ein Randmotiv – weder einheitlich durchgeführt ist (Schattenverdecken gilt als erstrebenswert, Schattenverlust andererseits als tödlich), noch alle Figuren erfaßt (vom Schatten Wang-luns ist nicht die Rede), noch überhaupt auf einen Sinnbereich begrenzt bleibt (auch die Geister werden als Schatten bezeichnet[455]). Solche Inkonsequenz in der Handhabung eines nur sporadisch und in unterschiedlichen Episoden auftauchenden Randmotivs steht einer allumfassenden Deutung des Motivs im Werkganzen im Wege.

Das Verschwinden des Schattens im Schatten ist schließlich Nebenmotiv in Hans Magnus Enzensbergers Gedicht »Schattenreich«[456] vom Jahre 1965, wenn es dort in der 9. Strophe heißt:

ganz im schatten
verschwindet mein schatten[457]

Das Gedicht stellt sich ganz in die Tradition der Schattenmotivik mit der 2. Strophe:

dieser schatten
ist nicht zu verkaufen[458]

Wenn die 3. Strophe auch dem Meer und der Zeit als Einflüssen auf das Menschenleben ein Schattenwerfen zugesteht, so leitet diese Vorstellung über zu Enzensbergers Gedicht »Windgriff«[459], wo das Dichterwort den Pappelsamen verglichen wird, von denen einige Wurzel schlagen und keimen:

manche worte
lockern die erde
später vielleicht
werfen sie einen schatten
einen schmalen schatten ab
vielleicht auch nicht

Die Vorstellung vom Wort als fruchtbringend, Wirkungen zeitigend, also schattenwerfend, steht dabei in einem seltsamen, vielleicht als Entgegnung gedachten Kontrast zu Günter Grass' vorangegangenem Gedicht »Diana – oder die Gegenstände«[460] aus dem Jahre 1960, wenn dort programmatisch erklärt wird

Immer lehnte ich ab
von einer schattenlosen Idee
meinen schattenwerfenden Körper verletzen zu lassen.

In der Spannweite zwischen schattenwerfendem Wort und schattenloser Idee spiegelt sich der Kontrast von idealistischer und pragmatischer Weltsicht der heutigen Lyrik.

Das Gegenteil des oben angedeuteten Motivs, nämlich »Das Verschwinden des Schattens in der Sonne«, nahm jüngst Barbara Frischmuth zum Titel ihres halbautobiographischen Romans über einen Studienaufenthalt in Istanbul (1973), in dem nach einer beiläufig eingefügten türkischen Legende das Aufgehen im All mit der ›Entwerdung‹ gleichgesetzt wird:

Der Schatten verschwand in der Sonne und es war zu Ende.[461]

Die hier zusammengefaßten Einzelfälle vermeintlicher Schattenlosigkeit konnten mangels zusammenhängender Entwicklungslinien bei solchen Randmotiven nur kursorisch gestreift werden. Sie markieren gleichzeitig wohl etwa die Grenze, bis zu der motivgeschichtliche Betrachtungsweise noch gerade anwendbar ist, ohne beim bloßen Aufzeigen des Vorhandenen stehenzubleiben. Die Werke gehören jedoch jeweils ihrem wesentlichen Kern nach in andere Zusammenhänge, und diese knappe Aufzählung sollte daher nur beispielhaft das Fortwirken des Motivs als Kuriosum bis in die Gegenwart verdeutlichen.

IV. DIE FOLKLORE

1. ALLGEMEINES

In der ersten Gruppe der betrachteten Werke machte sich überall die Freude an der Entwicklung und Ausschmückung eines kuriosen Themas als der vorwiegende Aspekt geltend, unter dem das Motiv der Schattenlosigkeit behandelt und entfaltet wurde. Die Faszination durch das Surreal-Phantastische stand vor der bedeutungsmäßigen Belastung und ließ spielerischen Elementen freie Bahn. Diese rankten sich vor allem um die Frage nach den sozialen Implikationen der Schattenlosigkeit, d. h. der Frage, wie sich der Schattenlose in der Gesellschaft zurechtfindet und wie diese sich ihm gegenüber verhält. Für die Motivgeschichte bedeutet dies, daß das Schwergewicht der Bearbeitungen nicht so sehr auf den Präliminarien des Schattenverlusts, sondern auf der Phase nach dem Schattenverlust lag.

Eine zweite Gruppe von Werken, die unabhängig von Chamisso den Schattenverlust behandeln, legt den Hauptakzent auf eben die Ursachen, die zum Schattenverlust führen, und verwendet kaum Aufmerksamkeit auf den Fortgang der Handlung, die vielfach mit dem Schattenverlust abrupt abschließt.

Für diese Gruppe von Werken ist es bezeichnend, daß sie zur Erklärung des verlorenen Schattens auf Motive der Folklore, des Volksglaubens und der Sagenüberlieferung zurückgreift. Charakteristisch ist ferner, daß diese folkloristische Überlieferung mehr oder weniger als Faktum konstatiert wird; sie wird weder geglaubt, sondern nur als Motivierung verwendet, noch überhaupt in ihrer Bedeutung hinterfragt. Dies wiederum rückt sie in die Nähe der ersten Gruppe des Kuriosen: auch sie stellt einzelne Fälle von Schattenverlust als kuriose Geschichten dar, aber sie bezieht sich anstatt auf das freie Spiel der Phantasie quasi als Rückendeckung auf Vorstellungen des Volksglaubens zurück und findet damit ihr Auslangen. Das schränkt jedoch gleichzeitig ihre poetische Aussagekraft insofern ein, als auch die Interpretation der Texte nach ihrer künstlerischen Leistung nicht über die Konstatierung des zugrunde liegenden Volksglaubens hinausgreifen kann.

2. DER PREISGEGEBENE SCHATTEN:
THEODOR KÖRNER »DER TEUFEL IN SALAMANKA«

Diese Eigenarten treffen in vollem Umfang zu auf Theodor Körners schwankhaftes Erzählgedicht »Der Teufel in Salamanka« von 1815[462]. Das Gedicht, dessen poetische Qualität hier nicht zur Debatte steht, geht zurück auf die spanische Sage, nach der der Teufel in einer Höhle bei Salamanca jeweils sieben Schüler in schwarzer Magie unterrichtete; von diesen mußte nach Abschluß des Kurses jeweils der siebente, der zuletzt die Höhle verließ, mit seiner Seele bezahlen. Einst jedoch überlistete dieser den Teufel, wies auf seinen Schatten mit der Bemerkung, dieser sei der letzte, und entschlüpfte, blieb aber zeitlebens schattenlos.

Eine späte Zusammenfassung der spanischen Sage gibt der Padre Feijo in einem Aufsatz »Cuevas de Salamanca y Toledo, y mágica de España«:

Lo que tiene aprehendido el vulgo es que en la cueva de Salamanca el demonio por sí mismo enseñaba las artes mágicas, admitiendo no más que siete discípulos por cada vez, con el pacto de quedarse con uno, aquel a quien tocase la suerte, destinado luego en cuerpo y alma a las penas infernales; y aquí entra la historia del Marqués de Villena, aquel mismo de quien creyó toda España ser un insigne mágico ... De éste dicen que, habiéndose hecho consumado mágico en aquella escuela, entre los siete le tocó la suerte infeliz, pero él engañó als demonio, dejándole su sombra con la aprehensión de que era su cuerpo.[463]

Literarischen Niederschlag fand weniger die Schattensage als die Sage von der Teufelsschule in Salamanca zumal im spanischen Drama des 17. Jahrhunderts: zuerst in Cervantes' Zwischenspiel »La cueva de Salamanca« von 1615[464], dessen deutsche Übertragung nach F. J. Bertuch (1782) vor allem Josef von Eichendorff besorgte[465], sodann in der Verskomödie »La cueva de Salamanca« von Juan Ruiz de Alarcón y Mendoza[466] und in der Komödie »Lo que quería ver el Marqués de Villena« von Francisco de Rojas Zorilla[467] sowie zahlreichen Nachfolgern[468].

Während die literarisch-dramatischen Behandlungen der Höhle von Salamanca die Teufelsschule nur als Randmotiv zur breiten Darstellung studentischer Listen und Ränke verwenden und den Schattenverlust als zu volkstümliches Aberglaubens-Motiv meist ganz übergehen, steht dieses für die Volkserzählung stärker im Mittelpunkt.

Die Wandersage vom Teufelsschüler, der als Honorar seinen Schatten läßt, setzt sich nach S. Thompsons Motivindex[469] zusammen aus den Motiven:

F 1038.1: Man attends Devil's school to learn witchcraft, has no shadow afterwards,
S 241.2: Devil is to have last one who leaves »black school«, – und
K 525.2: Man steps aside so that only his shadow is caught.

Sie ist außer für Spanien auch für Deutschland, Norwegen, Island, Schottland, die Niederlande und Siebenbürgen belegt und wird in den nördlichen Varianten z. T. in Wittenberg angesiedelt[470], und in Schottland hat der

Aberglauben daraus die praktische Schlußfolgerung gezogen, daß nur die Schattenlosigkeit wirkliche Garantie für einen guten, ausgelernten Magier bietet[471].

Die Interpretationen schwanken zwischen der Gier des schattenlos gedachten Teufels nach einem Schatten, der Schattenlosigkeit als Stigma des Teufelsbündlers, dem um seinen Lohn geprellten Teufel, der statt der ihm zustehenden Seele mit dem Schatten als Ablöse vorlieb nehmen muß, und dem im Grunde doch übertölpelten Schüler, der glaubt, ohne Schatten gut davongekommen zu sein, nur weil er dessen Wert für seine Umwelt noch unterschätzt[472] – letzteres wohl eine spätere, von Chamissos »Peter Schlemihl« inspirierte Deutung, da die Sage darauf verzichtet, die Konsequenzen auszumalen.

Nichts von dieser Problematik spiegelt sich in Körners frisch-forscher Nacherzählung, die genau dort aufhört, wo es für die erheblicheren Gestaltungen des Motivs erst interessant wird: mit dem Schattenverlust. Zweifellos hat Körners vor 1813 entstandenes, wenn auch nicht publiziertes Gedicht das Verdienst, sieht man von den früheren Aufzeichnungen der spanischen Sage in Reiseberichten u. ä. ab[473], als erstes in der deutschen Dichtung die von Wieland theoretisch erörterte Trennung von Schatten und Körper praktisch vorgeführt zu haben. Aus der Leichtigkeit der Nacherzählung und der Kommentarlosigkeit der Tatsachendarstellung geht ferner hervor, daß sie gar keine gedanklichen Schwierigkeiten bereitet. Dies entspricht freilich dem Befund, daß sie aus der Überlieferung fraglos übernommen, als Tatsache eben nur angedeutet und ansonsten in keiner Weise als neues dichterisches Motiv fruchtbar gemacht wird, sich also mit der Feststellung, nicht der Gestaltung des Kuriosen begnügt. Die Glaubwürdigkeit des Kuriosen wird dabei zweifellos erleichtert durch die lange Vorfabel, die bereits den Schritt zum Sagenhaften vollzieht: Die leibhaftige Anwesenheit des Teufels unter den Studenten, wenn vorstellungsmäßig mitvollzogen, bereitet der Aufnahme weiterer kurioser Elemente den Weg.

Der Vergleich mit Chamissos bedachter Einbettung des Schattenverlust-Motivs in eine real gesehene, erst allmählich dem Außergewöhnlichen Raum gebende Umwelt etwa in der Thomas John-Szene zeigt eklatant den Unterschied zwischen eigenschöpferischer Erarbeitung eines Motivs und bloßer Versifizierung von Vorgefundenem.

Während in diesem Zusammenhang nur die resultierende Schattenlosigkeit interessiert, sei nur anmerkungsweise darauf verwiesen, daß das dem »Teufel in Salamanca« zugrunde liegende Motiv vom Schatten als Substitut der Person natürlich in vielen Fällen selbständige Gestaltung erfahren hat, ohne deshalb zur Konsequenz des verlorenen Schattens zu führen.

Ein frühes Beispiel dafür liefert Jehan Renarts »Lai de l'ombre« (um 1221)[474], wenn dort der Ritter, dessen Liebe und Ring von der Dame seines Herzens zurückgewiesen werden, den Ring als seiner zweitbesten Wahl deren Spiegelbild im Brunnen – ›ombre‹ meint hier im Grunde das Spiegelbild – zuwirft und damit letztlich doch die Geliebte gewinnt[475]. Auch H. C. Andersens Gelehrter in »Skyggen« (s. u.) betrachtet den Schatten anfangs ja nicht als Doppelgänger, sondern als Stellvertreter seiner selbst, wenn er ihn aussendet, das ihm unzugängliche geheimnisvolle Haus gegenüber und seine Bewohner zu erkunden. Auf die stilistisch-perspektivische Ebene übertragen, verfährt Peter Weiss' »Der Schatten des Körpers des Kutschers« (1960)[476] sehr ähnlich, wenn er im Sinne seines programmatischen Deskriptionsfanatismus zum Stil des ›pars pro toto‹ zurückkehrt.

3. DER BÜSSENDE SCHATTEN: H. KURZ »DAS SCHATTENGERICHT«

In ähnlicher Form wie Körners Ballade greift auch Hermann Kurz' Erzählung »Das Schattengericht« von 1839[477] auf volkstümliche Überlieferung zurück. Das sowie die Geringfügigkeit des Motivs vom Schattenverlust im Erzählzusammenhang erklärt die merkwürdige Tatsache, daß das Motiv hier bei einem notorischen Realisten auftaucht. Innerhalb der Dialognovelle, in der Martin Luther und Gregorius Bruck einander Fälle von Versuchungen und Teufelsbündnissen erzählen, kommt der titelgebenden Erzählung nur der Rang einer assoziierten Anekdote zu, die ohnedies durch das Rahmenthema Teufel und durch die Verlegung in die Reformationszeit an Distanz gewinnt und – das verbindet sie mit Körners »Teufel in Salamanka« – durch die vorangehende ausgiebige Erörterung über Teufel und Geister glaubhaft gemacht wird. Nicht das Schattenmotiv, sondern die Beglaubigung eines persönlichen Teufels und dessen Eingreifens in das Menschenleben bilden das Thema der Erzählung.

Junker von Purgstall am Hofe Maximilians I. hat geträumt, er habe nachts seinen Todfeind Junker von Trotta erstochen; er erfährt beim Erwachen, der Teufel habe in seiner Gestalt zur gleichen Zeit den Mord ausgeführt. Da sich der Teufel seines Schattens bedient habe, wird der Schatten zum Tode verurteilt, der Junker in die Sonne geführt und seinem Schatten mit einem Spaten der Kopf weggestochen.

Kurz' Erzählung ist im Zusammenhang mit seinen kulturhistorischen Studien zu sehen. Ihre Quellen bilden Luthers Tischreden, und zwar in einem Ausmaß, das der Forschung anscheinend bisher entgangen ist. So sind z. B. die Episode vom Poltergeist auf der Wartburg[478] und die Episode von der Heilung des Teufelsbündlers[479] nahezu wortwörtlich aus Luthers Tischreden[480] übernommen, und weitere vermutbare Übernahmen erschweren es, das Werk über die Komposition hinaus als eigene Leistung zu betrachten. Luther kommt in seinen Tischreden auch auf den geschilderten Fall unter Maximilian I. zu sprechen[481].

Die zugrunde liegende folkloristische Vorstellung dagegen ist der germanische Rechtsbrauch der sogenannten ›Schattenbuße‹[482], nach der z. B. ein Unfreier nur am Schatten des Freien Rache nehmen konnte nach dem Grundsatz des schwäbischen Landrechts »swaz ich im tun, daz sol er minem schaten tun«[483].

Das Abstechen von Erde auf die ganze Länge des Schattens, verbunden mit Landesverweisung, galt demnach noch unter Maximilian I. als ernstgemeinte und scharfe Strafe und hatte noch nicht den ironischen Beiklang eines pro forma-Ausgleichs, so daß darin ein versunkener Aberglauben vom Schatten als Teil der Persönlichkeit oder gar Seele zu sehen ist.

Doch nicht um die Wurzeln der Schattenbuße im Volksglauben, sondern um den Dämonen- und Teufelsglauben der Reformationszeit geht es Kurz, und daher kann er, für diese Motivuntersuchung ebenso unbefriedigend wie Körners »Teufel in Salamanca«, mit dem Schattenabstechen schließen, ohne die Konsequenzen des Geschehens weiter zu verfolgen.

Wenn Edzard Schapers Erzählung von 1967 den Titel »Schattengericht«[484] wieder aufnimmt, greift er nicht auf den germanischen Rechtsbrauch zurück, sondern läßt einen zu Tode verwundeten Schriftsteller den Figuren seiner Romane im Geiste wiederbegegnen und sich um ihre Lebensfähigkeit in einer veränderten Welt Sorgen machen.

4. DER MAHNENDE SCHATTEN: EDUARD MÖRIKE »DER SCHATTEN«, GÜNTER KUNERT »DER SCHATTEN«

Einen anderen Volksglauben im Zusammenhang mit dem Schatten gestaltet Eduard Mörikes Ballade »Der Schatten« vom Jahre 1856[485]. Sie ist nach Mörikes eigenem Zeugnis »nur eine Variante der Irmelsgeschichte im ›Schatz‹«[486], der Ehebruchsgeschichte innerhalb der Märchennovelle von 1836, und man mag sie mit Gerhard Storz[487] eine »allerdings recht schwache Ballade« nennen, die in der Mörike-Literatur denn auch kaum Beachtung findet.

Während die Irmelsgeschichte in »Der Schatz« jedoch ohne das Schattenmotiv auskommt und in eine Spukgeschichte mündet, steigert dies Gedicht das Thema des entdeckten und bestraften Ehebruchs in die Effekte der Schauerballade: Frau Hilde, die trotz ihres Treuschwurs dem Gatten Gift auf den Kreuzzug mitgegeben hat und ihren Liebhaber erwartet, wird von dem zurückkehrenden Geist des toten Gatten umgebracht. Seither erscheint ihr Schatten mit zum Treuschwur erhobener Hand an der Wand.

Das bloß sagenhaft Kuriose der Ballade wird als Variante der Irmelsgeschichte erst durch Heranziehung der zugrunde liegenden Motive des Volksglaubens deutlich: Die verdammte oder büßende Seele, die ihrer Erlösung harrt, erscheint als Schatten an der Wand und damit als Mahnmal der eigenen Sünde[488]. Während Irmels Geist schließlich Erlösung findet, bleibt Frau Hildes Schatten für immer Zeuge ihres Gattenmordes und Ehebruchs. Damit allerdings mündet auch Mörikes Ballade in eine eindrucksvolle Vorstellung aus dem Volksglauben, der für die literarische Betrachtung als solcher hingenommen und im Einzelfall nicht weiter hinterfragt werden darf, es sei denn im Zusammenhang mit Mörikes poetischer Mythologie, die hier christliche und mittelalterlich-abergläubische Vorstellungen im balladesken Halbdunkel vereint: Der verlorene, von der Toten zurückgelassene Schatten »bedeutet« nicht mehr, als ihm der Volksglaube zuschreibt, die poetische Gestaltung benutzt das vorgefundene Motiv, ohne ihm einen tieferen Sinn zu hinterlegen.

Daß der Schatten als Mahnmal geschehenen Unrechts die körperliche Existenz eines Menschen überlebt, dieses Motiv Mörikes taucht später in ganz anderem Zusammenhang und ohne Bezug auf den Volksglauben wieder auf in Günter Kunerts Sonett »Der Schatten«[489]. Hier jedoch steht der Schatten, den der Körper eines Mannes an einem Brückenbogen in Hiroshima hinterließ, als Mahnmal nicht eigener, sondern fremder Schuld und künftiger Gefahr:

> In Hiroshima zeigt man einen Brückenbogen,
> Daran der Schatten eines Menschen ist.
> Der diesen Schatten warf, der fehlt, und wißt:
> Seitdem die Überbombe kam geflogen ...

5. DER GEIST OHNE SCHATTEN: RUDYARD KIPLING

Exotischen Schattenaberglauben im Verein mit überspannten Seelenzuständen und irrationalen Kräften macht sich Rudyard Kipling in weitem Maße zunutze, um die geheimnisvolle Welt des Orients einzufangen. Nicht nur die auch außerhalb Europas weitverbreitete Tabuvorstellung, die es untersagt, anderen Leuten in ihren Schatten zu treten, erscheint als Randmotiv in mehreren seiner Erzählungen[490]. Kim im gleichnamigen Roman (10. Kap.) vermeidet es, in den Schatten der Hexe zu treten, um ihr nicht Gewalt über seine Seele zu geben[491]. Umgekehrt wagen es in »The Knife and the Naked Chalk« (1909) die Leute nicht, in des Erzählers Schatten zu treten, und weichen diesem aus, weil sie ihn für ein göttliches Wesen halten:

> They made way for my shadow as though it had been a Priestess.[492]

Vor allem aber sind es die durch Gemütserregung, Hitze und Überarbeitung bei Europäern hervorgerufenen Halluzinationen und geheimnisvolle Geistererscheinungen, die, abgesehen von ihrer Unwirklichkeit per se, diese noch dadurch unterstreichen, daß sie dem Volksglauben gemäß keinen Schatten werfen.

In der exotischen Gruselgeschichte »The Phantom Rickshaw« (1888) wird der Engländer Jack Pansay überall von seiner früheren, dann abgewiesenen und Monate zuvor verstorbenen Geliebten Mrs. Wessington in ihrer gelben Riksha verfolgt, die nur ihm sichtbar ständig allerorts auf ihn wartet (während andere durch die Erscheinung hindurchschreiten) und ihre Unwirklichkeit auch für Pansay dadurch dokumentiert, daß sie schattenlos ist:

> Save that it cast no shadow, the rickshaw was in every aspect as real to look upon as one of wood and iron.[493]

Während diese Novelle in dem später hinzugefügten Rahmen eine ärztliche Erklärung durch Überreiztheit und Verfolgungswahn aus halbeingestandenem Schuldgefühl bereithält, steigert die Erzählung »At the End of the Passage« (1890) das Mysteriöse durch die nunmehr auch nicht motivierte Erscheinung eines schattenlosen, also geisterhaften Doppelgängers. Der durch Überarbeitung, Schlaflosigkeit und Hitze dem Zusammenbruch nahe Ingenieur Hummil begegnet in seinem einsamen Bungalow mehrfach seiner Doppelgängerfigur:

> Hummil turned on his heel to face the echoing desolation of his bungalow, and the first thing he saw standing in the verandah was the figure of himself. He had met a similar apparition once before, when he was suffering from overwork and the strain of the hot weather ...
> He approached the figure, which naturally kept at an unvarying distance from him, as is the use of all spectres that are born of overwork. It slid through the house and dissolved into swimming specks

within the eyeball as soon as it reached the burning light of the garden. Hummil went about his business till even. When he came in to dinner, he found himself sitting at the table. The vision rose and walked out hastily. Except that it cast no shadow it was in all respects real.[494]

Wenngleich für die Erklärung der Halluzination auch der pathologische Zustand eines fiebernden Gehirns angeboten wird, geht Kipling hier einen Schritt über das Übernatürliche hinaus: Die Schattenlosigkeit des Doppelgängers erklärt sich einerseits mit dem Volksglauben von der Schattenlosigkeit der Geistererscheinungen, andererseits dadurch, daß der imaginierte, also immaterielle Doppelgänger nur eine Reflexion des halluzinierenden Ich ist, also als Reflexion selbst wiederum keine neue eigene Reflexion bilden kann[495]. Aber diese Erklärung wird gleich darauf wieder aufgehoben durch die Übersteigerung des Motivs: Die Augen des in tödlichem Entsetzen verstorbenen Hummil reflektieren noch nach dessen Tod auf der Netzhaut die Erscheinung des Doppelgängers, und auch die Kamera des untersuchenden Arztes hält ihr Bild fest.

Wenn Kipling die abergläubische Vorstellung von der Schattenlosigkeit der Geister dem intendierten Horroreffekt zugrunde legt, ohne sie zu hinterfragen, begnügt er sich gleichzeitig nicht mit dieser Erklärung, sondern überführt die Erscheinung darüber hinaus in den Bereich der exakten Wissenschaften. Es ist aber andererseits nicht zu übersehen, daß das Motiv der Schattenlosigkeit nicht selbständig zur Deutung menschlicher Befindlichkeit oder zu einer Verrätselung der Welt verwendet wird, sondern vordergründig der Steigerung des Gruseleffekts dient und sich letztlich damit erschöpft.

Im übrigen spielt das Motiv der Schattenlosigkeit der Geister und der Toten, diese ganze Untersuchung hindurch von Dante bis Hofmannsthal fast ständig präsent, immer wieder in die Literatur um das Schattenmotiv hinein. Wenn es hier nicht als selbständige Motivgruppe ausführlicher verfolgt werden soll, so aus dem einfachen Grunde, daß diese Untersuchung es mit dem verlorenen Schatten als Ausnahmefall zur Regel zu tun hat, während die Schattenlosigkeit der Geister den einschlägigen Autoritäten zufolge weithin geradezu die Regel zu sein scheint.

Nur zwei moderne Versionen seien hier noch angeführt. Für Frank Thiess' Nachkriegsroman »Geister werfen keinen Schatten« (1955)[496] ergab die volksläufige Vorstellung kaum mehr als den Titel für ein Geschehen, in dessen Vordergrund die mysteriöse Hinterlassenschaft eines undurchsichtigen Bösewichts steht, die sich gleichzeitig mit der Erinnerung an den Verstorbenen, dessen ›Schatten‹, in ein Nichts auflöst. Das Motiv der Schattenlosigkeit findet nur gelegentlich beiläufige Erwähnung[497].

Die wohl jüngste und ironischste Anspielung darauf findet sich in Martin Walsers Roman »Das Einhorn« (1966)[498], wenn dort gegen Ende der Aufzeichnungen der Ich-Erzähler Anselm Kristlein sich selbst als unwirklich, zwar nicht als Geist, aber als bloße literarische Figur empfindet, der die Wirklichkeit abhanden gekommen ist:

Mir fehlt die runde Weltwirklichkeit ... Und ohne Darm und Inhalt werfe ich natürlich keinen Schatten. Aber: daß ich keinen Schatten werfe, bedeutet weiter nichts. Mir ist nichts Schlimmes passiert. Ich vermute, daß ich selber ein Schatten bin, der seinen Werfer verlor.[499]

Nicht die schattenlose Figur mehr, sondern nur noch der figurlose Schatten steht hier als Schwundstufe der »Weltwirklichkeit«.

6. DIE SCHATTENPROBE: G. APOLLINAIRE »LE DÉPART DE L'OMBRE«

Die merkwürdigste Verwendung folkloristischer Überlieferung im Zusammenhang mit dem verlorenen Schatten, die zudem von seiten der Motivforschung gar keine Beachtung gefunden hat, findet sich nicht im deutschen Bereich, sondern in Guillaume Apollinaires Erzählung »Le départ de l'ombre«[500] von 1911, die 1916 in den Erzählband »Le poète assassiné«[501] aufgenommen wurde.

Wie die übrigen der Titelerzählung beigefügten kurzen Prosaskizzen, von denen die Apollinaire-Forschung wenig Notiz nimmt, behandelt sie echte oder fingierte kuriose Begebenheiten, so hier die Erinnerung des Ich-Erzählers an den von ihm vorausgesagten Tod seiner früheren Geliebten vor mehr als zehn Jahren:

An einem sonnigen Samstag begegnen der Erzähler und Louise einem jüdischen Trödler des Marais, der ihnen wegen des Sabbat nur zögernd ein Schmuckstück verkauft und dann, nach der Erinnerung an einen schattenlosen Selbstmörder in Rom, beiden eine Schattenprobe vorschlägt:

> Avant de vous en aller, prêtez-moi vos ombres ... Avez-vous tous votre ombre, au moins? Car ne l'ignorez pas, d'après nos croyances certaines, l'ombre quitte le corps trente jours avant qu'il ne meure.[502]

Nachdem der Trödler unter seltsamen, etymologisch grotesken Beschwörungen die Mischung der drei Schatten in der Sonne untersucht hat und sich (durch Aneignung von Louises Schatten?) seines langen Lebens versichert hat, verlassen der Erzähler und Louise ihn:

> Et lorsque ... je voulus revoir nos ombres, je vis avec un plaisir singulièrement atroce que celle de Louise l'avait quittée.[503]

Daher seine einleitende Feststellung:

> Je connaissais bien le jour de la mort de Louise et elle mourut à la date que j'avais indiquée.[504]

Die zugrunde liegende Vorstellung des Volksglaubens, daß der fehlende Schatten den bevorstehenden Tod ankündigt und daß eine ›Schattenprobe‹ an bestimmten Tagen oder Nächten die Lebenserwartung ermitteln lasse, ist für ganz Mitteleuropa im weitesten Sinn belegt. Der vorhandene Schatten gilt als Zeichen der Lebenskraft, sein Fehlen als Schwächung, Krankheit, Tod. Luther übersetzte die Ermahnung Josuas an das Volk, die Kanaaniter nicht zu fürchten, mit »Es ist ihr Schutz von ihnen gewichen« (4. Mos 14,9), wo es im Urtext heißt: Es ist ihr Schatten von ihnen gewichen.

Und nicht umsonst ist der Trödler jüdischen Glaubens, denn die jüdische Vorstellung rechnet mit präzisen Daten:

> Der Tod eines Menschen wird dreißig Tage, bevor er eintritt, im Himmel ausgerufen, von da ab nimmt der Schatten des Menschen ab und schwindet endlich ganz.[505]

Akzeptiert man den Aberglauben als Regel, so erklärt sich wie bei Schlemihls scheinbar herrenlosem Schatten alles »ganz natürlich«: der Augenzeuge des Schattenverlusts kann die Todesstunde genau voraussagen. Wie in den vorangehenden Texten sind jedoch der Aberglaube selbst und seine Begründung der literarischen Interpretation entzogen, da sie in anderen Dimensionen als denen des Verstehens beheimatet sind.

Apollinaire, selbst dem Aberglauben nicht fern, kann später von sich sagen:
J'ai connu un sciomancien mais je n'ai pas voulu qu'il interrogeât mon ombre.[506]

Indessen hat der Schatten in Apollinaires kurzem Prosatext noch eine andere Bedeutung als die des bestätigten Aberglaubens. Die Untersuchung der vielfältigen Funktionen des Schattenmotivs an sich in Apollinaires Lyrik, in der ›Schatten‹ gar zum Schlüsselwort der »Alcools« werden kann[507], hat erbracht, daß Schatten für Apollinaire nicht nur Leben, Kontakt mit der Erde, Bestätigung des Seins, Menschlichkeit im weitesten Sinne bedeuten kann[508], sondern daß er auch die gelebte Vergangenheit symbolisiert. Die sterbende Liebe empfängt ihren Todesstoß mit dem Auslöschen der gemeinsamen Vergangenheit, die in der Erklärung durch die nebeneinanerliegenden oder sich überschneidenden Schatten verkörpert wird. Erst unter diesem Aspekt wird der Text über die Nacherzählung einer kuriosen Begegnung hinausgehoben, kommen Erzählsituation (tote Liebe) und Schattenmotivik in Einklang.

Gelebte Vergangenheit, Schatten als einen Teil des Menschseins kann nur der ganz hinter sich lassen, der die Menschheit hinter sich lassen und im unmenschlichen Licht aufgehen will. Ikarus läßt auf seinem Flug seinen Schatten zurück:
Mon ombre pour être fauste je l'ai jetée.
Pardon, je ne fais pas plus d'ombre qu'une étoile.[509]
während der Dichter selbst, dem der Gegensatz von Licht und Schatten, ihre gegenseitige Bedingtheit als Weltgesetz erscheinen, den Kontakt mit der Erde nicht verlieren will:
J'ai tout donné au soleil
Tout sauf mon ombre.[510]

Erst im Zusammenhang mit der sonstigen Verwendung des Schattensymbols findet Apollinaires Prosatext eine Dimension, die ihn über den kuriosen Einzelfall und den folkloristischen Hintergrund hinweghebt und mit dem Tod der Liebe zugleich Vergangenheit und Menschsein erlöschen läßt.

7. ZUSAMMENFASSUNG

Für eine Motivgeschichte, die allen aufspürbaren literarischen Gestaltungen der Schattenlosigkeit nachgehen will, wäre es angesichts der vielfältigen Verbreitung des Motivs in Folklore und Volksglauben und angesichts der unterschiedlichen Bedeutungen, die das Motiv dort annehmen kann, vermessen, die Anleihen der Literatur bei der Folklore in eine kontinuierliche, entwicklungs- oder traditionsmäßige Verbindung bringen zu wollen. Sie muß zugestehen, daß diese Grenzüberschreitungen ohne Zusammenhang miteinander erfolgen und sich nicht einem motivgeschichtlichen Entfaltungsschema einordnen.

Ihre Gemeinsamkeiten liegen lediglich in der Form der Behandlung, daß der Schattenverlust in allen Fällen mit außerliterarischen Vorstellungen begründet wird und daß diese Begründung, weil nicht dem Weltbild des Autors, sondern anonymen Traditionen verhaftet, für eine individuelle Deutung nicht herangezogen werden kann.

Die Gemeinsamkeit aller Bearbeitungen folkloristischer Traditionen, daß sie mit dem Schattenverlust ein abruptes Ende finden und das kuriose Faktum im Raume stehen lassen, spricht dafür, daß alle Autoren an einer weiteren Verfolung des Motivs nicht interessiert waren oder es zu Recht auf der gegebenen folkloristischen Basis für nicht entwickelbar hielten. Der folkloristische Ausgangspunkt hat daher wohl zu einer zahlenmäßigen Bereicherung der Motivbehandlungen, aber nicht zu ihrer Intensivierung beigetragen und im Gegensatz zur rational-experimentellen Chamisso-Tradition, zur mythischen Lenau-Tradition und zur Doppelgänger-Tradition Andersens keine eigene Entwicklungslinie entfaltet, sondern sich auf Nebenwerke beschränkt.

V. DAS MYTHISCHE

1. ALLGEMEINES

Während die meisten folkloristischen Vorstellungen vom Schattenverlust, wie oben dargestellt, nur vereinzelt und in peripheren Werken in die Literatur eindrangen und dort keine bleibenden Traditionen entwickelten, sollte es einem Motiv vom verlorenen Schatten aus der Volkstradition vorbehalten bleiben, Beachtung und wiederholte Gestaltung in bedeutenderen Literaturwerken zu finden.

Es mag müßig sein, über die Gründe dafür zu spekulieren, sie dem Motiv als solchem oder der überzeugenden dichterischen Umsetzung anzulasten, entsteht doch erst aus der Verbindung beider das Werk, das Anklang findet.

Schlemihls »wundersame Geschichte« verdankt ihre Wirkung der Unverbindlichkeit, Undefinierbarkeit und daher Kuriosität des verlorenen Schattens als einer reinen Äußerlichkeit; die zweite große Traditionsreihe des verlorenen Schattens zieht ihre Überzeugungskraft gerade aus der gegenteiligen Kombination, der Verbindung des Motivs vom verlorenen Schatten mit einer eindeutigen, verbindlichen, definierbaren Bedeutung, die dennoch nicht auf einen allegorischen Begriff eingeengt wird, sondern eben mehr erfaßt als das Stigma des Teufelsbündlers oder das Zeichen versagter Mutterschaft. Dieses Mehr, das eigentlich erst in den dichterischen Bearbeitungen des Märchens ausgestaltet wird, berechtigt uns, den Kern solcher Bedeutung nicht mit dem Märchenhaften oder Sagenhaften zu umschreiben, sondern ihn im Mythischen anzusiedeln, auch wenn dieses Mythische erst durch die dichterische Interpretation um das einfache Volksmärchen herum angereichert wird.

2. LENAUS »ANNA«-ZYKLUS UND SEINE QUELLEN

a. Das Märchen

Über die Entstehung von Lenaus »Anna«-Zyklus berichtet Ludwig August Frankl[511], im Oktober/November 1835 hätten er und Lenau im Wiener

Silbernen Kaffeehaus zwei schwedische Schriftsteller, den Epiker C. W. Bötti-
ger und den Aristophanes-Übersetzer Carl August Hagberg (1810–1864)
kennengelernt, die auf der Durchreise nach Italien waren, und Hagberg
hätte auf Lenaus Aufforderung hin nordische Schauermärchen erzählt, darunter das Märchen vom Mädchen, das keine Kinder haben wollte, das Lenaus
Zyklus anregte.

Während die von Hagberg erzählte Fassung sich nur aus den Bearbeitungen durch Lenau und Frankl selbst rekonstruieren läßt, sind andere Varianten
des Märchens in zahllosen Abwandlungen aufgetaucht und von der Märchen-
forschung festgehalten worden[512]. Danach liegen die meisten Belege aus dem
schwedischen und allgemein skandinavischen Bereich (norwegisch, dänisch,
faröisch, finnisch) vor, aber einzelne Varianten auch aus lettischen, west-
slawischen und romanischen Bereichen. Ihre Mehrzahl stimmt mit der folgenden Kernhandlung überein:

Ein Mädchen, im Begriff (einen Pfarrer) zu heiraten, fürchtet sich, (wie
andere Verwandte) im Kindbett zu sterben und begeht daher vor (während,
nach) der Trauung auf Rat eines alten Weibes einen Unfruchtbarkeitszauber,
indem sie zumeist sieben (zwölf) Weizenkörner – die Zahl der ihr zugedach-
ten Kinder – auf die Mühlsteine wirft. Beim Zermahlen hört sie die Seufzer
der Ungeborenen. Sie ist seither (zumeist ohne ihr Wissen) schattenlos. Als
ihr Gatte dies nach (sieben, zwölf) Jahren bemerkt und sie den Unfruchtbarkeitszauber bekennt, verstößt er sie mit einem Adynaton (»bis Rosen aus
den Steinen sprießen« o. ä.) auf immer. Nach vielen (sieben, zwölf) Jahren
des Kummers und der Reue im Elend begegnet sie einem alten Geistlichen,
der ihr Erlösung verspricht. Sie muß nachts in einer Kirche die Ungeborenen
um Vergebung bitten (und andere Versuchungen bestehen) und dann zu
ihrem Gatten heimkehren. Sie stirbt in der Nacht der Heimkehr (unerkannt),
und der Gatte wird durch das Blütenwunder (Tannhäuser-Motiv) gewahr,
daß sie Vergebung und Erlösung gefunden hat.

Zwei Kernmotive, Unfruchtbarkeitszauber und Blütenwunder nach Sühne,
sind für alle näheren Varianten konstant und gliedern die Handlung in zwei
Teile, während die Modalitäten des Zaubers wie der Entsühnung variieren;
die Entdeckung des Frevels meistens durch die Schattenlosigkeit bildet den
Drehpunkt der Handlung. Den psychologischen Beweggrund für den Unfruchtbarkeitszauber dagegen liefert zumeist die Furcht vor Tod im Kindbett; die Sorge um Erhaltung der eigenen Schönheit wird jedoch wohl, da
auch Frankls eigene Bearbeitung (s. u.) sie aufnimmt, auf die von Hagberg
vorgetragene Version zurückgehen.

Im Zusammenhang mit der Schattensymbolik interessieren weniger die
einzelnen angereicherten Motive als eben die Bedeutung der Schattenlosigkeit.
Für sie gibt es gemäß dem Wesen des Volksmärchens keine explizite Begründung; da sie den Anstoß zur Aufdeckung gibt, ist sie jedoch für die meisten
Varianten ein notwendiges Motiv, und man wird im Unfruchtbarkeitszauber
eine Art Teufelsbund sehen müssen, der nach der volksläufigen Vorstellung
vom Teufelsbündler (z. B. Teufel in Salamanca, s. o.) den Schattenverlust
zur Folge hat. Die Vertiefung des verlorenen Schattens zum Symbol blieb
daher der Dichtung vorbehalten, und sie erreicht nach Lenaus Vorgang in
Hofmannsthals »Frau ohne Schatten« ihre Vollendung.

b. Lenaus »Anna«

In dieser Entwicklung nimmt Lenaus lyrisch-balladesker Zyklus »Anna« von 1838[513] als wenn auch nicht früheste[514], so doch als bedeutendste und einzig beachtenswerte literarische Behandlung des Stoffes eine Mittelstellung ein.

Im Gang der Handlung und in den Märchenmotiven (Unfruchtbarkeitszauber, Schattenverlust, Magie der Siebenzahl, Begegnung mit den Ungeborenen und Blütenwunder) schließt sich Lenaus »Anna« eng an die Überlieferung an. Auch die Motivierung des Wunsches nach Kinderlosigkeit durch eine narzißtische Sorge um Bewahrung der eigenen Schönheit, die gelegentlich als »feiner dichterischer Zug« Lenau zugute gehalten wird[515], muß wohl, wie oben angedeutet, auf Hagbergs mündliche Erzählung zurückgehen. Auch Lenau versteht den Schattenverlust in erster Linie als »Strafe für das Verbrechen zauberisch bewirkter Unfruchtbarkeit«[516]. In dem etwa gleichzeitig (1837/10) entstandenen Gedicht »Der einsame Trinker«, das den Schatten als Gesellen der eigenen Einsamkeit anspricht, heißt es mit deutlicher Anspielung auf den »Anna«-Stoff:

Weil dem Sünder ohne Reue
Soll gebrochen sein die Treue,
Lassen tiefempfundne Mären
Den Verbrecher dich (d. h. den Schatten) entbehren.[517]

Dennoch erscheinen gegenüber den mehr klischeehaften Märchenmotiven nicht nur die Figuren durch Namensgebung (Anna, Erich) stärker individualisiert, auch die einzelnen Szenen erfahren eine individualisierende und symbolisierende Vertiefung insbesondere durch verstärkte lyrische Züge wie die rollenliedhafte Ichaussprache des ersten Teils. Gerade dort, in der Einführung der Figur, wird nicht nur das Narziß-Motiv der Selbstberauschung an der eigenen Schönheit voll entfaltet, sondern im Vorgriff auf das mögliche Geschehen die Zerstörung der Schönheit im Bilde vorgeführt, als der Wind das Spiegelbild im Wasser verwehen läßt[518].

Auch das Schattenmotiv klingt bereits an, wenn das alte Weib Annas präsumtives Aussehen nach dem Kindbett nur noch mit einem »Schatten«[519] vergleicht: gerade diese Möglichkeit und damit eben den »Schatten« wird sie durch den Unfruchtbarkeitszauber ablegen. Es ist interessant zu beobachten, wie für Lenau das Schattenmotiv anscheinend zwei gegensätzliche Aspekte aufweist: an dieser Stelle der »Anna« steht der Schatten für die vergangene Schönheit; in dem anderen Gedicht, das die Schattenmotivik verwendet, »Der einsame Trinker«[520], bleibt der Schatten durch die Jahre unverändert und läßt nichts von den Spuren und Wunden ahnen, die das Leben dem Menschen schlug. Doch dieser Widerspruch ist nur vordergründig: indem Anna sich der vollen Erfahrung eines Menschenschicksals entzieht, hinterläßt dies auch keine Spuren, sie wird in Ermangelung eines Schattens in ihrer egoistischen Erstarrung quasi zum Schatten ihrer selbst, der dem Zugriff des Lebens nicht ausgesetzt ist.

In der standesgemäßen Erhöhung des Gatten der Quelle vom Pfarrer zum Ritter[521] hat man eine soziale Heraushebung aus den bäuerlichen Verhältnissen sehen wollen[522]. Der poetische Gewinn dieser Steigerung scheint indessen doch wohl darin zu liegen, daß der auf seine Kriegstaten (»Narben aus dem heiligen Land«[523]) und seinen »Wuchs« stolze Ritter, der mit seiner Erscheinung prahlt, das innerlich notwendige männliche Pendant zum eitlen Mädchen bildet und ihrer Eitelkeit überdies durch das Versprechen, sie mit »Edelsteinen, Gold und Perlen«[524] zu schmücken, entgegenkommt. Schönheit, Glanz und Schmuck sind entsprechend die Schlüsselworte auch der folgenden Teile (3–4), und die Situation der jungen Anna, die vom Spiegelbild im Wasser fasziniert ist, wiederholt sich nach dem Unfruchtbarkeitszauber und sieben Jahren Ehe in der Situation der reichgeschmückten Anna vor dem Spiegel[525], nur daß das Lebendige, Dynamische und Veränderbare des Wassers jetzt durch die kalte Statik des Spiegelglases ersetzt ist und damit die menschliche Erstarrung reflektiert: Selbst Anna empfindet ein »geheimes Frieren«[526] vor ihrem Widerschein.

Es entspricht dem Erzählstil des Volksmärchens, daß auch der Leser erst gleichzeitig mit dem Gatten von Annas Schattenlosigkeit erfährt, doch stärker als im Märchen ist diese durch vorangehende Symbole der Selbstbezogenheit vorbereitet, wie überhaupt die symbolische Verklammerung der einzelnen Motive in der Dichtung vertieft erscheint. Dies wird um so deutlicher im Vergleich von Lenaus »Anna« mit den anderen folkloristischen Behandlungen des Schattenverlusts etwa bei Körner, Kurz, Mörike oder Kipling: Keine davon gab eine innere, symbolische Begründung des Schattenverlusts, der nicht über kuriose Vorstellungen und Gebräuche zurückzuverfolgen war. Auch das Märchen von der Pfarrersfrau mit der Furcht vor dem Tod im Kindbett vermag in der Motivverbindung nicht zu überzeugen. Erst in dem nicht aus Todesfurcht, sondern aus purer Eitelkeit begangenen Frevel wird der verlorene Schatten zum psychologisch und motivisch schlüssigen Symbol für einen Verlust an vollmenschlicher Substanz, Verstoß gegen die Naturbestimmung von Ehe und Mutterschaft und damit mangelnde Teilhabe am Irdischen, egozentrische Eigenliebe und seelische Verhärtung gegenüber den Forderungen und Möglichkeiten des gelebten Lebens, Ausweichen vor dem irdischen Schicksal und Aufgeben der natürlichen Verwurzelung in ihm.

Wenn man in diesem Sinn von einer Symbolfunktion des verlorenen Schattens sprechen kann, so wirkt sich nachteilig doch Lenaus Abhängigkeit vom vorgefundenen Stoff insofern aus, als er nur den Verlust und seine Ursachen gestaltet. Der nächste Schritt zur Vertiefung der Symbolik, indem nicht nur Verlust, sondern auch Wiedergewinnung gestaltet werden, blieb Hofmannsthal vorbehalten.

Wir sind zweifellos geneigt, Züge des Symbols, die erst in Hofmannsthals »Frau ohne Schatten« voll hervortreten, auf Lenaus Gedicht zurückzuprojizieren, aber dies eben bezeichnet die Stellung und den Rang von Lenaus »Anna«, daß sie das Motiv der Schattenlosigkeit nicht mehr als bloßes Kennzeichen des Teufelsbündlers auffaßt, sondern ihm von innen her den Sinn eines Zuwenig an Menschlichkeit gibt und damit vom Teufels- und Zaubermärchen zu Hofmannsthals symbolischer Ausdeutung überleitet, die den Teufelspakt und die Erlösung im Tod ganz hinter sich lassen kann, ohne das Symbol zu gefährden.

c. Weitere Gestaltungen des Anna-Stoffes

Weitere literarische Gestaltungen desselben skandinavischen Märchens von der freiwillig kinderlosen Frau können hier mangels literarischer Erheblichkeit nur kurz gestreift werden.

Lenaus Freund und Biograph, der Wiener Schriftsteller Ludwig August Frankl, der an jenem Abend mit Hagberg anwesend war, hat dasselbe Motiv noch vor Lenau zu einer ein wenig schwülstigen, langatmigen Schauerballade in Terzinen »Die Kinderlose«[527] verarbeitet, die motivisch bis auf geringe Abweichungen – der Verhütungszauber mit zwölf Weizenkörnern findet während des Hochzeitsmahles statt, die Ungeborenen sind sechs Knaben und sechs Mädchen – mit Lenaus Fassung übereinstimmt. Doch wo Lenau das Geschehen lyrisch vertieft und bildlich integriert, steigert Frankl ins Rhetorische.

Eine noch breitere epische Gestaltung auf der Grundlage einer Bornholmer Version, jedoch mit Rückverlegung in die Kreuzzugszeit gibt J. Fibigers Dichtung »Praestens Hustru« von 1865[528], m. W. die einzige Bearbeitung der skandinavischen Sage durch einen skandinavischen Autor.

Der Schriftsteller und Musikhistoriker Hans Müller (von der Leppe) entkleidet in seiner Ballade »Fluch der Eitelkeit«[529] den Stoff des Wunderbaren und läßt die eitle Frau den Tod durch Ertrinken suchen.

Eine Dramatisierung von Lenaus »Anna«-Zyklus schließlich gab Friedrich Syfert in »Anna. Eine Tragödie« (1911)[530].

Während diese von der Lenau-Forschung bereits beachteten Texte deutscher »Minderdichter« heute z. T. wohl mit Recht verschollen und vergessen sind, hat eine Neugestaltung des skandinavischen Märchens nur außerhalb der Lenau-Forschung Beachtung und breitere Leserkreise gefunden: Josef Hofmillers Nachdichtung des dänischen Märchens unter dem Titel »Der verlorene Schatten«, dessen Erstdruck nicht ganz zufällig neben den Arbeiten Hofmannsthals in der Zeitschrift »Corona« erfolgte.[531]

Hofmillers Neugestaltung ist keine bloße Übersetzung der dänischen Fassung von Svend Grundtvig[532], denn eine solche lag bereits vor[533]. Sie ist vielmehr eine bewußte sprachkünstlerische Neuformung im Ringen um den reinen Ausdruck[534] und geht, gerade was das Märchen »Der verlorene Schatten« betrifft, für das Hofmiller wohl auch wegen der Beziehung zu Hofmannsthal eine besondere Vorliebe zeigte, über das Sprachlich-Formale hinaus. Diese inhaltliche Neugestaltung betrifft allerdings nicht das Schattenmotiv, sondern im wesentlichen die Prüfung und Sühne im letzten Drittel, die den durch die Pfarrerfigur der Vorlage schon gegebenen christlichen Anteil wesentlich ausbaut, die magischen Riten durch christliche Symbole ersetzt und das Geschehen selbst durch Verlegung in die Christnacht mit dem Thema Erlöser und Erlösung verbindet. Man wird nicht fehlgehen, wenn man diese Christianisierung des überkommenen Stoffes als eine Art Replik auf Hofmannsthals Verlagerung ins orientalische Milieu betrachtet. Gerade von dorther noch mehr als gegenüber dem Märchen gewinnt Hofmillers Fassung ihre Berechtigung, als Neuschöpfung eigenen Rechts Anerkennung zu finden.

a. Oper und Erzählung

Die Stellung und Rolle Hofmannsthals innerhalb der Entwicklungsgeschichte des Motivs vom verlorenen Schatten zu umreißen, hieße zugleich fast alle anderen daran beteiligten Autoren bis nahezu zur Belanglosigkeit diskreditieren. Nicht nur die breite, literarisch interessierte Öffentlichkeit, sondern auch der Fachkenner assoziiert erfahrungsgemäß die Schattenlosigkeit mit den Namen Chamisso und Hofmannsthal und wird sich der oben erörterten Zwischenstufen nur in Einzelfällen bewußt sein. In der Tat stellen beide Autoren denn auch die Gipfelpunkte innerhalb dieser Motivgeschichte dar, was literarische Relevanz und Wirkung betrifft, und es liegt für die Motivgeschichte des verlorenen Schattens der merkwürdige Fall vor, daß Anfangs- und (in gewissem Sinne) Endpunkt zugleich die literarischen Höhepunkte einer Motivtradition markieren.

Die Motivgeschichte jedoch darf aus methodischen Erwägungen heraus von den Kategorien literarische Wertung und Relevanz kaum Gebrauch machen, wenn es um das Aufzeigen von Traditionen geht, d. h. sie darf sich den Zugang zu den einzelnen Motivbehandlungen nicht durch die aprioristische Übernahme von auf anderer Ebene etablierten Rangordnungen verstellen. Sie kann nur umgekehrt aus der Art und Intensität der Behandlung und Ausschöpfung der Motive hinsichtlich Originalität, Selbständigkeit, Vertiefung und Integration in die Struktur des Werkes aufzeigen, welche Werke und aus welchen Gründen zu Marksteinen, Wendepunkten innerhalb der Tradition wurden.

Hofmannsthals Stellung innerhalb dieser Tradition wird nun nicht zuletzt dadurch gekennzeichnet, daß von ihm zwei, wenn auch nicht stofflich, so doch gattungsmäßig selbständige Behandlungen des verlorenen Schattens vorliegen: die Oper »Die Frau ohne Schatten«[535] als Textbuch für Richard Strauss und die gleichnamige Erzählung[536].

Die Entstehungsgeschichte beider Fassungen und zumal die einzelnen Stadien des Textbuchs lassen sich anhand von Hofmannsthals eigenen Ausführungen[537] und anhand der Briefwechsel bis in die Details hinein verfolgen[538], und auch der Vergleich von Oper und Erzählung ist mehrfach unternommen worden[539]. Sie brauchen hier nicht resümiert zu werden, weil sich erwiesen hat, daß mit einer Ausnahme, von der unten die Rede sein wird (Quellen, Lenau), die Werkgenese hinsichtlich der Konzeption und Durchführung des Schattenmotivs keine neuen Erkenntniss beisteuert und ein Wandel in der Deutung des Schattensymbols zwischen Operntext und Erzählung nicht stattfindet.

In der Tat hat sich denn auch die Hofmannsthal-Forschung, soweit sie sich überhaupt näher mit der »Frau ohne Schatten« beschäftigt hat, mehr um die Quellenfrage, die Relevanz des Operntexts für Hofmannsthals Entwicklung als Librettist, die Parallele zur »Zauberflöte«, die Beispielhaftigkeit des Textes für das Präexistenzproblem und seine Aussagekraft für Hofmannsthals Wandlung zum Sozialen gekümmert und dem so zentralen Motiv des Schattens wenig Bedeutung als Eigenwert beigemessen. Die vorliegende Arbeit basiert jedoch auf der Auffassung, daß Hofmannsthals dichterische

Leistung als Anverwandler und Neugestalter traditioneller Motive erst auf dem Hintergrund der bisherigen Motivtraditon der Schattenlosigkeit erkennbar wird und daß deren Berücksichtigung für das volle Verständnis des Werkes unerläßlich ist.

Eine solche Auffassung ist sich natürlich dessen bewußt, daß die Annäherung an das Werk von einem solchen Teilaspekt her nicht zur alleinigen und verbindlichen Deutung führen kann, daß sie im Interesse der Konzentration auf motivgeschichtliche Zusammenhänge auf weite Bereiche des Werkes – von Aufbau- und Formfragen über die symbolische Verweistechnik bis zum Stellenwert des Werkes innerhalb von Hofmannsthals Gesamtschaffen – ihrerseits wiederum verzichten muß.

Die zunächst gravierendste Begrenzung ist die Konzentration auf eine der beiden gattungsmäßig verschiedenen Fassungen, die methodisch geboten erscheint, da angesichts der weitgehenden inhaltlichen bzw. gehaltlichen Kongruenz der beiden Fassungen nur von einem konkreten Text und Handlungszusammenhang ausgegangen werden darf: Es geht ja nicht um Hofmannsthals Symbol der Schattenlosigkeit im Ortlosen, sondern um dessen konkrete Realisation im festen Handlungszusammenhang eines bestimmten Textes.

Obwohl es unter Fachkennern kaum Meinungsverschiedenheiten darüber geben dürfte[540], daß nach der Sachlage nur die Erzählfassung in den Mittelpunkt der Betrachtung gestellt werden kann, soll diese Entscheidung doch näher begründet werden, eben weil die geistesgeschichtliche Betrachtungsweise mitunter zwischen den beiden Fassungen kaum unterschieden hat und dieser Anschein einer Werkferne vermieden werden soll. Für die Bevorzugung der Erzählfassung sprechen folgende Gründe:

1. Obwohl die erste Notiz über die »Frau ohne Schatten« von einem »phantastischen Schauspiel«[541] spricht, erfolgte die Konzeption, Ausfächerung, Organisation und Aneignung des Stoffes offensichtlich nicht zuerst in dramatischer Rede- und Dialogform, sondern als episches Märchen: Das erzählbare und de facto erzählte Märchen war also quasi Urform und noch vor Beginn der Niederschrift des Textbuches als Ganzes präsent. Dies wird durch Briefstellen bezeugt[542].

2. Die Erzählfassung bildet jedoch nicht nur die Urform, sondern im konkret vorliegenden Text der späteren Erzählung von 1919 auch gleichsam die fortentwickelte Fassung ›letzter Hand‹ des Stoffes, die damit den Anspruch als die letztgültige Gestaltung des vom Autor Intendierten erhebt.

3. Die zeitlich zwischengeschaltete Opernfassung kam in der Gestaltung des Textes weit mehr der Musik entgegen, als dies sonst bei Hofmannsthal üblich war[543]. Die dialogisierte Form nimmt Rücksicht auf die Bühnensituation und musikalische Erfordernisse – etwa durch Einfügung ganzer Partien (Arien) – und stellt die geistige Motivverflechtung der sinnfälligen Charakterentwicklung hintan[544], so daß die Erzählfassung als reinere Verkörperung von Hofmannsthals Intentionen gelten muß[545].

4. Die von der Kritik gelegentlich an der Oper gerügte Überfrachtung des Textbuches mit esoterischen Symbolen von tiefsinniger Dunkelheit arbeitet dem Verständnis der Oper entgegen und wurde daher schon bei der Niederschrift auf das Hofmannsthal angemessene Mindestmaß begrenzt, was zur Folge hat, daß die Symbolik dort sehr viel flächiger, bestimmter und apodik-

tischer wirkt. Die Ausformung der feineren Details, der Wechselbezüge und Verkettungen mit allen Nuancen war daher der Erzählfassung vorbehalten. Gerade die Schattensymbolik als das bildhafte Hauptelement der Dichtung konnte in ihr präziser gestaltet werden, weil Rücksichten auf Bühnenmäßiges und Zuschauerverständnis hier wegfielen. Gerade diese Tiefendimension, über deren faktische Realisierung in der Oper Hofmannsthal offensichtlich im Zweifel war, soll auf dem Weg der Märchenversion dem »aufnehmenden Publikum« erschlossen werden[546]. So kann Hofmannsthal 1917 schreiben, daß die Erzählung »im Stoff völlig mit der Oper übereinstimmt, aber, als die strengere Form, ganz andere Tiefenausmessungen hat.«[547]

5. Schließlich mag Hofmannsthal gelegentlich für sich selbst ein Ungenügen an der Textbuchfassung mit ihren Rücksichten, Kompromissen und Zugeständnissen empfunden haben, wie man es den Zeilen an Eberhard von Bodenhausen entnimmt:

In dem »Märchen«, in das ich nun mit aller Kraft mich eingraben will, bin ich allein — darf und muß mich des schönen, wahrhaft grenzenlosen Stoffes ganz und in aller Tiefe bemächtigen.[548]

Noch deutlicher spricht Hofmannsthal dieses Gefühl in einem »scherzhaften Gleichnis«[549] aus, als Raoul Auernheimer einen Vergleich von Operntextbuch und Erzählung beabsichtigt:

Die Würdigung einer vor Ihnen liegenden Erzählung, mit einer thematischen Vergleichung dieser Erzählung mit einer Oper, verbinden zu wollen — käme mir, verzeihen Sie, so sonderbar vor, als wollten Sie ausreiten und dabei zugleich mit einem aus dem Steigbügel gelösten Fuß spazierengehen.[550]

Wenn also aus diesen Gründen die konzeptionsnähere, spätere, ausgereiftere, detailliertere und persönlich-intimere Prosafassung der Betrachtung zugrundegelegt wird, so soll dies nicht ausschließen, daß gelegentlich nuancenhafter Abweichungen in der Schattensymbolik auch die Textbuchfassung ebenso wie die erstmals 1975 publizierten Vorstufen und Varianten der Märchenfassung aus dem handschriftlichen Nachlaß[551] zum Vergleich herangezogen werden.

b. Die Quellen

Es gehört zu den Eigenarten eines Autors von so hohem Traditionsverständnis wie Hofmannsthal, daß er sich außer bei direkten Neubearbeitungen eigentlich nie bemüßigt fühlt, die Quellen seiner Dichtungen zu erwähnen, sie etwa in Fußnoten anzuführen oder in seinem Briefwechsel darauf einzugehen. Das gilt für die Erstpublikation des »Erlebnis des Marschalls von Bassompierre«[552] ebenso wie etwa für die Ahnen des »Lucidor«, dessen im Untertitel apostrophierte »ungeschriebene Komödie«[553] schon jahrhundertelang geschrieben vorliegt.

Aus solchem Verhalten auf eine »unbewußte dichterische Umbildung der überlieferten Traditionen«[554] zu schließen, erscheint jedoch ebenso fehl am Platze wie der glücklicherweise noch nie erhobene Vorwurf des uneingestandenen Plagiats. Dem wahren Sachverhalt am nächsten kommen mag wohl der Tenor jener Anmerkung zum »Erlebnis des Marschalls von Bassompierre«:

die Verwunderung darüber, daß ein solcher Hinweis auf die Quellen bei der mutmaßlichen literarischen Bildung seines Leserpublikums überhaupt für nötig erachtet wird, und die sachte Andeutung, daß ihm das Verhältnis zur Überlieferung nicht so wichtig erscheint wie die eigene dichterische Ausgestaltung des Stoffes.

Solcher Haltung gemäß liegen auch zur »Frau ohne Schatten« selbst im Briefwechsel keine Äußerungen über die benutzten Quellen und Anregungen vor. Philologischer Quellenforschung bester positivistischer Tradition verdanken wir dennoch die Erschließung einer ganzen Reihe möglicher Vorbilder und Einflüsse für Schauplätze, Figuren, Symbole, Motive und einzelne Handlungszüge der Dichtung[555].

Soweit die erschlossenen Quellen das Motiv der Schattenlosigkeit bzw. des verlorenen Schattens betreffen, greifen die Ergebnisse nicht über die voranstehend in dieser Arbeit behandelten Werke hinaus. Wieweit die Kenntnis der einzelnen Quellen bei Hofmannsthal vorausgesetzt werden kann und in welcher Weise seine Ausgestaltung des Motivs von ihnen abweicht, soll im Folgenden kurz behandelt werden.

Dabei bedarf es jedoch vorab einer grundsätzlichen Klarstellung, die banal erscheint und doch das Verhältnis Hofmannsthals zur Tradition an der Basis berührt: bei der »Frau ohne Schatten« handelt es sich im eigentlichen Sinne des Wortes nicht wie bei den vorstehend besprochenen Werken um einen verkauften, verlorenen oder sonstwie abhanden gekommenen Schatten, sondern, jedenfalls soweit die Kaiserin gemeint ist, die keinen Schatten besitzt und einen zu erwerben sucht, um eine Schattenlosigkeit a priori, bedingt durch die Herkunft der Kaiserin aus der Geisterwelt, und es ist bezeichnend, daß eine Schattenlosigkeit solcher Art in der Märchenwelt dieser Dichtung weder Anstoß erregt noch zur Deklassierung führt.

Innerhalb der Motivtradition vom verlorenen Schatten wird diese Situation also quasi seitenverkehrt oder spiegelbildlich einzuordnen sein als Umkehrung der bisherigen normalen Handlungsabfolge: Nicht der Schattenverlust als Abhandenkommen des Gehabten, sondern der Schattenerwerb bildet für die Hauptfigur das Hauptmotiv. Nur für die Färberin geht es für kurze Zeit um den Schattenverlust bzw. -verkauf, und während ihre Situation der Tradition entspricht, wird diese in der polaren Haupthandlung demnach genau umgedreht.

Hofmannsthals Kenntnis von Wieland[556], für die »Abderiten« wohl vorauszusetzen, kann für die Quellenuntersuchung hier außer Betracht bleiben, da er als dichterische Quelle für die Schattenmotivik nicht in Frage kommt[557] und die Motiventwicklung seither konkretere und verwandtere Formen der Schattenlosigkeit gezeigt hat. Auch auf die Schattenlosigkeit der Geister im Volksglauben wurde oben schon hingewiesen.

Hofmannsthals Kenntnis von Chamissos »Peter Schlemihl« ist durch seine Einleitung zu den »Deutschen Erzählern«[558] aufs schönste belegt, und bei allem Bedauern über den vermeintlichen Fragmentcharakter des »Peter Schlemihl«, der ihn veranlaßte, das Werk aus seiner Anthologie auszuschließen, fällt dort doch die Wendung »Die Erfindung ist von hohem Rang«[559] in großer zeitlicher Nähe zu Hofmannsthals erster eigener Notiz zur »Frau ohne Schatten«. Wenngleich, wie zu zeigen sein wird, die Motivkonstellation stärker von Lenaus »Anna«-Zyklus beeinflußt ist, sind zwei wichtige Züge, die sich in der Anna-Tradition nicht finden, im »Peter Schlemihl« vor-geprägt: Während in der Anna-Tradition der Schattenverlust ein bloßes Akzidenz zum Hauptziel der Kinderlosigkeit ist, das z. T. von den Figuren selbst nicht beachtet oder für nicht beachtenswert gehalten wird, findet der bewußte, freiwillige Schattenverkauf nur im »Peter Schlemihl« sein Vorbild, und es stimmt mit ihm auch insofern überein, als das Tauschobjekt für den Schatten (neben der Unfruchtbarkeit) in beiden Fällen die Verlockung eines möglichen sozialen Aufstiegs in höhere Schichten – mit Hilfe des Reichtums oder eines Geliebten besseren Standes – darstellt.

Eine umgekehrte Entsprechung ergeben die beiden Szenen des sich anbahnenden Schattenhandels zwischen dem Grauen und Peter Schlemihl einerseits und der Amme und der Färberin andererseits (in der Opernfassung), wo beide Kaufinteressenten mit Reichtümern verlocken[560], insofern, als die jeweiligen Kaufinteressenten, obzwar beide aus der heuchlerischen Geste tiefster Demut heraus, den Handel von gegensätzlichen Ausgangspunkten her einleiten: Während der Graue Schlemihls »schönen, schönen Schatten«, »herrlichen Schatten«, »unschätzbaren Schatten« und »edlen Schatten«[561] in höchsten Tönen preist, setzt die Amme den Kaufgegenstand als »dies schwarze Nichts hinter dir auf der Erde«, »dies Ding ohne Namen«[562] herab; während der Graue seine Frage im Potentialis (»Sollten Sie sich wohl nicht abgeneigt finden . . .«) als eine »kühne Zumutung«[563] ankündigt, bedient sich die Amme einer Art doppelten Irrealis (»Soll ich dir glauben . . . daß dir dies Ding . . . nicht feil ist?«[564]). Diese umgekehrte Entsprechung von gespielter Hochschätzung und Abschätzung des Schattens spiegelt dabei wiederum umgekehrt den vom Autor jeweils intendierten Wert des Schattens, der bei Chamisso ein Absurdum ohne eigentlichen Wert, bei Hofmannsthal dagegen Symbol der Menschlichkeit schlechthin ist.

Das Motiv der Fristsetzung ist in der Märchenliteratur zu weit verbreitet[565], als daß es sich mit Sicherheit auf ein Vorbild zurückführen ließe. Dennoch mag eine weitere Übereinstimmung zwischen »Peter Schlemihl« und der »Frau ohne Schatten« über die bloße Spekulation möglicher Beeinflussung hinausgehen: Da die Kaiserin nach einem Jahr der Ehe noch keinen Schatten wirft, wird ihr durch den zwölften Boten eine »Nachfrist« von drei Tagen gesetzt[566]. Auch Peter Schlemihl erhält nach einem Jahr der Schattenlosigkeit vom Forstmeister eine Nachfrist von drei Tagen gesetzt, sich nach einem Schatten umzutun[567]. In beiden Fällen geht es um Erfüllung oder Scheitern einer Liebesbindung und um Rettung des geliebten Partners vor einem unseligen Geschick. Diese Koinzidenz belegt indessen nicht mehr als den ohnehin dargelegten Einfluß des »Peter Schlemihl« und kann für die Deutung nicht aktiviert werden.

Auf dieser Ebene der Deutung des Schattens liegt aber der Unterschied in der Behandlung desselben Motivs bei Chamisso und Hofmannsthal: Wo Chamisso im Schatten die Sache selbst meint und die sozialen Implikationen und Umweltreaktionen des Schattenverkaufs aufzeigt, meint – wovon noch die Rede sein wird – Hofmannsthal im Schatten gar nicht den Schatten an sich, sondern setzt ihn als Zeichen für eine erreichte Stufe des Menschlichen, überspitzt formuliert: Chamissos Schatten ist alles andere als Symbol, Hofmannthals Schatten ist nur noch Symbol.

Sehr viel eindeutiger, aber zugleich unendlich komplizierter ist das Verhältnis von Hofmannsthals »Frau ohne Schatten« zu Lenaus »Anna«-Zyklus und den anderen Ausformungen desselben Märchens[568]. Über die Kenntnis von Lenaus »Anna« liegen bei Hofmannsthal schriftliche Zeugnisse nicht vor, doch sind die Parallelen so evident, daß solche sich erübrigen, und es steht darüber hinaus zu vermuten, daß Hofmannsthal außer Lenaus »Anna« auch einen Teil der während seiner Studienzeit massiert erscheinenden motivgeschichtlichen Aufsätze darüber zur Kenntnis genommen hat, da einige nicht bei Lenau realisierte Nebenmotive von dort her angeregt sein könnten[569].

Die Übereinstimmungen beider Werke in der Behandlung des Schattenmotivs fallen derart ins Auge, daß der Schritt von Lenau zu Hofmannsthal auf den ersten Blick nur als eine weitere Ausgestaltung der vorgegebenen Motive erscheinen mag: Narzißhafte weibliche Eitelkeit, Wunsch nach Bewahrung der Schönheit, Furcht vor der sie bedrohenden Schwangerschaft, plötzliches, unerwartetes Auftreten eines alten Weibes, das die erstrebte Kinderlosigkeit und unwandelbare Schönheit durch einen Unfruchtbarkeitszauber verspricht, Details dieses Zaubers wie das symbolische Töten der Ungeborenen, der Verlust des Schattens, die klagenden Stimmen der Ungeborenen, die Kindersehnsucht des Mannes, die Schattenprobe bei Licht[570], die Verstoßung oder nahezu Tötung des unfruchtbaren Weibes durch den Mann beim Bekenntnis des Frevels, Auftreten der fast körperlosen Ungeborenen in einem spukhaft beleuchteten Innenraum, Reue und Vergebung des Frevels[571] sind nur die offensichtlichsten Züge, die beiden Texten gemein sind.

Doch diese Gemeinsamkeit täuscht. So einfach und schlüssig die Motive nämlich bei Lenau verflochten sind, so kompliziert, ja geradezu umgepolt kehren sie bei Hofmannsthal wieder, so daß nahezu von einer Auflösung und Umkehrung des traditionellen Motivgeflechts die Rede sein kann. Darüber wird unten im Zusammenhang mit Hofmannsthals Stellung innerhalb der Motivtradition ausführlicher zu sprechen sein, wenn über die einzelnen Einflüsse hinaus Hofmannsthals eigene Leistung zu würdigen sein wird.

Hier, wo es nur um mögliche Einflüsse geht, sei nochmals auf Hofmannsthals eigene Ausführungen »Zur Entstehungsgeschichte der ›Frau ohne Schatten‹« zurückgegriffen und eine Vermutung geäußert, die als innere Ursache für Hofmannsthals Abwandlung der Tradition erwogen werden könnte. Die überlieferte Eintragung des ersten Einfalls vom 25./26. Februar 1911[572] erwähnt zwar bereits den Schatten, jedoch nur »als Zugabe«, und der Gegenstand des Handels ist nicht der Schatten als Zeichen der Gebärfähigkeit, sind auch nicht die Ungeborenen, sondern ist klar und eindeutig »das fremde Kind« (»Man verschafft ihr das fremde Kind ... Sie gibt ihr Kind her.«[573]). Diese Formulierung legt, selbst wenn man die Vereinfachung des Notizcharakters berücksichtigt, die Vermutung nahe, Hofmannsthals erstes Konzept habe nicht um Fruchtbarkeit und Mutterschaft gekreist, sondern um ein bereits geborenes Kind der Färberin (bzw. auf dem derzeitigen Stand der Planung Smeraldinas), möglicherweise in Anlehnung an eine vage Reminiszenz von Lenaus Ballade, und erst bei der nochmaligen Vergewisserung der Vorlage habe »das fremde Kind« dem Konzept der Ungeborenen weichen müssen. Die Hypothese, daß nicht das erste Konzept, wohl aber die spätere Durchführung unter dem Einfluß von Lenaus »Anna« gestanden habe, würde dann sowohl für Hofmannsthals selbständigen Zugang zum Motiv als auch für seine einschneidenden Abwandlungen der Konstellation sprechen.

c. Der Schatten bei Hofmannsthal

Wenn aber Züge der Balladentradition in, wie noch zu zeigen sein wird, so untraditioneller Weise mit dem Motiv der Schattenlosigkeit verbunden werden, muß zugleich nach der sonstigen Verwendung des Motivs bei Hofmannsthal gefragt werden, um von dorther vielleicht Ansätze zur individuellen Schattensymbolik Hofmannsthals zu finden[574].

Eine erste Gruppe bildet dabei die noch vorsymbolische Verwendung des Schattenmotivs in den Ballett- und Pantomimen-Szenarios. Noch ganz im Rahmen der traditionellen Vorstellung vom Schattenreich der Unterwelt, in dem die Schatten der Verstorbenen sich versammeln, bewegt sich die Pantomime für Grete Wiesenthal »Amor und Psyche« von 1911[575].

Die nächsthöhere Stufe vom Schatten als selbständigem Wesen verkörpert das Ballettszenarium »Der Triumph der Zeit« aus dem Jahr 1900[576], wenn dort der Dichter im Schatten einer Gestalt, der aus einem erleuchteten Fenster fällt, denjenigen seiner Geliebten zu erkennen glaubt und »ihn mit den Lippen, den Händen zu haschen« sucht; doch die »graue, fast körperlose Schleiergestalt«, die ihn »umtanzt«, entgleitet ihm stets.

Werden hier noch physikalische Gesetze für die Glaubhaftmachung herangezogen, so läßt die fast gleichzeitige Pantomime »Der Schüler«[577] den Schatten des »Meisters« durch magische Beschwörung zum selbständigen Wesen werden, das den Befehlen des Meisters Folge leistet, etwa vor ihm niederkniet und ihm die Füße küßt, so daß der Meister später in der Überhebung seines Schöpferhochmuts im Leichnam seiner ermordeten Tochter nur den nun völlig zum Eigenleben erwachten Schatten zu erkennen glaubt. Hofmannsthals Beitrag zum Motiv des Schattens als Doppelgänger faltet jedoch das Motiv des schattenlosen Meisters nicht weiter aus.

Für die Bedeutung des Schattenwerfens als definitive Beglaubigung realer Existenz im Werk Hofmannsthals gibt es vor der »Frau ohne Schatten« wohl kein eindeutigeres Zeugnis als das Prosastück »Die Statuen« aus der Reihe »Augenblicke in Griechenland«[578], das 1914 entstand, aber erst 1917 erschien. Sätze, die der Beschreibung des abendlichen Parthenon dienen wie »Das Hervorströmen der Schatten hatte etwas Feierliches«[579] oder »Ihr Schatten strömte zu ihren Füßen auf den Boden hin«[580] könnten in Anbetracht der feierlichen Gemessenheit und der Bedeutung, die sie dem Schattenspiel zugestehen, auch in der Erzählung »Die Frau ohne Schatten« vermutet werden und klingen stark an ähnliche Beschreibungen dort an[581], die dem Schatten des erstarrenden Kaisers oder denen der Kaiserin und der Färberin gelten.

Mag man aus dem bisher erörterten Gebrauch des Schattenmotivs nicht viel mehr als eine besondere Affinität Hofmannsthals für dieses Motiv und eine verstärkte Aufmerksamkeit auf das Schattenwerfen ableiten, so reichen darüber hinaus einige Wendungen, die eine direkte Schattenlosigkeit oder den Schattenverlust bzw. -verkauf zum Gegenstand haben.

In dem Märchenfragment »Das Märchen von der verschleierten Frau«[582] aus dem Jahr 1900, jener Revision des Bergwerk zu Falun-Stoffes, das in einigen Wendungen der Frau ohne Schatten so nahe steht (»der Knoten der Angst«[583], »nun war die Zeit da«[584]), wird dem Schatten besondere Aufmerksamkeit gewidmet[585]. Doch der Bergmann Hyacinth, aus dem Bergesinneren heimkehrend, ist seiner Familie und sich selbst entfremdet und in einem Maße ins Geisterhafte verwandelt, daß er keine Geräusche mehr macht[586] und keinen Schatten mehr wirft:

> Da bemerkte er, daß wohl die Gitterstäbe auf die getünchte Mauer seitlich einen schwarzen scharfen Schatten warfen, sein Kopf aber nicht. Er hob die Hand zwischen das Licht und die Mauer, und auch die Hand warf keinen Schatten.[587]

Seine Entrückung aus der materiellen Welt in eine ätherische empfindet auch seine Frau:

> Es war, wie wenn die leere Luft auf einmal eine menschliche Gestalt bekommen hätte, so warst du auf einmal da.[588]

Wenn hier also die Schattenlosigkeit als Kennzeichen eines Dematerialisationsprozesses, eines Verfallenseins an das Geisterreich erscheint, so mag man darin den entscheidenden Ansatzpunkt für die Umdeutung der Schattenlosigkeit durch Hofmannsthal sehen, indem sie nicht primär wie bei Lenau mit der Kinderlosigkeit Hand in Hand geht, sondern zum Zeichen schlechthin der Entfernung vom Menschlichen wird. Von hier aus ließe sich dann erklären, warum Hofmannsthals Frau ohne Schatten nicht primär wie bei Lenau die nach Kinderlosigkeit strebende Färberin, sondern die dem Geisterreich entstammende Kaiserin ist und dem verlorenen Schatten eine Bedeutung zukommt, die dessen Funktion bei Lenau geradezu zuwiderläuft.

Einige weitere Detailbeobachtungen zum Motivgebrauch bei Hofmannsthal können diese Deutung unterstützen. In seiner Besprechung von Rudolf Alexander Schröders Lyrikbänden »Empedocles« und »Sonette zum Andenken an eine Verstorbene« unter dem Titel »Eines Dichters Stimme« (1905)[589] preist Hofmannsthal die Umsetzung bitterer Klage in reine Poesie, die den Anlaß sublimiert und nur noch »die Reinheit ihrer Klage ... in die Seele« fallen läßt, und er umschreibt die Außerweltlichkeit dieser Dichtung, ihren immateriellen, reingeistigen Charakter mit der Formel »Diese Worte werfen keinen Schatten«[590].

In seinem Einleitungsessay zu dem Figurinen-Bildband »Das alte Spiel von Jedermann« aus dem Jahr 1912[591] stellt Hofmannsthal Erwägungen darüber an, wieweit bei der Bearbeitung eines alten Textes Beschneidungen zeitbedingter Passagen zugunsten einer Jederzeitlichkeit gerechtfertigt erscheinen oder wieweit der überlieferte Textbestand mit seinen Eigenarten erhalten bleiben sollte:

> Entäußert man sich gerne höchst scheinhafter oder zweifelwürdiger Besonderheiten, so wollte doch keiner seinen Schatten verkauft haben, in dieser Welt, wo auf partikuläres Schattenwerfen so viel gehalten wird.[592]

Das ganz offensichtlich durch die »Peter Schlemihl«-Lektüre für die »Deutschen Erzähler« beeinflußte Bild setzt individuelle Eigenart, also im Rahmen des Bildes quasi menschliche Individualität, mit dem Schatten gleich, dessen Verkauf wiederum im Rahmen des Bildes mit dem Verlust des Individuellen, Menschlichen zugunsten einer unverbindlichen Allgemeinheit verglichen werden kann: Wiederum steht Reines, Abstraktes, Schattenloses gegen Indivuelles, »Partikuläres«, Menschliches, Schattenwerfendes.

In dem Lustspiel »Die Lästigen« vom Jahre 1915 schließlich fingiert Ergast, der seiner Stellung viele Konzessionen machen muß, im Gespräch mit

Alcest einen Monolog seines Vaters, falls dieser von seinem Zusammensein mit Alcest hören würde:

> Ah, ein großer Herr wie Alcest findet es noch immer der Mühe wert. Man ist für ihn doch noch, was man ist – man wird von ihm als seinesgleichen behandelt – man hat noch nicht völlig seinen Schatten verloren, wenn man ihn auch ein bißchen verkauft hat ...[593]

Auch hier tritt das Bild vom Schattenverlust für den Verlust an Individualität, Menschlichkeit ein, die durch soziale Abhängigkeit in Bedrohung gerät.

Es erscheint wichtig, auch diese kleineren Anspielungen auf die Schattenlosigkeit bei Hofmannsthal festzuhalten, nicht nur, weil sie den ersten Eindruck korrigieren, als wäre seit der Tradition von Lenaus »Anna« zumal bei Hofmannsthal die Schattenlosigkeit ausschließlich auf weibliche Figuren beschränkt, sondern auch, weil sie als Gegengewicht gegen die allzu schnelle, von Hofmannsthal sogar geförderte[594] Gleichsetzung von Schatten mit Mutterschaft dienen.

Zwei Aspekte der Schattenlosigkeit wären demnach aus dem sonstigen Gebrauch des Motivs bei Hofmannsthal abzuleiten: im sozialen Bereich steht sie für den Verlust an menschlicher Individualität (»Das alte Spiel vom Jedermann«; »Die Lästigen«), im poetisch-märchenhaften Bereich (»Eines Dichters Stimme«; »Das Märchen von der verschleierten Frau«) signalisiert sie Entmaterialisierung, Nicht-Menschlichkeit, Zugehörigkeit zum Reingeistigen.

d. Die Stellung in der Tradition

Die bisher untersuchten Gestaltungen der Schattenlosigkeit ließen sich, von den folkloristischen Einflüssen abgesehen, in zwei durchaus selbständige Gruppen gliedern. Sie basierten entweder auf einem Schattenverkauf/Schattenhandel (Chamisso) oder auf einem Unfruchtbarkeitszauber (Lenau). Übergänge und Kombinationen beider Motive gab es bisher nicht, und aus gutem Grunde. Weder wird Schlemihl nach dem Schattenhandel zeugungsunfähig, noch hat die Schattenlosigkeit der freiwillig kinderlosen Frauen die unangenehme Folge, von der gesamten Umwelt sofort entdeckt zu werden; weder verfällt Schlemihl in seiner Notlage auf den Gedanken, einem anderen seinen Schatten abzuhandeln, noch erwägt eine der Märchenjungfern die Möglichkeit, ihren obsolet gewordenen Schatten anderweitig profitbringend anzulegen. Die Banalität solcher Argumentation soll nur belegen, daß und warum sich die beiden Hauptzüge der Motivtradition bisher nicht berührt haben. Hofmannsthals Verdienst bestünde dann darin, zwei säuberlich getrennt verlaufende Motivtraditionen in Wechselbezug und Verbindung miteinander gebracht zu haben. Jedoch wäre es wiederum irreführend, von einer Verschmelzung der Motive des Schattenhandels und des Unfruchtbarkeitszaubers zu einem einheitlichen Motivkomplex zu sprechen. Die Möglichkeit einer Annäherung beider Traditionen wird eben dadurch gegeben, daß beide sich gleichzeitig aufheben, indem weder der Schattenhandel noch der Unfruchtbarkeitszauber letztlich zum Tragen kommen. Weder wird ein Schatten gekauft noch verkauft – die Rechtsgültigkeit des Handels bleibt bewußt in der Schwebe –, noch bezeichnet der fehlende Schatten eigentlich die Kinderlosigkeit, denn diese trifft für Kaiserin wie Färberin gleichermaßen zu, und an dieser biologischen Sachlage ändert sich auch bis zum Schattenwerfen beider gegen Ende nichts.

Nähert man sich motivgeschichtlicher Betrachtungsweise gemäß der »Frau ohne Schatten« von der zeitlich jüngeren »Anna«-Tradition her, so erweist sich auch die scheinbar nähere thematische Verwandtschaft mit ihr, die zu dem Versuch verleiten könnte, Hofmannsthals Werk in eine chronologisch-entwicklungsmäßige Sequenz einzuordnen, trotz aller Übereinstimmungen im Detail in der Haupthandlung selbst als kaum gegeben. Hofmannsthals Stellung in der Motivgeschichte ist also neu zu orten.

Die Betrachtung der literarischen Behandlungen des skandinavischen Anna-Märchens hat eines überdeutlich gezeigt: daß dieser Stoff nicht entwicklungsfähig war. In dieser Konstellation konnte Schattenlosigkeit nur Kinderlosigkeit bedeuten und waren deren Ursachen und Folgen in einen festen Handlungsrahmen verspannt, der nur geringe individuelle Abweichungen in den Ausschmückungen und Nebenmotiven zuließ. Belege dafür liefert die in allen Varianten relativ konstante Motivkonstellation zur Genüge.

Aber gerade von dieser Verbrauchtheit des Stoffes her gesehen erweist sich zugleich die Originalität von Hofmannsthals Ansatz: War die Konstellation ›schattenlos = kinderfeindlich‹ nicht weiter ausbaufähig, so war es den Versuch wert, die gegenteilige Konstellation auf ihre Tragfähigkeit hin zu untersuchen, die nach dem Kind sich Sehnende als schattenlos, die Kinderfeindliche als schattenwerfend darzustellen – natürlich nur ansatzweise und vorübergehend, denn Symbole und Attribute sind nicht von solchem Stoff, daß sie sich unbeschädigt auf das Gegenteil übertragen lassen. Daher wird die Tendenz zur Wiederherstellung der Zugehörigkeiten aus der Märchentradition gewahrt und vom Beginn an der Handlung zugrunde gelegt. Aber auch sie ist wie die Umkehrung der Ansatzpunkte nur ein Scheinmanöver, das nicht zum erwarteten Ende führt, wenn weder die Färberin letztlich ihren Schatten verliert, noch die Kaiserin diesen gewinnt. Die Logik der Schatten bei Hofmannsthal verhält sich anders als das Plus und Minus der Buchhaltung, anders als die Logik des Experimentators Peter Schlemihl oder die rigorose Härte der Sühne Annas.

Umpolung, Auffächerung, Diversifikation, spiegelbildliche Vervielfältigung und indirekte Motivierung sind die Mittel, mit denen sich Hofmannsthal auch auf struktureller Ebene von der Motivtradition abhebt: Umpolung, indem die kinderfeindliche Frau einen Schatten hat, die nach dem Kind Strebende keinen; Auffächerung, indem statt eines Paares zwei Paare mit ähnlichen, jedoch seitenverkehrten Problemen vorgeführt werden; Diversifikation, indem neben den Kategorien schattenwerfend und schattenlos überdies die Zugehörigkeit zur Menschen- oder Geisterwelt bedeutsam wird und die Aspekte sich überlappen, so daß die menschliche, schattenwerfende Frau zusehends unmenschlicher, die schattenlose Frau aus der Geisterwelt zusehends menschlicher handelt; spiegelbildliche Vervielfältigung, indem der kinderfeindlichen Frau der kinderfreundliche Mann und auf der anderen Ebene der kinderfreundlichen Frau der kinderfeindliche Mann zur Seite gestellt werden; indirekte Motivierung schließlich, indem die Sehnsucht nach dem Kind (bei der Kaiserin) nicht als Ziel in sich, sondern aus der Liebe zum egoistischen Gatten und dem Wunsch nach dessen Erlösung motiviert wird, während andererseits die übergroße, triebhafte Kindersehnsucht (des Färbers) zur Kinderfeindlichkeit der Färberin führt.

Und auch das ist für die Struktur der Handlung symptomatisch, daß im Gegensatz zum Volksmärchen die einmal angebahnten Entwicklungen nicht linear durchgehalten werden und sich demnach überkreuzen müßten, daß nicht wie beim Besserungsstück nur der eine Teil sich zum anderen Extrem wandelt, sondern daß die Lösung zwar als »allomatische Lösung« durch die anderen erfolgt, aber doch nicht beim extremen Gegenteil endet, sondern im delikaten Gleichgewicht eines Schwebezustandes.

e. Der Weg zur Lösung

Schlemihl fand die Lösung seiner Probleme in der Abkehr von der als falsch erkannten Wertwelt der Menschen und im Rückzug auf sich selbst. Annas Schuld fand ihre Tilgung in einer langfristigen Sühne und im kreatürlichen Tod, der den Charakter des Gnadenerweises annahm. »Die Frau ohne Schatten« kommt ohne solche Extremfälle aus.

Entscheidend für das Maß an Tragik, das zum bitteren Ende, zum tragischen Verzicht oder zum mühsam errungenen Gleichgewicht führt, ist nicht zuletzt die Rolle des Bösen im Zusammenhang mit dem Schattenhandel. Auch unter diesem Aspekt erweist sich Hofmannsthals Selbständigkeit gegenüber der Tradition in der Umpolung ganzer Motivkomplexe. Chamissos Grauer, Hoffmanns Dapertutto, die weise Frau in Lenaus »Anna«, sie alle verkörpern das böse, diabolische Element der Versuchung, Verführung und sind Antreiber oder Mithelfer beim Verlust des Schattens (bzw. Spiegelbildes). Sie nutzen ihr Wissen um die Schwächen und verborgenen Wünsche des Menschen (Reichtum, Liebe, Schönheit) zur Erreichung ihres Zieles. Das letztere trifft auch auf die Amme in der »Frau ohne Schatten« zu, soweit es sich um ihr Verhältnis zur Färberin handelt. Doch von dem Standpunkt der Kaiserin aus – und Hofmannsthal hat zu Genüge betont, daß sie die eigentliche Hauptfigur ist, – verkehrt sich dieses Verhältnis ins Gegenteil: Hier wird das böse Element, wenn auch widerwillig, Mithelfer nicht beim Verlust, sondern beim Erwerb oder Beinahe-Erwerb des Schattens. Und auch diese auf den ersten Blick überzeugende Umkehrung der Verhältnisse wird bei genauerem Hinsehen wieder fragwürdig.

Denn es ist von Anfang an zumindest für die Amme, in späteren Stadien zusehends auch für die Kaiserin durchschaubar, daß der begehrte Schatten der Färberin ein falscher, mit List und Betrug erschlichener Schatten ist, der den Fluch allenfalls dem Buchstaben nach, aber nicht dem Sinn nach abwenden würde und also vor Keikobad möglicherweise nutzlos wäre. Auch das weiß die Amme sehr genau[595], und es liegt auch gar nicht in ihrer Absicht, die Menschwerdung der Kaiserin zu fördern, die Kaiserin dem Kaiser und umgekehrt zu erhalten, sondern sie will in Verfolgung ihres eigenen Interesses an einer Rückkehr ins Geisterreich durch buchstabengetreue Ausführung des Befehls die Kaiserin selbst betrügen.

Die Kaiserin ihrerseits verläßt sich in ihrer Unkenntnis der Menschenwelt auf die Amme; sie geht den Schattenhandel ein im guten Glauben, daß den Menschen alles feil sei, und in völliger Unkenntnis der Bedeutung des Schattens. Dies wird durch nichts deutlicher als durch eine Variante zum 5. Kapitel vom Jahr 1918: Beim Vorübergehen an einigen Bauernfrauen, die ihre Kinder wickeln, fragt die Kaiserin die Amme: »Hättest du auch von einer solchen einen Schatten für mich erhandeln können?«[596]

Es könnte angesichts der wichtigeren involvierten Probleme banal erscheinen, über die Rechtsgültigkeit des Schattenhandels Spekulationen anzustellen, hätte nicht Hofmannsthal selbst auf die Wichtigkeit dieses Punktes hingewiesen:

Am Schluß von Akt II schwebt der Schatten in der Luft, die eine hat ihn verwirkt, die andere ihn nicht rechtsgültig erworben – dieser schwebende Handel und seine Schlichtung durch ein salomonisches Urteil höherer Mächte, als deren Wortführer die »Ungeborenen« figurieren, bildet ja das Zentrum des dritten Aktes.[597]

Der Zweifel an der Rechtsgültigkeit des Schattenhandels gründet sich auf drei Punkte[598]:

1. die bewußte Irreführung der Färberin durch die Amme und ihre Einflüsterungen, sie werde von einem höheren Menschen begehrt, während der vorgeführte Efrit einer der niederen Dämonen ist,

2. die fragwürdige Bereitschaft der Amme zur Erfüllung des gegebenen Versprechens: Es spricht nichts dafür, daß die Amme der Färberin nach Erhalt des Schattens auch wirklich ihre Befreiung von Barak und das »höhere Leben« mit dem Efrit zu gewähren gewillt oder überhaupt in der Lage ist, vielmehr liegt hier beabsichtigter Betrug vor[599],

3. der Betrug der Amme gegenüber den höheren Mächten beim Fischleinzauber: während der Zauberritus vorschreibt, daß die Färberin die Fischlein eigenhändig »mit der linken Hand über die rechte Schulter«[600] ins Wasser oder Feuer[601] zu werfen habe, läßt sie diese in der entscheidenden Zauberszene nur »wie im Schlaf«[602] fallen, und die Amme hilft dem Zauber nach, indem sie sie aufliest und ins Feuer wirft[603].

Über die Zulässigkeit solcher Beihilfe zur Magie im Hinblick auf die Geistesabwesenheit der Färberin und die unvollkommene Allwissenheit der Geister zu debattieren[604], ist insofern müßig, als Hofmannsthals oben zitierter Brief die Entscheidung des Autors vorwegnimmt und der Schatten in Operntext wie Erzählung einstweilen als herrenlos erscheint. Die Rechtsunsicherheit ist jedoch für den Gang der Handlung insofern von entscheidender Bedeutung, als auf die halbbewußte Verzichtserklärung der Färberin die bewußte Annahmeerklärung der Kaiserin folgen muß. Die Betrugsabsichten der Amme werden bezeichnenderweise des weiteren nicht mehr beachtet, sie sind jedoch kein irreführendes, blindes Motiv insofern, als sie im dramatischen Aufbau ursächlich für das Moment der letzten Spannung werden.

Ein anderer Aspekt kann bei der Frage nach der Rechtsgültigkeit des Schattenhandels insofern außer acht gelassen werden, als er Differenzen innerhalb einer Partei betrifft, nämlich die bewußte Irreführung der Kaiserin durch die Amme hinsichtlich des Symbolwerts des Schattens, dessen eigentlichen Wert für den Menschen sie ihrer Herrin bewußt verschweigt. Gerade dieser Aspekt aber wird gegenüber den rechtlich belanglosen und daher nicht weiter verfolgten Quisquilien zum entscheidenden und einzig wichtigen Kardinalpunkt, als eine Willenserklärung der Kaiserin zur Annahme des Schattens verlangt und damit ihre nachträgliche Zustimmung zum nunmehr eingesehenen Unrecht gefordert wird. Und dieses Unrecht ist nicht mehr juristischer, prozessualer Art, sondern menschlicher Natur.

Es ist hervorgegangen aus der Unkenntnis der Kaiserin von menschlichen Belangen und aus List und Betrug der Amme, doch diese beiden Faktoren arbeiten in diagonal entgegengesetzter Weise: Mit zunehmendem Unrecht und Betrug der Amme wachsen Verständnis und Nachfühlen der Kaiserin für menschliches Sinnen und Trachten, bis sie sich in der Entscheidungsszene ausbalanciert gegenüberstehen, als Ergebnis der Falschheit die Erkenntnis des Richtigen aufscheint und die Machenschaften des Bösen unbewußt auf den Weg zum Guten führen.

Hofmannsthals Anmerkung »Die Amme ist ein Wesen mephistophelischer Art«[605] versteht sich insofern sicher nicht ohne Hinblick auf Mephistos Selbstbeschreibung im »Faust« als »ein Teil von jener Kraft, / die stets das Böse will und stets das Gute schafft«[606].

Die schließliche Lösung ist ferner nicht das Ergebnis intentionaler Bemühungen welcher Seite auch immer; sie ist auch nicht ein Akt der Gnade von oben, sie ist weder das Resultat eines rationalen Erkenntnis- oder Einsichtsprozesses noch eines plötzlichen Gefühlsumschwungs. Sie steht vielmehr am Ende eines höchst indirekt von den äußeren Ereignissen beeinflußten seelischen Wandels, der Stufe für Stufe gerade im Widerspruch zur Oberflächenhandlung sich anbahnt und diese letztlich überholt. Der gewährte Schatten der Kaiserin fixiert dann nur den äußersten Endpunkt dieses seelischen Prozesses, und seine Bedeutung wird im folgenden zu untersuchen sein.

f. Die Symbolik des Schattens

Die Problematik und Komplexität des Schattensymbols innerhalb der »Frau ohne Schatten« resultiert zunächst daraus, daß Hofmannsthals Werk zwei verschiedene Motivtraditionen unterschiedlicher Herkunft vereint, die aus dem Volksglauben übernommene Vorstellung von der Schattenlosigkeit der Angehörigen der Geisterwelt und die im »Anna«-Stoff sich niederschlagende Gleichsetzung von Schattenlosigkeit und freiwilliger Kinderlosigkeit. Die bisher behandelten Ausformungen des Motivs hatten es durchweg mit immer nur einer der beiden Möglichkeiten oder folkloristischen Vorstellungen zu tun und führten daher zu vergleichsweise einfachen, eindeutigen Zuordnungen.

Bei Hofmannsthal wird die Komplexität des Schattensymbols überdies dadurch erhöht, daß die beiden verschiedenen Traditionen wenigstens zu Beginn mit zwei verschiedenen Welten verknüpft sind, daß sich diese aber bei sich steigernder Handlung verschränken, überlagern und durchdringen, so daß die anfangs noch mögliche Zuordnung des Symbols zu abgegrenzten Bezugssphären mit fortschreitender Verwicklung sich nicht mehr aufrechterhalten läßt. Den Gipfel erreicht diese Verwirrung in dem Augenblick, wo ein und derselbe Schatten sozusagen die Sphären wechseln, von einer Welt in die andere übergehen soll und damit in einem anderen Bezugsraum einen anderen Stellenwert erhält, und sie glättet sich schließlich mit der Zuerteilung von zwei Schatten an zwei schattenlose Frauen aus zwei unterschiedlichen Sphären als Resultat zweier unterschiedlicher seelischer Entwicklungen.

Stellt sich von solcher Ausgangssituation die Frage nach der inneren Einheit des Werkes von der Symbolik her, so wird sich diese erst beantworten lassen, wenn sich ein gemeinsamer Nenner für die Symbole unterschiedlicher motivgeschichtlicher Herkunft und sphärenmäßiger Zugehörigkeit finden läßt. Während die meisten landläufigen Deutungen sich allzu rasch auf eine Definition im Sinne der Mutterschaft oder der Menschlichkeit oder einer mehr oder weniger gewaltsamen Kombination beider festlegen, muß diese Untersuchung ihrem motivgeschichtlichen Ansatz entsprechend zunächst differenzierend verfahren, auch wenn sie im Ergebnis nicht wesentlich abweichen sollte.

Die anfängliche Schattenlosigkeit der Kaiserin ist motivgeschichtlich bedingt und handlungsgemäß begründet durch ihre Herkunft aus der Geisterwelt und symbolisiert ihren ätherischen Charakter wie ihre Abkunft aus einer Welt jenseits der Menschenwelt. Sie ist schattenlos a priori. Ihr gegenwärtiger Zwischenzustand zwischen Geister- und Menschenreich durch ihre Ehe mit dem Kaiser findet seinen Ausdruck im Verlust ihrer Verwandlungsfähigkeit. Ihre volle Hineinnahme ins Leben und in die Zeit, ihre Eingliederung in die Menschenwelt auf dem Wege menschlicher Erfüllung durch die Mutterschaft, die ihr den Schatten der Mutterschaft gewähren würde, wird ihr nur verwehrt durch die egozentrische Besitzgier des Gatten, der sich ihr nur als Liebhaber naht und sie der Berührung mit der Menschenwelt fernhält.

Die Frage, warum denn nicht der Kaiser angesichts solcher egoistischer Verhärtung wesensgemäß eher als schattenlos, weil unmenschlich darzustellen gewesen wäre[607], kann weder damit beantwortet werden, daß der Schatten in diesem Werk nur ein weibliches Symbol ist, noch damit, daß ihm als Menschen die Schattenlosigkeit der Geister nicht zusteht. Sie ist vielmehr bereits im Ansatz verfehlt, weil sie Wertbegriffe in die Betrachtung einbezieht und den Schatten vorab zum Zeichen menschlichen Wertes machen will. Die physikalische Selbstverständlichkeit des Schattenwerfens der Menschen begründet ja ebensowenig einen Wertmaßstab wie die Schattenlosigkeit der Geister, die in deren Kreisen ebenso fälschlich als Auszeichnung gilt, wie der Ausgang erweist.

Die einzig zulässige Frage, ob des Kaisers Menschlichkeit stark und strahlungsfähig genug sein würde, auf die aus dem Geisterreich herübergeholte Gattin überzugreifen, sie voll in das Menschenleben hineinzunehmen, wird in der Exposition bereits negativ beschieden.

Damit ist der Weg für die Kaiserin bereits vorgezeichnet, wenn er auch schließlich auf andere als die beabsichtigte Weise zum gewünschten Ziel führen soll. Es ist jedoch den beteiligten Figuren offenkundig, daß dieser eingeschlagene Weg von vornherein nur ein Umweg zum Ziel sein kann, eine Notlösung angesichts von Fristsetzung und Abwesenheit des Kaisers, während der direkte und von Keikobad gemeinte Weg der über das Kind gewesen wäre.

Dieser hypothetisch mögliche Weg zum Schatten durch das Kind bedarf, wenngleich er für das Werk nicht zum Tragen kommt, doch kurzer Reflexion, denn hier scheinen sich die beiden Motivsphären der Schattenlosigkeit: Zugehörigkeit zum Geisterreich oder freiwillige Kinderlosigkeit, erstmals zu berühren, und es wird nützlich sein, bei dieser ersten Gelegenheit genau zu differenzieren.

Die Schattenlosigkeit der Kaiserin ist, wie gesagt, nicht die Schattenlosigkeit der freiwillig Kinderlosen. Sie hat als solche noch nichts mit der später auftretenden Schattenlosigkeit der Färberin gemein, die nicht aprioristisch, sondern Resultat eines Verzichts ist. Das erweist sich schon darin, daß der schattenlosen Kaiserin theoretisch durch den Gatten jederzeit der Weg zum Kind und zum Schatten offenstünde, während die Färberin mit dem Verzicht auf die Ungeborenen und den Schatten ein fait accompli schafft, dessen Beseitigung wenigstens ihrem Mann nicht mehr offensteht.

Doch bevor wir, der Untersuchung vorgreifend, zur Statuierung zweier verschiedener Schattenlosigkeiten aus unterschiedlichen Ursachen schreiten, wäre es vielleicht ratsamer, in Beschränkung auf die Kaiserin zwischen der Schattenlosigkeit als herkunftsbedingter Anlage und dem Schatten als Zeichen der Mutterschaft zu unterscheiden. Wenn Mutterschaft als höchste Form und Vollendung des Menschlichen und Mitmenschlichen im sozialen Bereich anzusehen ist, dann muß der direkte Eintritt in den Bereich des Menschlichen durch das Kind und damit das Schattenwerfen auch der herkunftsmäßig Schattenlosen aus übermenschlichen Bereichen offenstehen[608].

Daß dieser Weg im Fall der Kaiserin infolge der menschlichen Verhärtung und Egozentrik des Kaisers nicht begangen wird, führt erst, wie gesagt, zu den Komplikationen und zu dem verzweifelten Versuch, auf anderem als dem vorgezeichneten Weg zum Schatten zu gelangen. Daß der Umweg überdies von der Kaiserin beschritten oder doch versucht wird, und zwar aus Liebe zum Gatten und der Angst vor seinem Verlust, nicht aus Neigung zur Menschenwelt, die ihr noch unbekannt ist, stellt dennoch eine erste Stufe auf dem Wege zur Vermenschlichung der Kaiserin dar. Es bleibt als Zwischenergebnis festzuhalten, daß die Schattenlosigkeit der Kaiserin herkunftsbedingt und daher von ihr nicht zu verantworten ist, daß der Weg zum Schatten als Zeichen der Mutterschaft ihr jedoch nicht prinzipiell versagt ist.

Der umgekehrte und in gewissem Sinne spiegelverkehrte Weg gilt dagegen für die Färberin. Ihr als Menschenwesen ist das natürliche Schattenwerfen gegeben, ohne daß sie ein Verdienst daran hat oder die Verantwortung dafür trägt. Ob sie den Weg zur Mutterschaft einschlägt oder nicht, ändert an ihrem Schattenwerfen nicht das Geringste, da ihr Schatten nicht der der Mutterschaft, sondern des Menschlichen schlechthin ist. Auch daß sie diesen Weg aus eigenem Willen nicht beschreitet, nähert sie höchstens in der kreuzweisen Konstellation der Hauptfiguren dem egozentrischen Kaiser in seiner menschlichen Verhärtung an, ohne sie ebenso wie ihn aus dem Bereich des Menschlichen und damit der Schattenwerfenden auszuschließen. Wenn sie jedoch darüber hinaus den Weg zur Mutterschaft für sich – und damit indirekt auch den Weg zur Vaterschaft für ihren Mann – aus freien Stücken und für alle Zukunft verschließt und den Ungeborenen für alle Zeit abschwört, mit ihrer Entscheidung unwiderruflich also auch in Bereiche eingreift, die nicht ihrem alleinigen Befinden unterliegen, maßt sie sich eine Befugnis an, die über menschliche Gebundenheit an Ort und Zeit hinausgreift, und stellt sich damit außerhalb menschlicher Ordnungen und menschlicher Bedingtheit, ja außerhalb dessen, was menschliches Schicksal sein kann. Diese Negierung menschlicher Ordnungen hebt sie aus dem Bereich des Menschlichen hinaus und findet in ihrer späteren Schattenlosigkeit sinnfälligen Ausdruck[609].

Indessen muß hier einschränkend hinzugefügt werden, daß die Gegenläufigkeit in den Entwicklungslinien von Kaiserin und Färberin, wie es der verschiedenen Herkunft und Bewußtseinsweite entspricht, nicht von gleicher Gewichtigkeit und gleichen Proportionen ist: Während die Kaiserin wegen einer ihr versagten Möglichkeit eine Notlösung sucht, die auf Liebe und stellvertretender Aufopferung beruht, benutzt die Färberin in ihrer Not eine sich ihr bietende Gelegenheit, die auf Haß und egozentrischer Selbstbefreiung gründet.

Während das Schattenwerfen der Färberin also ihre Menschlichkeit und die Möglichkeit zur Mutterschaft einschließt, symbolisiert ihre weithin selbstverschuldete Schattenlosigkeit sowohl die anmaßende Überschreitung menschlicher Grenzen als auch die menschlicherseits unwiderrufliche Unfähigkeit zur Mutterschaft. Und nichts bezeichnet diese Hypertrophie und Anmaßung treffender als die Tatsache, daß ihr im Gegensatz zur schattenlosen Kaiserin der Weg zurück zum Schatten durch das Kind – außer durch den Verzicht der Kaiserin – für immer versagt bleiben würde.

Diese Feststellung kann auch die gelegentlich aufgeworfene Frage klären, ob die Schattenlosigkeit die Färberin zur Angehörigen des Geisterreiches mache. Obwohl der Text für ein solches Streben der Färberin – von ihrem »Sinn fürs Höhere« abgesehen – keine Anhaltspunkte bietet, muß diese Frage auch generell verneint werden: Wenn den Angehörigen des Geisterreiches durch das Kind der Weg zum Schatten und zum Menschlichen offensteht, bleibt er der freiwillig Kinderlosen versagt. Die Abschwörung des einmal besessenen Schattens und der mitmenschlichen Gemeinschaft ist ein irreversibler Akt, der nicht in eine neue oder gar höhere Gemeinschaft, sondern in die Kälte absoluter Isolierung führte, würde er definitiv zum Tragen kommen.

Es bleibt als Zwischenergebnis festzuhalten, daß zwischen der habituellen Schattenlosigkeit der Kaiserin und der selbstverschuldeten Schattenlosigkeit der Färberin kein wesensgemäßer Zusammenhang besteht außer in ihrer mentalitätsmäßigen Nichtzugehörigkeit zur Menschenwelt.

Verfolgt man nun den Weg oder Umweg der Kaiserin zum Schatten, der in der Sekundärliteratur oft sehr pauschal charakterisiert wird, genauer, so ergibt sich eine Abfolge einzelner Stufen, die im Sinne eines Gradualismus nicht so zu betrachten sind, als würde jede folgende die vorhergegangene überwinden, sondern als baue jede weitere auf den vorangegangenen auf. Da es nicht die Aufgabe der Analyse sein kann, die Details der Handlung nachzuzeichnen, können sie relativ abstrakt geschildert werden.

An ihrem Beginn steht die Liebe der Kaiserin zum Kaiser, die sie bereits vor Einsatz der Handlung aus dem Geisterbereich halbwegs in den – wenn auch sehr abgeschirmten – Menschenbereich hinübergeführt hat. Mit dem Erschrecken über die bisher verheimlichte Bedrohung nicht nur dieser eigenen Zwischenexistenz, sondern in erster Linie des Geliebten durch die Versteinerung erwacht diese Liebe aus ihrer Zeit- und Ortlosigkeit zur Aktivität im Hier und Jetzt, zur verantwortlichen Teilhabe am gemeinsamen Schicksal und zum selbstlosen Eintreten für den anderen: sie wird zur Tat aufgerufen. Wenngleich die Führung, der sie sich aus ihrer Weltunkenntnis heraus anvertraut, ohne ihr eigenes Wollen in Irrtum, Betrug und Schuld führt, muß festgehalten werden, daß der Anstoß zur Initiative, zum Heraustritt aus der Tatenlosigkeit, ein positiver und selbstloser war. Die Liebe und der Wunsch, den Geliebten vor dem Fluch zu retten, führen zunächst in die

Erniedrigung, Demütigung, und zwar rein objektiv in doppelter Weise: soziale Erniedrigung durch die Aufgabe des bisherigen Lebensstils und Eintritt in die ihr bisher unvertraute, als gemein geschilderte Menschenwelt, und persönliche Erniedrigung durch die Stellung als Magd einer der Niedrigsten der Niedrigen aus dieser Menschenwelt. Daß die Kraft der Liebe zu dieser objektiven Erniedrigung fähig ist, bleibt auch durch die Tatsache unberührt, daß subjektiv im temporären Rollenspiel das Bewußtsein eigener Überlegenheit, Erhabenheit anfangs zumindest ausgleichend wirkt.

Aus der zweckbedingten, vorübergehenden, äußerlichen Erniedrigung führt der nächste Schritt in die Erkenntnis, daß die Mittel, mit denen die Amme den Schattenhandel einfädelt – Schmeichelei, Irreführung, Vorspiegelung falscher Tatsachen, hohle Versprechungen und Betrug –, nicht nur an sich unwürdig sind, sondern in eigene Schuld führen. Mit der Einsicht in Schuld und Unrecht gegenüber diesen niedrigen Menschen schwindet dann auch zusehends das anfängliche Überlegenheitsbewußtsein und gibt einem Gefühl der Nähe, Verständnismöglichkeit Raum. Noch im Augenblick des Fischleinzaubers halten sich im Wertkonflikt das Bestreben zur Rettung des Geliebten und die Erkenntnis begonnenen Unrechts die Waage, so daß keine Entscheidung erfolgt. Die Situation wiederholt sich, nur auf höherer Ebene und mit schwereren Gewichten nach beiden Seiten, angesichts des versteinernden Geliebten, des betrogenen Barak und des erlösenden goldenen Wassers, in der Form der letzten großen Versuchung zum Unrecht. Aber mit der Qual ist auch die Einsicht, mit dem seelisch Erlebten die Kraft des seelischen Widerstandes gewachsen. Was als Expedition in das unbekannte Menschenreich mit dem zwar nicht egoistischen, aber doch ebensowenig ganz selbstlosen Ziel der Rettung des Geliebten begann, hat durch das Erlebnis von Leid und Qual, durch das Erfahren fremder und eigener Schuld nicht nur zum Mitleid des Außenstehenden und zum Sinn für Verantwortung gegenüber den Ohnmächtigen geführt – das wäre weiterhin die Geste großmütigen Darüberstehens –, sondern es hat zur Anerkennung dieses Menschseins, zur seelischen Bindung, zur Solidarisierung mit ihm und zur Teilhabe und mitmenschlichen Verantwortung den Weg gewiesen, der in eine reife Menschlichkeit mündet. Kennzeichen und notwendiges Ergebnis dieser Teilhabe sind das Zurückschrecken vor dem Unrecht am anderen und die Selbstüberwindung und Selbsthingabe im Opfer der eigenen Ziele vor den als allgemein anerkannten Werten.

Auch dieses Opfer wäre allerdings einer nicht ganz selbstlosen Motivierung offen, sollte es als Ausdruck des Wunsches verstanden werden, das eigene Glück nicht mit dem Schuldigwerden gegenüber anderen zu erkaufen. Solche sophistische Auslegungsmöglichkeit theoretisch zugestanden, muß jedoch darauf hingewiesen werden: die Kaiserin wird Mensch, nicht Gott. Der vollendete Weg zur Menschlichkeit ist nicht der Weg zur vollendeten Menschlichkeit.

Und als äußeres Zeichen ihrer Teilhabe am Menschlichen nach dem Durchgang durch alles Elend, alle Qual und Not, alle Gewissenskonflikte und alle Selbstentäußerung, ihrer inneren Bejahung des Mitmenschlichen, ihrer freiwilligen Unterordnung unter die idealen Regeln menschlicher Gemeinschaft, hat sie in ihr unbewußtem, ganz anderem Sinn, als es ihre Absicht war, den Anspruch auf den Schatten, der somit kein Gnadenakt sondern eine Bestätigung ihres selbsterrungenen Status ist.

Dieser Schatten ist ebensowenig bloß ein Zeichen künftiger Mutterschaft, wie ihre vorherige Schattenlosigkeit eine solche ausschloß, sondern er ist das Symbol einer auf dem schwersten Wege, in der Auseinandersetzung mit Leid und Mitleid, Schuld und Verantwortung erkämpften menschlichen Reife, die »der Erde ihr Dasein heimgezahlt«[610] hat.

Für die Schattensymbolik ist es nicht mehr von Bedeutung, daß die Erlösung des Kaisers aus seiner selbstischen Verhärtung auf »allomatischem« Wege über die Kaiserin erfolgt, wie diese wiederum an der dunkel triebhaften und doch warmen Menschlichkeit Baraks zur Einsicht und Bejahung menschlicher Belange gereift ist[611].

Zu klären bleibt jedoch noch die Signifikanz des neuerlichen Schattenerwerbs durch die Färberin. Denn die buchhalterische Annahme, daß durch den Verzicht der Kaiserin auf den fremden, ihr verfallenen Schatten dieser freigeworden und der Vorbesitzerin, die ihn rechtlich verwirkt hatte, wieder zur Verfügung stünde, greift für die Symbolik zu kurz.

Im Augenblick der Ausgießung des goldenen Wassers haben — soweit geht die Parallelität der Handlungsstruktur — zwei Frauen auf den Schatten verzichtet und sind schattenlos, doch ihre Schattenlosigkeit entspringt ebensowenig denselben Ursachen wie ihr Schattenverzicht:

Die Färberin, der er ursprünglich gehörte, hat gegen den ausdrücklichen Willen ihres Gatten aus egoistischen Motiven um ihrer selbst willen auf den Schatten verzichtet und damit ihrer Menschlichkeit abgesagt. Die Kaiserin, der er sich anbietet, hat ebenfalls gegen den ausdrücklichen Willen ihres Gatten, aber aus altruistischen Motiven um anderer willen auf den Schatten verzichtet und damit ihre Menschlichkeit gewonnen. Nicht nur die kreuzweise Konstellation, sondern auch der parallel scheinende, aber de facto gegenläufige Einspruch der Gatten sind typisch für die Struktur des Werkes. Die Kaiserin erlebt vor ihrer Menschwerdung die Tiefen des Menschlichen in Angst, Schuldbewußtsein, Sorge und Qual. Die Färberin dagegen erfährt Angst, Schuldbewußtsein, Sorge und Qual erst nach ihrer Lossagung vom Menschlichen, und auch sie reift in dieser Not zu einer Liebe, die in dem Moment, da sie erwacht, aufs stärkste bedroht ist, zu einer Bejahung des Mitmenschlichen heran. Auch die weitere Konstellation bleibt chiastisch: Die Färberin ist sich der Bedeutung des Schattens für die Menschenwelt vollkommen bewußt, während die ahnungslose Kaiserin seine Bedeutung für die Menschen allmählich mit wachsender Einfühlung erkennt; die Kaiserin gewinnt ihren Schatten im Augenblick höchster menschlicher Einsicht, während die Färberin den ihren ebenfalls im Augenblick höchster menschlicher Einsicht verliert. Auch sie muß von dorther einen Lernprozeß durchmachen, der sie schließlich zur willentlichen Bejahung menschlicher Bedingtheiten führt und sie dann, auf allomatischem Wege geläutert, in ihre Vollmenschlichkeit einsetzt. Es entspricht jedoch bei allen chiastischen Überschneidungen der beiden Paare weitgehend der ursprünglichen Konzeption Hofmannsthals von einer Reduplikation auf niederer Ebene, wenn ihr Weg zum Schatten nur in verkürzter Form summiert, was bei der Kaiserin den ganzen Gang der Handlung einnimmt, und auch ihr restituierter Schatten ist dann nicht nur das Symbol der jetzt bejahten Mutterschaft, sondern einer durch Not, Angst, Gewissensqual, Reue und Sühnebereitschaft wiedererlangten vollen Menschlichkeit, für die Mutterschaft und Fähigkeit zu ehelicher Erfüllung nur Teilaspekte sind. Die Bejahung des Menschseins ist ja schließlich keine bloße innerseelische Zustimmung des Einzelgängers, sondern sie schließt die Fähigkeit zum mitmenschlichen Du im Partner wie im Nächsten ebenso mit ein wie die Bejahung des Lebensrechts künftiger Generationen.

Es liegt nun natürlich gerade motivgeschichtlicher Betrachtungsweise nahe, von Lenau herkommend in der Schattenlosigkeit die gleiche freiwillige Kinderlosigkeit wie bei Lenaus »Anna« zu sehen und den gewonnenen Schatten dann mit der Mutterschaft gleichzusetzen. Unsere Untersuchung sollte gezeigt haben, daß diese Prämisse schon bei der Schattenlosigkeit nicht zutrifft und daß der gewonnene Schatten ebenso über die Mutterschaft hinaus die bejahte Zugehörigkeit zum Menschentum symbolisiert. Es wäre dann Hofmannsthals Verdienst, das Schattensymbol aus der, wie wir sahen, nicht mehr entwicklungsfähigen Einengung auf die Gebärfähigkeit erlöst und zum Symbol des Menschentums schlechthin gemacht zu haben.

Aber steht dem nicht Hofmannsthals eigene, oben[612] schon auszugsweise zitierte Definition des Schattensymbols entgegen:

> Völlig zu den Menschen gehört sie auch noch nicht, denn sie wirft keinen Schatten, und sie fühlt sich nicht Mutter: dies ist ein und dasselbe, Zeichen und Bezeichnetes.[613]

Allzu rasch hat sich diese Selbstinterpretation in den einschlägigen Deutungen des Werkes festgesetzt und ist von dort aus weitergewuchert, als daß man sich von ihr umgehend befreien kann. Bezieht sie sich vielleicht nur auf den anfänglichen Status der Kaiserin, bei der – etwa aus der Perspektive des Boten – der Schatten das Zeichen der Mutterschaft (und damit in weiterem Sinne auch der Zugehörigkeit zu den Menschen) sein könnte? Sollte Hofmannsthal sich der Tragweite seines Symbols nicht bewußt gewesen sein, oder sollte er im Handlungsabriß für die vielleicht nicht zu theoretisierend gedachten Opernbesucher – denn für sie war der Text bestimmt – absichtlich grob vereinfacht haben? Warum, wenn Mutterschaft und Schatten wie Bezeichnetes und Zeichen zusammenfallen sollen, fragt der zwölfte Bote zweimal, zuerst nach einer Schwangerschaft (»Trägt sie diesmal ein Ungeborenes im Schoß«[614]) und nach der Verneinung dieser Frage nochmals schlußfolgernd wie absichernd »Also wirft sie keinen Schatten?«[615] Es gibt noch einen anderen Ausweg aus dieser crux interpretatoris, und da wäre die Vermutung, daß nicht Hofmannsthal, sondern seine Leser vereinfachend gedacht haben und daß man den Text auch anders verstehen könnte:

 (A) Völlig zu den Menschen gehört sie auch noch nicht,
 (B) denn (1.) sie wirft keinen Schatten, und
   (2.) sie fühlt sich nicht Mutter:
 dies ist ein und dasselbe (A = B),
 Zeichen (B1 und B2) und Bezeichnetes (A).

Nimmt man A als das Bezeichnete und B1–2 als die Zeichen an, dann lautet der Sinn: Schattenwerfen und Mutterschaft sind die Zeichen für die völlige Zugehörigkeit zu den Menschen. Dieser Sinn aber steht mit dem oben aus der Detailanalyse des Motivs gewonnenen Ergebnis in völligem Einklang: Nachdem der Kaiserin der Weg aus ihrer Isolation zu vollem Menschentum durch das Kind (B2) versagt ist, bleibt ihr nur der Weg über den käuflichen Schatten (B1), den sie und die Amme einschlagen in der Annahme, ihn durch Handel erwerben zu können, und der schließlich im Geisterreich durch den Trunk vom goldenen Wasser hätte legalisiert werden können, während er de facto durch Leid- und Mitleiderfahrung und furchtloses Bekenntnis zu mitmenschlicher Verantwortung erworben wird.

Wenn diese lectio difficilior des Satzes zugegebenermaßen nach den vorangegangenen Mißdeutungen Schwierigkeiten bereitet, so findet sie dennoch ihre Bestätigung durch den Rückgang auf jene Textstelle des Librettos, die ihr zugrundeliegt und die nur die Reihenfolge von B1 und B2 umstellt:

Deines Herzens Knoten / hat er dir nicht gelöst, = A
ein Ungeborenes / trägst du nicht im Schoß, = B2
Schatten wirfst du keinen.[616] = B1

Der gewährte Schatten ist also nicht das Zeichen der Mutterschaft; diese Deutung griffe zu kurz, weil ein Symptom nicht das andere bezeichnen, B1 nicht gleich B2 sein kann, sondern er ist ebenso wie die Mutterschaft und auf gleicher Stufe mit ihr ein Symbol für die Überwindung ichbezogener Isolierung und der bejahten Teilhabe am Menschlichen in allen seinen Höhen und Tiefen.

g. Die Funktion des Symbols

Es bleibt abschließend zur Analyse des Schattensymbols zu fragen, ob die Kombination zweier unterschiedlicher Motivtraditionen der Schattenlosigkeit in der »Frau ohne Schatten« letztlich überzeugend gelungen ist, ob die Integration beider Traditionen im Werk erreicht wurde und ob schließlich das Schattensymbol die in ihm symbolisierten Aspekte voll zu verkörpern imstande ist.

Rückblickend läßt sich aus den Schwierigkeiten, die einem adäquaten Symbolverständnis gegenüberstehen, leicht ableiten, daß Hofmannsthal in der Kombination beider Traditionen der Schattenlosigkeit nicht zum besten beraten war. Doch ist Verständnisschwierigkeit nur für die Trivialliteratur ein Kriterium, und das Gegenargument muß sein, daß gerade und nur die Komplexität des Leitsymbols der Komplexität der involvierten Probleme gerecht werden kann: Wenn der Schatten Symbol errungener Menschlichkeit ist, dann muß mit innerer Notwendigkeit der Ausgangspunkt von einer Figur genommen werden, die a priori und wesensgemäß schattenlos ist, und damit war die Wahl einer Figur aus dem Geisterreich gleichsam zwangsläufig (denn selbst Schlemihl hatte keine Einbuße an Menschlichkeit erlitten). Aus der Nebeneinanderstellung mit Parallelerscheinungen in der Menschenwelt ließ sich das Problem vertiefen und differenzieren, die Ungleichartigkeit des gleichartig Erscheinenden herausarbeiten, bis beider Wege in der nunmehr integrierten Symbolik des errungenen Schattens gipfeln. Gerade von der verschiedenen Ausgangsbasis in einer unterschiedlich motivierten Schattenlosigkeit her konnte das Schattensymbol um so eindeutiger und überzeugender am Ende als der gemeinsame Nenner erscheinen.

Das Problem der Überzeugungskraft des Symbols ist letztlich aber nicht nur eine Frage des textinternen Wertes, sondern auch abhängig vom rezipierenden Publikum und seinem Erwartungshorizont. Im vorliegenden Fall zweier gattungsmäßig verschiedener Bearbeitungen ist die Überzeugungsfähigkeit des Symbols für die Opernfassung schon aus Gründen der bühnenmäßigen Realisierbarkeit und Evidenz geringer zu veranschlagen als für die Prosafassung und rechtfertigt um so mehr deren Existenz. Auch der Erwartungshorizont des Theaterpublikums und seine Fähigkeit zu abstraktem Symboldenken werden selbst bei der ohnehin einfachen Opernfassung erheblich strapaziert, zumal wenn man berücksichtigt, daß das hier analysierte Schattensymbol nur eines unter vielen des Textes ist. Die Tatsache, daß etwa das den Symbolismus weniger gewohnte englische Opernpublikum und die englische Kritik der Fülle symbolischer Bezüge relativ ratlos und befremdet gegenüberstanden, sagt jedoch mehr über deren Erwartungshorizont als über die Überzeugungskraft des Symbols und damit den Wert des Werkes aus.

Für die Erzählfassung läßt sich ein ähnliches Unverständnis des Publikums und damit eine in der Rezeption nachweisbare mangelnde Überzeugungskraft des Schattensymbols mit Sicherheit nicht belegen. Wenn einige Interpreten zu kurz greifen und den Schatten mit Mutterschaft, Schattenlosigkeit mit verweigerter Mutterschaft gleichsetzen, so ist dies eher auf Hofmannsthals mißverständliche Selbstdeutung und bei den beleseneren unter ihnen auf die Kenntnis der Motivvorlagen zurückzuführen und greift nur im Bezug zu kurz, jedoch in die richtige Richtung. Es erweist sich hier, daß Motivkombination, Motivumpolung und Ausweitung des symbolischen Bezugsfeldes Gefahr laufen, bei der Rezeption im traditionellen Vorverständnis des Motivs steckenzubleiben. Für mangelnde Integration des Symbols im Werkganzen ergeben sich aus der Kurzsichtigkeit der Kritik jedoch keine Anhaltspunkte.

Doch von einer anderen Seite her ließe sich zweifellos sehr wohl fragen, ob es denn wirklich eine so gute Idee war, bejahtes Menschentum und mitmenschliche Reife im Schatten zu symbolisieren. Sind nicht Reifeprozesse, innerseelische Entwicklungen, Lernerfahrungen allmähliche, langsam und im Unsichtbaren vor sich gehende Wandlungen, die nicht von heute auf morgen, geschweige denn von einer Minute auf die andere fertige, sichtbare Resultate an den Tag fördern, und läßt sich ein solcher Wachstumsvorgang im Schatten versinnbildlichen, der entweder da ist oder fehlt, aber keine Nuancen und Zwischenstufen kennt? Peter Schlemihls ironische vergleichende Schattenkunde unterschied noch blasse und besonders kräftige Schatten, Andersens Märchen schildert den nachwachsenden Schatten; die »Frau ohne Schatten« kennt in ihrer Symbolik keine solchen Übergänge, aber gerade bei ihr ist doch der Prozeß der Vermenschlichung, wie er oben stufenweise nachgezeichnet wurde, kein momentaner Umschlag vom Minus ins Plus, oder angemessener von Weiß in Schwarz.

Bedenken solcher Art, auch wenn m. W. bisher nicht geäußert, sind einer neuen, kritischen Hofmannsthal-Forschung sicher nicht unangemessen und sollten nochmals zur Reflexion darüber anregen, ob die aus der Motivanalyse gewonnene Deutung des Schattensymbols auf die volle Teilhabe am Menschlichen angesichts solcher Defizienz des Symbolstoffs überhaupt aufrechterhalten werden darf.

Die Frage ist jedoch ebenso banal wie die Antwort darauf: ›Ein bißchen schwanger‹ gibt es nicht. Nicht umsonst ist das Schattensymbol in beiden Fällen an weibliche Figuren geknüpft und aufs engste mit der Bejahung der Mutterschaft und der Ehe verbunden. Für die Mutterschaft wie für die Menschlichkeit gilt, daß der Keim zählt, nicht die endliche Frucht, und daß die bewußte Bejahung des Keims die Aussicht auf die volle Frucht verheißt.

Auch das Ja zum Menschsein in allen seinen Höhen und Tiefen ist aber ebenso ein spontaner, momentaner Akt, und vom Nein zum Ja führen ebensowenige Zwischenstufen wie von der Schattenlosigkeit zum Schatten.

In seinem für das Verhältnis zum eigenen Schaffen so aufschlußreichen Essay über »Die ägyptische Helena«[617] nennt Hofmannsthal die »mythischen Elemente« und die »kleinen Zaubereien« in seinen Operntexten »lauter Abkürzungen für Seelenvorgänge«[618], und in diesem Sinne ist auch das Schattensymbol eine bildhafte Verdichtung seelischen Gehalts; es markiert den entscheidenden Wendepunkt, den vollzogenen Umschlag ins Mitmenschliche, aber eben in der symbolischen Verkürzung. Die gleitenden oder schrittweisen Übergänge und Vorstufen, die zu diesem Umschlag führen, werden in der symbolischen Verkürzung nicht mit symbolisiert. Die allmähliche Annäherung der Kaiserin an menschliches Fühlen noch vor der Wende zur vollen Bejahung darzustellen, bleibt der faktischen Handlung überlassen:

Ihre Erkenntnis, daß die Mittel der Amme verwerflich sind[619], ihr Versuch, sie in der Wahl der Mittel zum Besseren zu beeinflussen[620], ihre Hoffnung auf ein rechtzeitiges Dazwischentreten Baraks als erstes Zeichen des Mitgefühls mit diesem[621], ihre Umarmung der Färberin im Bestreben, diese vor dem Efrit zu retten[622], ihr Ruf nach dem Färber[623], ihr Gedanke, Barak wenigstens für den Verlust zu entschädigen[624], ihre Tränen bei der Absage der Färberin an den betäubten Färber[625], ihr Streben, den Färber aus der Betäubung zu erwecken[626], ihre Qual beim Anblick seiner Erniedrigung[627], ihr Sichniederwerfen vor seinen Füßen[628], das alles sind nur einige der Etappen, die die symbolische Verkürzung handlungsmäßig ausfüllen, bis hin zur Erkenntnis der Schuld[629] und Bejahung der Sühne im Selbstopfer.

Sie sind gleichzeitig in der Handlung gegeben und werden vom Leser wie vom Zuschauer wahrgenommen, ohne daß das Symbol diesen feineren Nuancen und Entwicklungsstufen nachkommt, weil es Übergänge und Zwischenstufen nicht widerspiegeln kann und, wie oben dargelegt, wohl auch nicht soll[630].

Es bedeutet keine Infragestellung der obigen Ausführungen zum Wechsel von schattenlos zu schattenwerfend, wenn man ihnen darüber hinaus jedoch eine andere Signifikanz zuerkennen will, die aufschlußreich für den Gebrauch des Schattensymbols in der »Frau ohne Schatten« ist.

Aus der Gleichzeitigkeit von vordergründiger Aktion und hintergründiger Symbolik scheint sich nämlich zu ergeben, daß parallel zu den Spiegelungen, Dopplungen, Verschränkungen und Umpolungen des Schattenmotivs gegenüber der Tradition in Hofmannsthals »Frau ohne Schatten« zugleich mit seiner letzten und höchsten Blüte eine Aufhebung des Schattensymbols selbst verläuft, indem es durch die Handlung überholt wird.

Das Streben nach dem Schatten, um den es im Titel und im ganzen Werk geht und um den sich scheinbar – wenigstens von seiten der Hauptfigur – alles dreht, wird schließlich ganz nebensächlich, unbedeutend, so daß auf ihn verzichtet werden kann und auch verzichtet wird. Als die Kaiserin menschliches Fühlen entwickelt, auf der letzten Stufe der Bewußtwerdung menschlichen Wesens und der Innewerdung menschlicher Anteilnahme und Teilhabe, in Läuterung und Selbstverzicht, kommt es nicht mehr auf den Schatten, sondern auf die Teilhabe am Menschlichen an; der Schatten als ›materielle‹

Ausgangsbasis, Anlaß, Katalysator der Handlung wird als solcher nebensächlich, und nur noch der Gewinn an Menschlichem zählt.

Auf der Suche nach ihm, im Ringen um ihn wird soviel an Menschlichkeit freigesetzt, daß er gegenüber dem Gewinn an Menschlichem, also der Sache selbst, für die er stehen soll, zur Belanglosigkeit eines Vorwandes verblaßt, zu einem Attribut, dessen Erlangung bei beiden Frauen nun nicht mehr ihre Menschlichkeit und Weiblichkeit erhöht, sondern nur noch in der Symbolsprache des Märchenstils den Eintritt einer Wandlung bestätigt, die de facto in den Figuren von langer Hand angelegt und absehbar war, die der Zuschauer oder Leser zu diesem Zeitpunkt bereits als Faktum akzeptiert: die Erreichung verantwortlicher menschlicher Reife durch Überwindung des Selbst.

So sehr der Schatten also zu Anfang des Werkes konstituierend nicht nur als Symbol, sondern auch als Handlungsanlaß war und es den ganzen Mittelteil hindurch blieb, wird er gegen Ende abgelöst und überholt durch das Erwachen zwischenmenschlichen Verantwortungsgefühls, das in der Handlung selbst zum Ausdruck kommt und damit des Symbols immer weniger bedarf, weil beim Hinübergleiten von der symbolischen zur profanen Ebene jedem Leser/Zuschauer Gelegenheit zur Identifizierung mit den Problemen von Pflicht, Wunsch, Schuld und Verantwortung gegeben wird: die Transparenz der involvierten ethischen Probleme macht das Symbol obsolet, und die menschliche, geistig-seelische Spannweite der Aussage greift rasch über die Bildkraft des Schattensymbols hinaus, weil sie in situ vor Augen geführt wird. Die schließliche Erwerbung des Schattens kann also nur auf symbolischer Ebene einer Handlung symbolischen Abschluß geben, die auf geistig-seelischer Ebene die gleiche Stufe augenfälliger erreicht hat: Die symbolisch bestätigte Menschlichkeit wird durch die wirklich errungene Menschlichkeit an den Rand gedrängt, die direkte faktische Aussage überholt das Symbol, das nur noch aus formalen Gründen, als Akzidenz, zur Bestätigung eines erreichten Stadiums wird: Ersatz des Symbols durch das Gemeinte.

Um noch einmal vereinfachend auf Chamissos »Peter Schlemihl« zurückzugreifen, so war Teil seiner Erkenntnis, daß die Menschen sich, ob mit oder ohne Schatten, nicht verändern und daß die absurde Situation des Schattenverlusts keinerlei andere Einbußen an voller Menschlichkeit zur Folge hatte oder diese symbolisierte. Etwas von dem Akzidentiellen des Schattens, dessen Vorhandensein oder Fehlen über die vollwertige Menschlichkeit nichts aussagt, bleibt auch am Ende der »Frau ohne Schatten« erhalten.

Deswegen können der Schatten und das Streben nach ihm dennoch zum Anstoß einer ganzen Handlung werden; wenn jedoch das eigentlich höhernorts intendierte Ziel nicht mit der symbolischen Gewinnung des Schattens, sondern gleichsam beinahe schon unterwegs erreicht wird, bedeutet das nichts anderes als eine Selbstinfragestellung des Symbols.

Man könnte geneigt sein, in einer solchen Selbstinfragestellung und damit quasi Selbstaufhebung des Symbols eine Resignation der Form vor der ethischen Aussage und damit einen natürlichen Endpunkt in der Entwicklung des Schattensymbols von Chamisso bis Hofmannsthal zu sehen. Solche Sichtweise gäbe dem gewählten Thema und Ausschnitt dieser Arbeit quasi seine natürliche Grenze auf höherer Ebene als die einfache Tatsache, daß die Schattenlosigkeit seit Hofmannsthal als literarisches Symbol praktisch ausfällt.

Es ist jedoch leider nicht so, daß solche Selbstaufhebung des Schattensymbols zu seinem Erlöschen führt: die Selbstinfragestellung des Schattensymbols, werden wir uns erinnern, galt für Chamisso ebenso wie für Hofmannsthal. Nur: war dort das Symbol das Unbezweifelbare – für Schlemihl harte Wirklichkeit – und seine Bedeutung zweifelhaft-undurchsichtig, so ist bei Hofmannsthal die Bedeutung das Unbezweifelbare, und das Symbol ist zweifelhaft-undurchsichtig, weil es in seiner Rolle zurückgenommen wird.

Wenn die Motivgeschichte zur Rechtfertigung ihrer historischen Perspektive auf Entwicklungslinien und Ergebnisse nicht verzichten will, so wäre es in diesem Fall nicht der Formverfall durch Überhandnehmen der Botschaft, sondern die Überwindung des Symbols durch das faktisch Gemeinte. Und in diesem Sinn ist Hofmannsthals Werk zugleich Höhepunkt und Überwindung des verlorenen Schattens. Mit der »Frau ohne Schatten« erlischt denn auch (vorerst?) die Motivtradition der Schattenlosigkeit, soweit sie nicht in die Doppelgänger-Motivik übergeht, die im Schlußkapitel behandelt werden soll.

4. GWEN KELLY »THE SHADOW«

Es mag durchaus an Vermessenheit grenzen, über Literaturen und Kontinente hinweg Motivtraditionen knüpfen zu wollen, aber es ist dennoch amüsant, festzustellen, daß auch dieses Erlöschen der mythischen Tradition vom Schatten als Symbol der Mutterschaft und Menschlichkeit im weitesten Sinne nicht vor sich gegangen ist, ohne noch eine »Schwundstufe« zu zeitigen. Als solche etwa und als Gegenstück zum Menschen ohne Schatten als Zeichen verweigerter Mutterschaft ließe sich der Schatten ohne Mensch ansprechen. Ihn gestaltet die surrealistische Kurzgeschichte der Australierin Gwen Kelly »The Shadow«[631], in der die menschliche Substanz einer Mutter nach drei Kindbetten in einer kinderwütigen Sippe soweit aufgezehrt ist, daß sie schließlich zum Schatten verkümmert und als Staub weggekehrt wird.

VI. DER DOPPELGÄNGER

1. EINLEITUNG

Allen bisher behandelten Gestaltungen des Schattenverlustes war gemeinsam, daß dieser Verlust oder das uranfängliche Nichtvorhandensein von den Betroffenen und z. T. auch von der Umwelt als ein schmerzliches Manko empfunden wurde und ihre mehr oder weniger erfolgreichen Anstrengungen darauf abzielten, den Schatten (wieder) zu erlangen. Gelegenheiten dazu ergaben sich teils durch ein Wiederauftreten des Schattens, seine Vorführung durch den Versucher oder seine gnadenhafte Zuerteilung nach geleisteter Sühne (»Anna«). Gemeinsam war allen diesen Fällen eine gewisse Affinität des Schattens zu seinem früheren Besitzer und eine Konstellation, in der der abhandengekommene Schatten kein selbständiges Eigenleben entfaltet. Im Gegensatz dazu steht die letzte und jüngste Motivgruppe aus dem Umkreis des verlorenen Schattens, in der dieser nach seiner Ablösung vom

Besitzer ein mehr oder weniger ausgeprägt entfaltetes Eigenleben als selbständiges Wesen entwickelt. Im Zuge solcher Emanzipation des verselbständigten Schattens bleibt dieser jedoch weiterhin auf den ursprünglichen Besitzer bezogen und mit seiner Existenz verbunden, sei es als Abspaltung einer
bestimmten Seite von dessen Persönlichkeit, sei es als Alter Ego einer regel-
rechten Persönlichkeitsspaltung, als Doppelgänger polarisierten Charakters
oder schließlich direkt als gefährlicher Gegenspieler seines früheren Herrn.

In allen diesen Formen läßt sich also nur subjektiv aus der Sicht der
Hauptfigur oder des Opfers vom ›verlorenen‹ Schatten sprechen, da dieser
objektiv und objektiviert in derselben Umwelt fortbesteht. In ihnen mündet
das Motiv des verlorenen Schattens damit in die Motivtradition des Doppelgängers, und der Schatten ist nur eine unter den zahlreichen Erscheinungs-
formen, die zur Objektivierung der Persönlichkeitsspaltung dienen. Er erscheint damit gleichwertig und in gleicher Funktion wie etwa das Spiegelbild
(Hanns Heinz Ewers, »Der Student von Prag«; Franz Werfel, »Spiegelmensch«) oder das Porträt (Oscar Wilde, »The Picture of Dorian Gray«)
als eine verselbständigte Form der Ich-Reflexion im Gegensatz zu den
›natürlichen‹, echten Doppelgängern etwa aus verheimlichter Geschwister-
schaft, Zwillingstum oder einer Laune der Natur und unterscheidet sich von
diesen nur durch seine surreale Herkunft, die ihn in Märchenformen beheimatet sein läßt, und durch die herkunftsbedingt anhaltende Affinität zum früheren Herrn. Innerhalb der fiktional möglichen Verkörperungen des Doppelgängers jedoch haftet dem Schatten der Charakter extremer Immaterialität
an, wie sie wiederum nur märchenhaften Stoffen angemessen ist. Im Gegensatz etwa zum robusten Doppelgänger-Zwillingsbruder-Typ erscheint er zunächst gleichsam als ein immaterieller Ausfluß des Gedankens, der Phantasie,
der sich z. T. erst später zu voller und dann bedrohlicher Körperlichkeit entwickelt.

Dem Thema der Arbeit gemäß wird sich die nachfolgende Untersuchung
der wichtigsten hierher gehörigen Werke stärker auf die Figur des schattenlosen Helden und den Schattencharakter des Doppelgängers konzentrieren
und sie mehr in Relation zum Motiv der Schattenlosigkeit als zum Doppelgängermotiv sehen, dessen eigenständige Tradition in diesem Rahmen
ebensowenig aufgerollt werden kann wie die Beschreibung von Persönlich-
keitsspaltungen, die das zweite Ich nur allegorisch als ›Schatten‹ bezeichnen[632].

2. HANS CHRISTIAN ANDERSEN »SKYGGEN«

Es ist interessant zu beobachten, daß die volle Doppelgängerfunktion des
abgelösten Schattens nicht etwa, wie man aus der Frequenz des Doppelgängermotivs vermuten könnte, bei E. T. A. Hoffmann ihre erste Ausprägung
findet – sein Seitenstück zum »Peter Schlemihl« benügt sich vielmehr mit
Steigerung und Verdopplung –, sondern bei einem Autor, dessen sonstiges
Schaffen das Doppelgängermotiv keineswegs bevorzugt, nämlich in Hans
Christian Andersens Märchen »Skyggen« (»Der Schatten«) aus dem Jahr
1847[633].
Andersens Märchen, eines der wenigen des Dichters, die auf direkte literarische Anregungen zurückgehen, versteht sich von vornherein als Beitrag zur

Literatur der Schlemihliana und als literarische Huldigung an den ihm seit 1831 befreundeten und wahlverwandten Chamisso[634], der seinerseits 1831/32 durch Übersetzung von vier Gedichten mit einem lobenden Vorwort[635] erstmals in Deutschland auf Andersen aufmerksam gemacht hatte, also Andersens erster deutscher Übersetzer und Kritiker war und dessen Tod Andersen in einem ergreifenden Gedicht[636] beklagte.

Die Reverenz vor Chamissos »Peter Schlemihl« vollzieht Andersen in einer dem anfänglich humorvollen Ton des Märchens durchaus angemessenen, dezenten Form romantischer Ironie: Der Gelehrte, der im heißen Süden seinen Schatten auf Erkundung in das geheimnisvolle Nachbarhaus sendet und dabei seiner verlustig geht, ärgert sich »nicht so sehr deswegen, weil der Schatten fort war, sondern weil er wußte, daß es eine Geschichte von einem Mann ohne Schatten gab«, und jeder, dem er nunmehr seine Geschichte erzählte, sagen würde, »er hätte sie nur nachgeahmt«[637]. Auch in der vorsichtigen Anfrage des später verselbständigten Schattens, bevor er die Erzählung seiner Erlebnisse beginnt (»Ihnen kann ich es wohl sagen, Sie werden es ja nicht in irgendein Buch hineinbringen«[638]) ist man geneigt, eine ironische Anspielung auf den pseudo-autobiographischen Charakter von Peter Schlemihls Lebensbeichte und ihre scheinbar unbeabsichtigte Veröffentlichung zu sehen: die Sorge, daß dasselbe, was mit Peter Schlemihls Erlebnissen geschah – ihre Publikation – hier nicht zu befürchten wäre – ironisch auch insofern, als sie dann gerade doch in einem literarischen Werk Niederschlag findet.

Auch andere Züge nehmen auf entsprechende Motive im »Peter Schlemihl« Bezug: Wenn der schattenlose Gelehrte zu seinem Vergnügen nach einer Woche bemerkt, »daß ihm ein neuer Schatten aus den Beinen herauswuchs«[639], geschieht genau das, was Peter Schlemihl als ironische Erklärung seiner Schattenlosigkeit dem alten Bauern gegenüber einfällt: ihm wären während einer langen Krankheit Haare, Nägel und Schatten ausgefallen; Haare und Nägel wären nachgewachsen, aber »der Schatten, der will noch nicht wieder wachsen«[640]. Und wenn bei Andersen der verselbständigte, aber schattenlose Schatten seine Füße fest in den nachgewachsenen Schatten des Gelehrten setzt in der Hoffnung, daß der neue Schatten daran hängenbleiben würde[641], so tut er dasselbe wie Schlemihl, wenn dieser dem vermeintlich herrenlosen Schatten in die Spur treten will in der Hoffnung, daß »er wohl daran hängen bleiben würde«[642]. Damit, mit der realistischen Milieuschilderung der Eingangsszene und der Lokalisierung der Kernszenen in einem Badeort, erschöpfen sich jedoch die gemeinsamen Motivdetails beider Werke, und erst auf der gehaltlichen Ebene – Überschätzung des Schattens durch die Welt gegenüber dem eigentlichen Menschen – stellt sich wieder eine Parallele ein.

Im Gegensatz zu »Peter Schlemihl« erscheint der Schattenverlust bei Andersen als durchaus nichts Auffallendes und Anstoßerregendes, und die Leiden der Hauptfigur werden nicht durch die Schattenlosigkeit, sondern eher durch die Anwesenheit des Schattens verursacht.

Andersens Verhältnis zu E. T. A. Hoffmann bräuchte in diesem Zusammenhang nicht erörtert zu werden, da in der Schattenmotivik direkte Abhängigkeiten von dessen »Abentheuer der Sylvester-Nacht« nicht nachzuweisen sind. Bei der extensiven Hoffmann-Kenntnis Andersens, der ja in der direkten Nachfolge E. T. A. Hoffmanns begann[643], steht jedoch für zwei

Züge seines Schattenmärchens direkte oder indirekte Beeinflussung durch E. T. A. Hoffmann zu vermuten: einmal für die Verlebendigung der Dingwelt und ihre Begabung mit Sprache, am eindeutigsten wohl in Hoffmanns »Nußknacker und Mausekönig« (1816) vorgeformt (dazu s. u.), und vor allem in der für Andersen ungewöhnlichen Ausgestaltung des Schatten-Doppels zu einem bedrohlichen, skrupellosen und todbringenden Kontrahenten, dessen Macht über die Hauptfigur sich allmählich alptraumartig steigert (»Elixiere des Teufels«) und in die Katastrophe führt. Hand in Hand damit geht die – ebenso für Andersen ungewöhnliche – zunehmende Verdüsterung der anfangs durchaus heiter-ironischen Märchenerzählung bis in tragische Ausweglosigkeit.

Positivistische Insistenz beim Aufzeigen solcher Einflüsse und Vorbilder soll indessen nicht Andersens eigene Leistung und Rolle in der Motivtradition der Schattenlosigkeit verkleinern, sondern nur das Netz der Bezüge zwischen den einzelnen Werken knüpfen.

Im Gegenteil ist Andersens eigene Leistung für die Motivgeschichte kaum zu überschätzen, insofern er weit über Chamissos Gestaltung hinausgreift. Wenn Chamissos wie Andersens Schattenmärchen ihren kleinsten gemeinsamen Nenner in der Aufhebung der physikalischen Naturgesetze, zumindest was die Schattenlehre betrifft, haben, so geht Andersens Märchen darin einige Schritte weiter, indem die Grenzen zwischen dem Alltäglichen und dem Wunderbaren, Wirklichkeit und Phantasiewelt schlichtweg aufgehoben werden und nicht einmal mehr dem für Peter Schlemihl so bezeichnenden Wundern und Staunen Raum lassen. Wenn Schlemihls Schatten noch durchaus ein zweidimensionales Ding ist, das sich falten, einrollen und ausleihen läßt, so greift Andersens phantastische Verlebendigung der leblosen Umwelt bis zur Beseelung der Gegenstände aus. Wenn Schlemihls Schatten noch juristischen Übereinkünften und den Gepflogenheiten des Handelsrechts unterworfen ist, so entfaltet der Schatten bei Andersen einen eigenen Ding-Willen, der nicht einmal mehr moralische Prinzipien anerkennt. Und wenn schließlich Schlemihls Schatten noch stummer Gegenstand des Wortwechsels streitender Parteien war, so wird der Schatten bei Andersen mit Sprache begabt und ergreift in eigener Sache und im eigenen Interesse das Wort, er ist nicht mehr ›res‹, sondern ›agens‹ und kann daher für sich selbst nicht nur Partei ergreifen, sondern auch handeln, ja aus dem machtlosen Ding zum übermächtigen Un-Ding werden, und diese Übermacht dünkt sich – auch das ein typischer Zug für Andersen – nicht nur besser als andere, sondern kann sich dank ihrer unmenschlichen Unnachgiebigkeit und Unbeugsamkeit der anderen bemächtigen.

Erst alle diese Züge – jeder einzelne typisch für Andersens Ausgestaltung seiner Märchenwelt und in vielen anderen seiner Märchen nachweisbar – ergeben zusammengenommen jene Eigenschaften, die aus dem harmlosen Schatten-Ding bei Chamisso jenen tödlichen, dämonischen Gegenspieler konstituieren, als der der Schatten bei Andersen erscheint, und es ließe sich argumentieren, daß erst ihr Zusammentreffen den historischen Ort begründet, an dem aus dem Schatten der Gegenspieler entsteht. Nicht umsonst also hat dieser Schatten im Vorzimmer der Poesie ihre Schliche abgelauscht.

Gleichzeitig aber ist es symptomatisch für Andersens Märchenwelt, daß die Gegenstände bei aller Verlebendigung, Beseelung und Begabung mit Willen und Sprache dennoch im Rahmen ihrer äußeren Begrenzung verbleiben: der Schatten bleibt trotz aller Bewegungsfreiheit bloßer Schatten, er wird nicht Mensch und kann als Schatten keinen Schatten werfen. Zum Ausgleich dieses Mankos und es gleichsam überkompensierend tut er etwas, worauf Schlemihl nicht verfiel: er bedient und bemächtigt sich des Menschen, der ihm als Schatten dient – ja er leistet sich sogar den Luxus eines Schattens mit Schatten.

Damit mündet Andersens Märchen, wieder gar nicht so weit entfernt von der Weltsicht Chamissos, in den Topos der Verkehrten Welt: der Schatten als Herr, der Herr als Schatten. Fragt man aber weiter nach den Voraussetzungen dieser Verkehrten Welt, so liegen sie letztes Endes nicht allein in der Ausstaffierung des Schattens mit Übermächten von Dichters Gnaden, sondern wiederum wie bei Chamisso in einer verkehrten Wertordnung der Gesellschaft.

Weil die Welt die Botschaft des Gelehrten vom »Wahren, dem Guten und dem Schönen«[644] nicht zur Kenntnis nehmen will, geht es ihm schlecht, und erst weil sie sich – in Gestalt der Prinzessin, aber auch durch die Hurrarufe der Menge – dem Leichten, Hohlen, Nichtigen, Unechten, eben dem wesenlosen Schatten zuneigt, kann dieser die Oberhand gewinnen und den Verfechter des Wahren, Guten, Schönen vernichten. Die Botschaft von der Geringschätzung des wahren Menschen und der Überschätzung des bloßen Scheins in der Welt ist im Grunde dieselbe wie bei Chamisso, nur daß der Rückzug ins Private verwehrt wird, das kindesunschuldige Staunen vor der Torheit der Welt in deutlichen Protest umgewandelt wird und die Tendenz verbitterter zum Ausdruck kommt. Beides aber geht Hand in Hand: Weil der Mensch sich aufgerufen, verpflichtet fühlt, vor der Überschätzung des Scheins und der Machtergreifung des Unmenschen zu warnen, wird er zugrundegerichtet.

Damit endet Andersens Märchen, das südländisch leicht und heiter begann und dem Schattenmotiv sogar einige originelle und elegante Pointen abgewann[645], in einer Note unversöhnlicher Tragik, die durch den ausweglosen letalen Ausgang ohne Möglichkeit zur Versöhnung alle bisherigen Bearbeitungen des Motivs übertrifft.[646]

3. DIE ANDERSEN-DRAMATISIERUNGEN

a. Allgemeines

Der weitgehend dramatische Charakter von Andersens Märchen mit seinem lebhaften Dialog und seiner echten Konfliktsituation durch die Einführung eines direkten Gegenspielers nähert schon Andersens Märchen dem dialogischen Märchenspiel an, wie ja auch Andersens Märchen in Dänemark zum Stammrepertoire der Rezitatoren und Schauspieler gehörten und gern auf der Bühne öffentlich vorgelesen wurden.

Man mag darin eine natürliche Prädisposition gerade dieses Märchens für die Bühnenrealisierung sehen und darin recht haben, soweit es sich um formale Nähe zum Drama handelt: die Umsetzung der Handlung bereitet keine Schwierigkeiten. Grundsätzlich anders verhält es sich jedoch mit den Figuren:

Andersens Schatten bleibt auch nach seiner Verselbständigung ein Schatten, der »Stiefel, ... Kleider und diesen ganzen Menschenfirnis nötig hatte, der einen Menschen erkennbar macht«[647].

Dieser Schatten in seiner Scheinwirklichkeit und Doppelgängereigenschaft zugleich ist bühnentechnisch nicht darstellbar. Er läßt sich nur in technischen Medien kongenial und effektvoll verwirklichen, wenn etwa die Figuren des Gelehrten und des Schattens als Doppelrolle von demselben Schauspieler getragen werden (so 1963 im Deutschen Fernsehen). Auf der Schaubühne jedoch wird aus der wie auch immer surreal gedachten Schattenfigur der Märchenphantasie für den Zuschauer handgreifliche, dreidimensionale Bühnenwirklichkeit, und diese verlangt vom Dramatiker eine stärkere Konkretisierung des Doppelgänger-Gegenspielers, der, des Ätherisch-Alptraumhaften entkleidet, im Scheinwerferlicht steht. Gleichzeitig verlangt die stärkere Konkretisierung der Figur eine schärfere Konturierung der im Märchen wesentlich nur als Gegenspieler aufgefaßten und von dorther relativ unscharf individualisierten Figur des Schattens und ermöglicht damit die Abschattierung des Plots, die Bereicherung des Konflikts um unterschiedliche weltanschauliche Aspekte.

Beide Bühnenbearbeitungen sind dabei verschiedene Wege gegangen, aber für beide war die Attraktivität Andersens groß genug, daß es nicht die einzige Andersen-Bearbeitung in ihrem Oeuvre blieb.

b. Hans Reinhart »Der Schatten«

Die frühere der beiden Dramatisierungen stammt von dem relativ wenig bekannten Schweizer Lyriker und Dramatiker aus dem Umkreis der Neuromantik Hans Reinhart (1880–1963) und greift Andersens Titel »Der Schatten«[648] auf. Reinhart, der auch in seinen Dramen »Der Garten des Paradieses« (1909) und »Die arme Mutter und der Tod« (1919) auf Vorlagen aus Andersen zurückgegriffen hatte, betrachtet sein Versdrama (mit häufigen Alliterationen) »Der Schatten« (1921) als sein »eigentliches Haupt- und Lebenswerk«[649], als »ein Erlebnis- und Bekenntniswerk«[650] zum »Thema: Schuld, Sühne und Versöhnung«[651]. Seine Selbstinterpretation, die mit musikalischen Kategorien arbeitet, mündet in eine anthroposophisch bestimmte Weltanschauungsdichtung vom »faustischen Ringen«[652] zwischen Geist und Dämon.

Entsprechend solcher ›Verinnerlichung‹ der Handlung wird die Hauptfigur vom Gelehrten zum Dichter umgestaltet und werden alle gesellschaftskritischen Ansätze Andersens eliminiert; bezeichnend ist z. B., daß die Prinzessin zur (um des Werkes willen) verlassenen Jugendgeliebten des Dichters privatisiert wird und an die Stelle des Volkes als Nebenrolle ein Famulus Weber eingeführt wird, der »eine Sehnsuchtsgestalt«, »der Schauende, in sich Gefestigte«, »allein der Unüberwundene«[653] bleibt, also beide potentiell neutralen Rollen in Vertraute der Hauptfigur übergeführt werden.

Solcher Internalisierung und Privatisierung des Konflikts fallen jedoch nicht nur alle ironischen und satirischen Akzente der Vorlage zum Opfer; auch der Restbestand an Handlung im lyrischen Drama erweist sich als wenig tragfähig für die gedankliche Überfrachtung. Das satirische Märchen Andersens, dessen Tragik möglich war, weil sie im Märchenhaften ein Gegengewicht fand, kentert hier an einer allzu reflexiven Schlagseite.

Bezeichnend sind die Uminterpretationen der Symbole: Aus dem geheimnisvollen Haus der Poesie, in das der Schatten bei Andersen entlassen wird, wird bei Reinhart ein Tempel des »versäumten Lebens«[654], in dem das nichtgelebte Leben eines »tatenlosen Träumens«[655] angebetet wird als die Innenwelt und das »Geheimnis seiner selbst«[656]. Der Schatten als das unterdrückte Leben, das »Traum-Idol tierischer Triebe, ungestillter Lüste«[657], zerstört das Traumgebilde, setzt die Traumwelt in die Wirklichkeit[658] und verbindet sich mit der, um des Werkes willen[659], aber auch aus Eigensucht[660] schuldhaft[661] verlassenen Geliebten Astrid, in der die Schuld des Lebens aufersteht. Im Kampf des Dichters Johannes mit dem Schatten werden die extremen Daseinsmöglichkeiten wieder eins, und im Tod beider wird der innere Zwist überwunden[662].

Es erübrigt sich nahezu, zu sagen, daß solche metaphorische Unklarheit, in der der Schatten einmal als »dunkler Doppelgänger«[663], dann als der »Ewig-Seelenlose«[664], dann wieder mit Nietzsche-Anklängen als ein »Überschatten«[665] und schließlich als die ungelebte, triebhaft-tierische Seite des Dichter-Ichs[666] apostrophiert wird, nicht auf das Konto des Interpreten geht, sondern das Ergebnis eines wenig geglückten Versuchs ist, Andersens satirisch-pessimistisches und gesellschaftskritisches Märchen in eine tragische und zugleich individuell-biographische Daseinsdeutung im Sinne des Lebenskampfes überzuführen und sie nebenher aller Gesellschaftssatire zu entkleiden: Reinharts Dichter Johannes schreibt nicht mehr wie Andersens Gelehrter über das Wahre, Gute, Schöne, sondern entsprechend solcher ›Verinnerlichung‹ der Fabel über »Traum, Gefühl und Geist«[667], d. h. sozial irrelevante Probleme.

Und wenn aus Pietät gegenüber der Vorlage weite Dialogteile beinahe wörtlich übernommen werden[668], darunter auch der Topos der Verkehrten Welt »Schatten sei Herr – und Herr nun Knecht und Schatten«[669], so fügen sich diese Teile keineswegs immer der veränderten Grundsituation ein, ja wirken geradezu in dem ihnen belassenen satirischen Ton als Fremdkörper, und gerade der Topos der Verkehrten Welt hat in dem ›Seelendrama‹, aus dem die ›Welt‹ bewußt ausgeschlossen bleibt, nicht die geringste Berechtigung und als blindes Motiv keinen Wert, es sei denn einen Erinnerungswert an eine schlüssigere Gestaltung des Stoffes.

Die Reise um die Welt, bei der der Herr als Schatten dienen soll, findet nicht einmal Darstellung, und der (bei Andersen noch romantisch-ironische) Hinweis auf die Vorlage der Vorlage im »Peter Schlemihl«, hier gesprochen vom Schatten selbst:

Denn als ein aufgewärmter Freund Schlemihl
Möcht ich – bei allen Petern! – ewig nicht
Durch diese Welt, die längst am Wahnwitz krankt.[670]

ist nur ein blindes Motiv im blinden Motiv, weil die Auseinandersetzung des Schattenlosen mit der Welt ausgespart bleibt, die dort das Thema war.

Es ist wenig verwunderlich, daß in einem solchen mixtum compositum auch die Funktion des Schattens als Allegorie oder Symbol nicht genauer definierbar ist: Er bleibt aus der Quelle erborgtes und zweckentfremdetes Requisit, das ebensogut durch jede andere Erscheinungsform des Doppel-

gängers ersetzt werden könnte, weil seine Schattenhaftigkeit, also Wesen-
losigkeit, sein Scheindasein für die Handlung gar nicht aktiviert wird.

Wenn Hofmannsthals »Frau ohne Schatten« den Beweis liefert, daß der
Schattenlosigkeit neben der sozialen Relevanz durchaus auch ein innerseeli-
scher Stellenwert zugeordnet werden kann, so hat Reinharts Drama weder
den einen noch den anderen Aspekt des Motivs schlüssig zur Geltung bringen
können.

c. Evgenij Švarc »Ten'«

Die zweite Dramatisierung von Andersens Schattenmärchen stammt aus
dem russischen Raum, in dem Andersen von jeher zu den meistgelesenen aus-
ländischen Autoren zählte und diese Stellung auch in der Sowjetunion gehalten hat.

Evgenij Švarc (1896–1958), der mit Kinderstücken in Anlehnung an
bekannte, z. T. Grimmsche Märchen (Rotkäppchen, Schneewittchen, Aschen-
brödel u. a.) begann, hatte bereits zwei Märchen Andersens[671] zu allegorisch-
ironischen Märchenkomödien mit aktuellen Anspielungen auf die zeitgenössische Moral und Gesellschaft umgearbeitet, als er sich in seiner ›Märchenkomö-
die für Erwachsene‹ »Ten'« (»Der Schatten«) 1940[672] dem Schattenmotiv
zuwandte. Sein Stück lehnt sich in vielen Einzelzügen stärker an Andersen
an als das Reinharts. Der Verweis auf die Quelle wird in die Handlung
einbezogen, indem der Gelehrte auf den Spuren seines Freundes H. C. Andersen reist und im gleichen Zimmer wie einst dieser wohnt[673], aber auch durch
namentliche Verweise auf Andersens und Chamissos Märchen vom Mann
ohne Schatten[674]. Angesichts solcher Massierung der Fälle von Schattenlosigkeit kann es dann mit Recht heißen:
Die Leute werden fürchten, daß es epidemisch werden könnte.[675]

Švarc erweitert jedoch den Konflikt zwischen Gelehrten und Schatten von
der Rivalität um die Macht zur Rivalität in der Liebe der Prinzessin und
verstärkt damit die menschliche Seite des Konflikts.

Gleichzeitig vertieft er die gegenseitige Abhängigkeit von Herr und Schatten
durch den aus dem Doppelgängermotiv (Raimund, »Der Alpenkönig und
der Menschenfeind«, Werfel, »Spiegelmensch«) entlehnten Zug, daß beim
Tod des einen Teils der andere ebenfalls stirbt. Infolgedessen wird bei der
Enthauptung des Gelehrten gleichzeitig auch der thronende Schatten kopflos,
und erst das »Wasser des Lebens« – das Märchenmotiv muß nicht auf Hofmannsthals »Frau ohne Schatten« zurückführen[676] – vermag den status quo
wiederherzustellen.

Der Topos der Verkehrten Welt findet erhebliche Ausweitung durch die
Intrigen der eigensüchtigen Machthaber und skrupellosen Karrieremacher –
moderner Substitute für die Unholde der Märchenwelt – und ironische
Seitenhiebe auf alle möglichen Mißstände der Gesellschaft sowie ein erweiter-
tes Figurenpotential auf der Seite der Guten, so daß das Gleichgewicht in der
Groteske erhalten bleibt. Im Gegensatz zum Pessimismus Andersens jedoch
biegt Švarc – und darin liegt seine wesentlichste Abweichung – dessen tragische Schlußwendung in eine optimistische Lösung um: Die Hoffnung, daß die
Schatten höchstens vorübergehend die Oberhand behalten könnten, bleibt im

Hintergrund erhalten und sieht sich am Ende bestätigt, wenn der Schatten als Popanz entlarvt und der Sieg des tätigen Menschen verkündet wird:

> Alle meine Erkenntnisse sprechen dafür, daß ein Schatten höchstens vorübergehend siegen kann. Die Welt beruht auf uns, den lebendigen, tätigen Menschen.[677]

Doch dieser Sieg ist kein definitiver, sondern muß ständig neu abgesichert werden: der Schatten entzieht sich seiner Festnahme und wird sich immer wieder dem Guten in den Weg stellen[678]. Solcher Aufruf zur Achtsamkeit vor dem Überhandnehmen des Bösen, Seelenlosen bewahrt das Drama vor dem seichten Triumph eines sozialistisch-realistischen Maßoptimismus und vor einseitiger Tendenz.

Damit wird das moralische und politisch-soziale Anliegen Andersens in differenzierterer Form und auf einer dem ›Märchen für Erwachsene‹ entsprechenden diffizileren Bewußtseinsebene wieder aufgenommen. Stellte Andersens Märchen jedoch ein Warnbild vor dem Überhandnehmen des seelenlosen Scheins dar, so bewährt sich Švarc' Drama als Appell an die Wachsamkeit, die das Umsichgreifen des Bösen im weitesten Sinne verhindern, die Gefahren des Unmenschlichen und die Bedrohung durch die Macht in jedem System aufzeigen soll. Solche Allgemeingültigkeit und die Tatsache, daß sich die Anspielungen auf Mißstände in Moral und Gesellschaft jeweils je nach Bühnenbearbeitung, Inszenierungsweise und Erwartungshorizont des Publikums in beiden Lagern der Welt sowohl auf das eigene als auch auf das jeweils andere System beziehen lassen, sicherten dem bühnenwirksamen Drama Verbreitung und Beifall auf beiden Seiten.

Wenn Švarc das Schattenmotiv auch nicht um wesentliche Züge bereichert hat[679] und sein Verdienst innerhalb der Motivtradition vielmehr darin besteht, seine Aktualität auch für die moderne Gesellschaftskritik belegt zu haben, muß ihm doch zugute gehalten werden, daß er, auf traditionellem Stoff aufbauend, für das labile Gleichgewicht der Welt im Aufeinanderbezogensein von Mensch und Schatten und ihrer gleichsam permanenten Koexistenz ein Bild gefunden hat, das sowohl Antinomien (Gut und Böse) als auch Interdependenz (Doppelgängertum) in sich vereint. Nur gegenüber dem Doppelgängermotiv verdient die Variante Beachtung, daß der Schatten hier weniger zum Bild des gespaltenen Menschen wird, sondern daß seine Verselbständigung und sein Aufstieg als das Böse schlechthin[680] zurückzuführen sind auf die Weltfremdheit, Traumbefangenheit und Resignation der Guten. Ihre Mobilisierung zu aktiver, verantwortlicher Teilhabe in der Gesellschaft im Sinne einer ›sanften Revolution‹, der gewaltlose Widerstand und die Macht der Ohnmächtigen unter der Leitung eines reinen Toren sind daher die ›Botschaft‹ von Švarc' Märchenspiel.

4. OSCAR WILDE »THE FISHERMAN AND HIS SOUL«

Wenn in Andersens Märchen und seinen Dramatisierungen eine dramatisch-tragische Konstellation dadurch entstand, daß – gemäß dem Verkehrte-Welt-Topos – der verselbständigte Schatten seinen früheren Herrn zu unterdrücken versuchte, und brisante Situationen aus der Konfrontation beider hervorgingen, so war damit bereits die Thematik des verlorenen

Schattens von der Situation des Schattenlosen auf das Doppelgängermotiv verlagert. An die Stelle der Schattenlosigkeit trat die Auseinandersetzung mit dem anderen, das dennoch ursprünglicher Teil des Selbst war und jetzt als das Fremde gegenübersteht. Die Entscheidung zwischen den beiden Rivalen fällt bei Andersen noch die Umwelt, die Gesellschaft, und sie ist es, die der Verkehrten Welt Vorschub leistet. Diese Verkehrte Welt wird zwar als falsche Welt, jedoch noch als eine Einheit gesehen, d. h. es gibt keine zwei Welten für die beiden Doppelgänger, der Ichspaltung entspricht keine Weltspaltung.

Solche Ausweitung des Motivs von der Persönlichkeitsspaltung bis zur Deklarierung zweier verschiedener Welten mit zwei verschiedenen Wertsystemen bringt erst Oscar Wildes Kunstmärchen »The Fisherman and His Soul« aus dem Jahr 1891[681].

Hier steht der äußeren Welt der Abenteuer, Gefahren, Erfahrungen und Reichtümer die stille, innere, idyllische Welt der Mehrjungfrau gegenüber. Um ihr und seiner Liebe[682] in diese folgen zu können, entläßt der Fischer seine Seele in Gestalt seines Schattens in die Welt, ohne ihr trotz ihrer Bitte sein Herz mitzugeben, da dies der Geliebten gehört. Dreimal versucht die Seele den Fischer, gegenüber Weisheit und Reichtum schätzt er die Liebe höher, doch als die Seele ihn mit unbekannten Vergnügungen verlockt und vom Tanz eines jungen Mädchens erzählt – während die Meerjungfrau nicht tanzen kann –, folgt er ihr vorübergehend an Land. Er muß jedoch erfahren, daß der Prozeß nicht wiederholbar ist, daß die Rückkehr in den einmal aufgegebenen Stand der Unschuld und in die Idylle ihm versagt bleibt, und verzehrt sich in Sehnsucht nach ihr, bis der Tod ihn mit der Seele und der Geliebten vereint.

Die Ichspaltung ermöglicht zwar erst die Existenz in den beiden alternativen Welten, doch die Affinität der beiden Teile zueinander gewährt die Möglichkeit einer turnusmäßigen Überprüfung und schließlichen Revision der gefällten Entscheidung, so daß sie nicht als definitiv zu gelten hat. Dementsprechend tritt hier die tragische Situation des Mannes ohne Schatten ganz in den Hintergrund gegenüber der zweier verschiedener, rivalisierender Werthaltungssysteme. In der Welt der Meerwesen, die durchwegs keine Seele und keinen Schatten besitzen, bildet der schattenlose Fischer keinen Außenseiter, und es ist bezeichnend, daß nicht nur aus der Schattenlosigkeit kein Konflikt entsteht, sondern daß diese ganze idyllische Welt im Gegensatz zur realen Welt gar keine nähere Schilderung erfährt.

Gerade für Oscar Wilde, der das Motiv der Persönlichkeitsspaltung bereits in »The Picture of Dorian Gray« (1890) anhand einer porträtartigen Doppelgängerfigur aufgrund ihrerseits reicher Motivtradition behandelt hatte, mußte auch das Motiv der Schattenabspaltung[683] besonders reizvoll sein. Mit der gleichen freien Verfügung, mit der er die abendländische Motivtradition im »Dorian Gray« behandelt hatte, griff er nun das Schattenmotiv auf.

> To an artist . . ., what does subject-matter signify? . . . He can find his motives everywhere. Treatment is the test. There is nothing that has not in it suggestion or challenge.[684]

heißt es in dem im Vorjahr 1890 erschienenen Dialog »The Critic as Artist«, und ähnlich in einer der Theaterkritiken Wildes aus dem Jahr 1885:

It is only the unimaginative who ever invents. The true artist is known
by the use he makes of what he annexes, and he annexes everything.[685]
Das offene Zugeständnis solcher im übrigen selbstverständlichen Praxis im
Verein mit der Zurückhaltung hinsichtlich Angabe der benutzten Vorbilder
hat denn auch schon früh die Literaturkritik und Literaturwissenschaft auf die
Fährte gesetzt.

Auf die Verwandtschaft von Wildes Märchen mit Chamissos »Peter Schlemihl« verweist bereits eine anonyme Rezension der »Saturday Review« vom
6. Februar 1892[686], und daß das Motiv der Trennung von Schatten und
Körper direkt oder indirekt von Chamisso und nicht durch Andersen vermittelt wurde, dafür sprechen vor allem drei Züge: Das freiwillige Aufgeben des Schattens erfolgt im Austausch für etwas (vermeintlich) Besseres
und Wertvolleres, die Operation der Schattenabtrennung wird als ein mate-
riel-physikalischer Prozeß beschrieben, in dem der Schatten stoffliche Qualität annimmt[687], und die Seele wird wie durch den Grauen im »Peter Schlemihl« als etwas Unsichtbares, Ungreifbares gegenüber anderen Vorteilen
abgewertet[688].

Nichts jedoch bezeichnet andererseits stärker die Abwandlung des Schattenmotivs von Chamisso her, als daß Schlemihls tragische Alternative »entweder Schatten – oder Seele« hier gar nicht aufscheint, vielmehr umgekehrt
beide Alternativen ineins gesetzt werden, wenn der Fischer bereitwillig
sowohl Schatten als auch Seele opfert.

Daß darüber hinaus auch E. T. A. Hoffmanns Geschichte vom verlorenen
Spiegelbild nicht ganz einflußlos geblieben ist, mag das Randmotiv des verlorenen Spiegelbildes bei Wilde belegen: Der Spiegel der Weisheit spiegelt
alles wider außer demjenigen, der hineinschaut[689].

Auch hier jedoch wie so oft in der Motivtradition erweist sich die Verwandtschaft erst in der typischen Umkehrung ins Spiegelverkehrte: Während
Chamissos und Hoffmanns Helden sich abmühen und Rat einholen, um ihre
Schatten bzw. ihr Spiegelbild wiederzuerhalten, besteht das Problem für
den Fischer im Gegenteil darin, seinen Schatten loszuwerden, und dazu holt
er Rat ein; während Chamissos und Hoffmanns Helden dem verlorenen
Schatten bzw. Spiegelbild hinterherjagen, läßt hier umgekehrt der Schatten
seinem Herrn keine Ruhe, bis er wieder mit ihm vereint ist. Man wird sicher
nicht fehlgehen, in dieser Umkehrung der traditionellen Situation einen
Reflex von Wildes Vorliebe für das Paradoxe zu sehen, die sich um der
Seriösität des weltanschaulichen Märchens willen nicht im Stilistischen in
Gestalt von Bonmots, sondern nur in der paradoxen Umkehrung der her-
kömmlichen Konstellation hervorwagt.

Die weitgehende Abhängigkeit der Märchen Oscar Wildes von Stoffen und
Motiven H. C. Andersens ist oft genug hervorgehoben worden, zunächst für
die erste Märchensammlung »The Happy Prince and Other Tales« von
1888[690], sodann für »A House of Pomegranates« zuerst in der anonymen
Rezension der »Pall Mall Gazette« vom 30. November 1891[691]. Auf den dort
angedeuteten Vergleich geht Wilde selbst im Entwurf einer Erwiderung[692]
ein, die für beide Autoren dieselbe ästhetische Motivation postuliert.

Die Gemeinsamkeiten beider Märchenerzähler beschränken sich jedoch
nicht nur auf einzelne Motive und gelegentliche soziale Untertöne, sondern
treten vor allem auch in der Erzählhaltung zutage, die sich an Kinder zu

wenden scheint und doch mit den implizierten Problemen die Erwachsenen anspricht; sowie Andersen in den späteren Sammlungen seiner Märchen den Zusatz »Für Kinder erzählt« (»fortalte for børn«) wegläßt, wehrt sich Wilde gegen dieselbe ihm unterstellte Zielgruppe:

> I had about as much intention of pleasing the British child as I had of pleasing the British public.[693]

Dennoch kann nur ein oberflächlicher Vergleich zu dem Ergebnis kommen, Wilde habe in seinen Märchen mit Andersen wetteifern wollen[694]. Bei näherer Betrachtung liegen Welten zwischen der naiven Attitüde des Dänen mit seinem ganz in Handlung umgesetzten, geradezu nüchtern-sachlichen Berichtstil, der Fakten, Bildwelten schafft, die Ausdeutung aber der Phantasie des Lesers überläßt, und der weitschweifig-sentimentalen Beschreibung schöner Interieurs, kostbarer Gegenstände und seltener Farben in der preziösen Diktion Wildes, die die moralische Lehre mit letzter Deutlichkeit ausspricht. Und dasselbe gilt für die Motivbehandlung in den Schattenmärchen beider Dichter.

So sehr zweifellos die Funktion des Schattens als Doppelgänger und Rivale des Fischers, die feindliche Einstellung zu seinem Herrn, der Versuch, ihn mit Lug und Betrug auf seine Seite zu ziehen, durch Andersens Märchen »Skyggen« beeinflußt sind, so sehr in beiden Werken säkulare Bildung in der realen Welt zur Mißbildung in der Persönlichkeit des Schattens führt und Rivalität um ein Mädchen – nur, wiederum spiegelbildlich, dem anderen Teil zugeordnet – den Anstoß zum Konflikt gibt, so sehr in beiden Fällen der Schatten als außengelenkt, extrovertiert, dem innerlichen Menschen gegenübergestellt wird: über vage Parallelen und Kontraste geht die Übereinstimmung beider Märchen nicht hinaus. Und diese Unterschiede gewinnen immer größere Bedeutung, je mehr man vom Stofflichen absieht und auf den Kern des Gehalts stößt: Zwischen der sozialen Satire der Verkehrten Welt bei Andersen und der Postulierung zweier durch die Persönlichkeitsspaltung verfügbarer, divergierender Welten bei Wilde gibt es keinen gemeinsamen Nenner.

Ähnliches gilt von der Motivverarbeitung: Dem schlanken, relativ einsträngigen und auf einen Konflikt zentrierten Bau von Andersens Schattenmärchen steht in Wildes Märchen eine den vielfach ausgeschütteten Preziosen entsprechende Mannigfaltigkeit an Nebenmotiven gegenüber: die Vorstellung von der Schattenseele aus dem Volksglauben, die Schattenlosigkeit der Geister aus gleicher Quelle, die Seelenlosigkeit der Meerjungfrau, der Abscheu der Menschen vor dem Nixenschwanz und die Mithilfe einer Hexe aus Andersens Märchen »Den lille Havfrue« (»Die kleine Meerjungfrau«, 1837), die Liebe zwischen Mensch und Meerjungfrau aus derselben Quelle sowie nach dem Undine-Stoff, nur mit der typischen Umkehrung, daß hier der Mann der Geliebten ins Wasserreich folgt, die anfängliche Dienstbarkeit eines Meeresbewohners gegenüber einem Fischer nach dem Runge-Grimmschen Märchen »Von dem Fischer und syner Fru«, der Fluch des Priesters und das Adynaton des Blütenwunders als Gnadenerweis aus dem Tannhäuser-Stoff (wie in Lenaus »Anna«)[695], die starrende Erscheinung des Dämons mit dem zwingenden Blick beim Hexensabbath nach Ch. R. Maturins »Melmoth the Wanderer«[696] sind nur einige aus einer langen Reihe einverwobener Motive und Züge. Sie haben zwar innerhalb des Handlungszusammenhangs durchaus ihre innere Berechtigung, geben jedoch für denjenigen, der sich ihrer Herleitung bewußt ist, dem Werk den Charakter einer Preziosensammlung.

Es steht zu vermuten, daß ein Teil dieser literarischen Reminiszenzen ihren Eingang in das Märchen erst bei der schriftlichen Ausarbeitung fand, da Wilde bekanntlich seine Märchen vor der Niederschrift mehrfach mündlich zu erzählen und erst bei der Niederschrift literarisch anzureichern pflegte[697]. Selbst wenn für die mündliche Erzählung des Fischermärchens ebenso wie für dessen Entstehungsgeschichte keine Dokumente vorliegen, läßt sich für diesen Text ein ähnliches Verfahren vermuten. Das Preziöse der Sprache und der Dinge, das Dekorative der Beschreibungen (»the catalogue of a high art furniture dealer«[698]), das breit ausgemalte exotische Milieu, das Schwelgen in Farben und Materialien – alles Züge, die in der zeitgenössischen Literatur etwa auch bei Pater, Flaubert und Hofmannsthal wiederkehren, – ferner die Anklänge an die Bibelsprache und auch wohl die prononcierte Betonung der Dreizahl[699] erscheinen demnach als spätere Zusätze aus dem Streben nach einer Überperfektionierung von Milieu und Sprache ins Artifizielle, unter dem, wie schon Yeats[700] betonte, der ursprüngliche Ansatz und die geradlinige Handlungsführung des Märchens zu ersticken drohen. Daß viele solcher Passagen »necessary elements of the story, rather than superfluous and awkwardly adjusted ornaments«[701] sind und etwa die auswuchernde Beschreibung orientalischer Reichtümer ihren Stellenwert in der Handlung als Element der Versuchung hat, steht zum Gesagten nicht im Widerspruch, da es sich nur um die Frage ausgewogener Proportionierung handelt[702].

Für unsere Untersuchung des Schattenmotivs ergibt sich aus dieser Hypothese zur Komposition die Frage, ob es zu den ursprünglichen oder zu den später angereicherten Motiven zu zählen ist, und auch darauf gibt es nur eine mutmaßliche Antwort.

Das Schattenmotiv hat mit vielen anderen Nebenmotiven gemein, daß es hier als solches nicht breit entfaltet und voll durchgeführt erscheint[703]. In allzu rascher Gleichsetzung wird der Schatten als äußere Erscheinungsform der Seele definiert[704]:

What men call the shadow of the body is not the shadow of the body, but is the body of the Soul.[705]

Für den oberflächlichen Gang der Handlung hat demnach der Schatten nur eine Funktion als sichtbare Verkörperung der unsichtbaren Seele; seine Abtrennung und Wiedergewinnung sind Operationen an der Seele, und sinngemäß steht die Seele und nicht der Schatten im Titel. Der Schatten wirkt auf den ersten Blick als gegenüber der Seele sekundär und könnte sogar wegen seiner allegorischen Funktion als ein angereichertes Motiv erscheinen.

Doch damit beginnt für die Motivgeschichte erst die Problematik, denn wenn hier Schatten und Seele gleichgesetzt sind, darf die Frage nach dem Charakter des Schattens die nach dem Charakter der Seele einschließen, und die Vorstellung von der Schatten-Seele, die Wilde entfaltet, steht in einem merkwürdigen Kontrast zu der populären Vorstellung von der Seele als dem Innerlichen, Gemüthaft-Irrationalen, Positiven und Wertvollen. Die Schatten-Seele des Fischers entpuppt sich jedoch auf ihrem Gang durch die Welt als materialistisch, rational, betrügerisch, egoistisch, ja bösartig; sie gewinnt den Charakter des Versuchers, der die Liebesidylle mit allen Mitteln zu zerstören sucht, und entspricht damit eher einer Anti-Seele, einem »Widersacher der

Seele« (L. Klages), so daß man sie stellenweise mit ›Verstand, Vernunft, Geist‹ gleichzusetzen geneigt ist.

Da das Märchen nicht der Ort für solche Paradoxe vom schädlichen Einfluß der Seele ist, wie man sie in den Bonmots von Wildes Komödien wohl erwarten dürfte, erklärt das Märchen die Konzeption der bösen Seele durch ihre Herzlosigkeit im wörtlichen Sinne: Der Fischer hat nicht dem Wunsch der Seele entsprochen, ihr sein Herz mit auf den Weg durch die grausame Welt zu geben, weil sein Herz seiner Liebe gehört[706], daher ist sie in der Welt böse geworden[707].

Doch auch diese Erklärung ist nur eine Scheinlösung. Sie überlagert das Motiv der Ichspaltung in Mensch und Seele durch eine als theoretisch möglich angedeutete Dreiteilung in Körper – Herz – Seele, die weder dem im »Dorian Gray« üblichen Zweiteilungsschema entspricht, noch überhaupt eine denkbare Möglichkeit darstellt: Was bliebe dem Fischer, wenn Herz und Seele ihn verließen, zumal doch der Kontrast auf Herz einerseits – Seele andererseits aufbaut, nicht auf dem Gegensatz von Körper und Seele.

Die m. E. einzige Erklärung dieses Dilemmas bietet wiederum der Rückgriff auf die Tradition des Schattenmotivs. War der Schatten Schlemihls noch wertneutral, so ist erst mit der Einführung des Doppelgängermotivs in Andersens »Skyggen« und Wildes »Dorian Gray« die Zweiteilung so beschaffen, daß die abgespaltene, reflektierte Seite der Persönlichkeit das Böse spiegelt, und Wildes »The Fisherman and His Soul« stellt dazu keine Ausnahme dar. Wie bei Andersen lernt die abgespaltene Seite in der Welt das Böse kennen, wird skrupellos in der Anwendung der Mittel und verwendet diese schließlich in der Auseinandersetzung mit dem früheren Herrn. Die Schatten-Seele des Fischers ist im Grunde, aus dieser Tradition her gesehen, nichts weiteres als eben derselbe Doppelgänger-Schatten Andersens, dem nur in der Übermotivierung die Seele beigegeben wird, weil die zweite Andersen-Vorlage des Märchens, »Den lille Havfrue« (»Die kleine Meerjungfrau«), die Meerwesen als seelenlos darstellt und sie in spiegelbildlicher Umkehrung durch die Verbindung mit einem Menschen eine Seele erhalten läßt. In dieser Motivkombination und ihrer Umkehrung ergab sich daraus die in der Kompilation vielleicht nicht ganz glückliche Übermotivierung von der ›bösen Seele‹.

Die Doppelmotivierung entspricht schließlich wiederum den eingangs herausgestellten beiden Welten: für den Eingang in die Welt der Meerwesen war lediglich die Aufgabe der Seele Voraussetzung, vom Schatten war nicht die Rede. Die Seele-Handlung versteht sich also in bezug auf die Liebeshandlung in der idyllischen Meerwelt. Der Ichspaltung, Aussendung in die Menschenwelt und dem Doppelgänger dagegen entspricht das Schattenmotiv, das wiederum zu der Meerwelt in keinerlei Beziehung steht.

Der Schatten als das Zeichen der Zugehörigkeit zur äußeren, irdischen, grausamen und bösen Erwachsenenwelt muß geopfert werden, wenn sich das Ich ganz in die stille, idyllische, gemüthafte Märchen- und Kinderwelt des reinen Gefühls zurückziehen will. Doch die Versuchungen der äußeren Welt halten an, und ihre Verlockungen gewinnen an Stärke, bis das Ich seinen freiwilligen Verzicht als einen Verlust empfindet und ihnen erliegt, in die äußere Welt zurückkehrt. In die einmal aufgeopferte innere Welt jedoch führt kein Weg mehr zurück, der Treubruch verschließt sie für immer, und erst im Tod wird die Ichspaltung überwunden, die verlorene Ganzheit des Ich wiederhergestellt, jene Existenzform erreicht, die Wilde dann als das Ideal künstlerischer Existenz erklären kann:

> What the artist is always looking for is that mode of existence in which soul and body are one and indivisible.[708]

Für das Fischermärchen bedeutet das letztlich wiederum nicht den Rückzug in die wolkenlose Idylle, sondern das Festhalten am Idealbild des Schönen und der Liebe bei gleichzeitiger Anerkennung des Schlechten und Bösen als Teil des menschlichen Daseins. Insofern greift Wildes Märchen über Andersen hinaus, als hier das Böse, Herz- und Gewissenlose nicht etwa als Ausfluß einer Verkehrten Welt betrachtet wird, sondern daß sein Vorhandensein als integrierender Bestandteil der Welt Anerkennung findet, daß die Welt über die Not und den tragischen Untergang des einen nicht zur Tagesordnung übergeht, sondern daraus in einem Umdenkensprozeß zu einem größeren und tieferen, liebenden Verständnis gegenüber allem Seienden gelangt.

5. FRIEDRICH NIETZSCHE »DER WANDERER UND SEIN SCHATTEN«

Die Behandlung Nietzsches im Zusammenhang mit dem Motiv der Schattenlosigkeit und speziell dem des Doppelgänger-Schattens kann hier nur mit einer doppelten Einschränkung erfolgen: Weder geht es Nietzsche um die literarische Bearbeitung eines Motivs im Sinne der schöngeistigen Ausgestaltung und fiktionalen Aufbereitung, noch geht es ihm um den Doppelgänger-Schatten als Antagonisten einer fiktiven Handlung. Sein Beitrag gehört, wenn er überhaupt literarischer Ortung bedarf, eher in die Geschichte des Schattensymbols allgemein, und da er überdies mehr schöngeistige Einkleidung, Vehikel der Gedankenvermittlung als selbstwertige Motiventfaltung ist, soll er hier nur kurz gestreift werden.

Der Aphorismensammlung »Menschliches, Allzumenschliches« von 1878 war 1879 bereits ein erster Nachtrag unter dem Titel »Vermischte Meinungen und Sprüche« gefolgt, als Nietzsche für den zweiten Nachtrag im Gegensatz zu den vorangegangenen Bänden eine Rahmeneinkleidung wählte: »Der Wanderer und sein Schatten« (1880)[709].

Den Rahmen – Beginn und Abschluß – dieses Nachtrags, der sich ansonsten von der aphoristischen Form der vorangegangenen Bände nicht unterscheidet, bilden Dialoge von zwei bzw. drei Seiten Umfang zwischen dem Wanderer (= Nietzsche) und seinem Schatten, der sich ihm als Gesprächspartner anbietet, um ihm »Gelegenheit zum Reden«[710] zu geben: ein technisches Vehikel zur Dialogisierung, die jedoch nicht durch das Aphorismenwerk selbst durchgehalten wird, sondern nur zu dessen Rahmung dient: das Gespräch selbst wird – auf Wunsch des Schattens[711] – nicht mitgeteilt, sondern nur seine aphoristischen Ergebnisse, das, »worüber wir übereingekommen sind«[712], die ebenfalls auf Wunsch des Schattens als die Ansichten des Wanderers wiedererkannt werden sollen[713]. Der Schatten wird nicht näher definiert; er ist der natürliche Schatten des Wanderers, nur zu dessen Erstaunen mit Sprache begabt[714] und nicht geneigt, darüber Auskunft zu geben[715]; aber er ist darüber hinaus auch »jener Schatten, welchen alle Ding zeigen, wenn der Sonnenschein der Erkenntnis auf sie fällt«[716], also Ergebnis der Erkenntnis.

Der Dialog findet ein ebenso surreales wie natürliches Ende, als der Schatten bei Sonnenuntergang um seine Entlassung bittet, weil ihm kalt wird:

Der Rasen ist feucht, mich fröstelt.[717]

worauf sich der Wanderer vergebens nach ihm umsieht.[718]

Der ›verlorene Schatten‹, soweit sich hier davon sprechen läßt, findet also seine natürliche Erklärung, und nichts berechtigte dazu, diesen kurzen Text in diesem Zusammenhang zu beachten, wären nicht zwei Motive in den kurzen Dialogen enthalten, die auch anderweitig innerhalb der Motivtradition auftauchen:

Der Schatten: Ich habe dich oft mit Schmerz verlassen: es ist mir, der ich wißbegierig bin, an dem Menschen vieles dunkel geblieben, weil ich nicht immer um ihn sein kann. Um den Preis der vollen Menschen-Erkenntnis möchte ich auch wohl dein Sklave sein.

Der Wanderer: Weißt du denn, weiß ich denn, ob du damit nicht unversehens aus dem Sklaven zum Herrn würdest?[719]

Die Bereitwilligkeit des Schattens, um der vollen Menschenerkenntnis willen auch ein Sklavendasein auf sich zu nehmen, präfiguriert in gewissem Sinne die Bereitschaft der Kaiserin in Hofmannsthals »Frau ohne Schatten«, um des Schattens willen ein (freilich zeitweises) Sklavendasein zu führen. Obwohl die Gemeinsamkeit der drei Begriffe Schatten – Sklavendasein – Menschenerkenntnis in beiden Texten gegeben ist, schiene es jedoch gewagt, eine Beeinflussung Hofmannsthals von hier aus zu postulieren: Was hier erstrebtes Ziel ist (Menschenerkenntnis), ist dort unbeabsichtigtes Nebenergebnis, was dort Ziel ist (Schatten), ist hier Ausgangsbasis; selbst wenn man die für Hofmannsthal als typisch herausgestellte Umpolung der Tradition in Betracht zieht, bliebe die Vergleichsbasis zu schmal.

Das zweite Motiv, das mögliche Sichaufwerfen des Schattens vom Sklaven zum Herrn, entspricht zwar in dieser Reduktionsstufe dem Motivgefüge von Andersens Märchen, und zwar verstärkt auch noch insofern, als die Mittel dazu wie bei Andersen die »volle Menschenerkenntnis«[720] bereitstellt. Doch selbst wenn man eine mögliche Reminiszenz an Andersen behaupten will, ist die Vergleichsbasis begrenzt und entspricht in ihrer Reduktion so sehr dem Topos der Verkehrten Welt, daß ein überzeugender Beweis nicht gelingen kann. Es spricht demnach vieles dafür, Nietzsches Behandlung des Schattenmotivs im wesentlichen außerhalb der Traditionsreihe zu sehen, und diese Haltung wird bestärkt durch die Analyse der Rolle des Schattens an sich: Wennschon die Schattenlosigkeit natürliche Erklärung findet, so entspricht auch der Schatten nicht der Rolle und Funktion des Doppelgängers und Antagonisten, die er sonst überall dort einnimmt, wo er verselbständigt erscheint. Dieser Schatten widerspricht nicht, er ist Dialogpartner, Echo, Reflexion der Gedanken seines Herrn – »Fast ist es mir, als hörte ich mich selber reden.«[721] – nicht Ausgeburt der Persönlichkeitsspaltung, sondern Schöpfung aus dem »Gefühl der freudelosen Vereinsamung«[722], von der Nietzsches Brief an E. Rohde vom 28. Dezember 1879 im Anschluß an die Erwähnung des Schattens spricht. Und wie diese Einsamkeit, um ertragen zu werden, sich im Schatten den Partner für das Selbstgespräch schafft, so wendet sich auch der andere Wanderer Zarathustra im Selbstgespräch an seinen Schatten[723].

Die Verbindung beider Werke wird hergestellt durch Zarathustras Anfrage

»Ihr hörtet wohl schon einiges vom Wanderer und seinem Schatten?«[724].
Den höheren Grad der Vereinsamung und der gewollten Einsamkeit bezeich-
net in dem Kapitel »Der Schatten« Zarathustras fruchtloser Versuch, dem
Schatten davonzulaufen[725]: Absage an den Schatten, also imaginierte Schattenlosigkeit und zugleich Vorwegnahme des Motivs vom Wettlauf mit dem
Schatten, das Wilhelm von Scholz zum Thema seines Dramas (s. u.) nehmen
sollte.
Mit der Reduktion des Motivs zur philosophischen Allegorie: Schatten als
Gesprächspartner des Einsamen, Schattenlosigkeit als höchste Stufe der Einsamkeit, erschöpft sich jedoch Nietzsches Beitrag zum Motiv der Schattenlosigkeit, einem Motiv, dessen selbstwertige Behandlung einerseits nicht beabsichtigt war und das andererseits mit der Gedankenwelt Nietzsches nur in so
lockerem Zusammenhang steht, daß es sich wie eine äußerliche literarische
Schmuckform davon isolieren und isoliert betrachten läßt.

6. WILHELM VON SCHOLZ »DER WETTLAUF MIT DEM SCHATTEN«

Nur in höchst lockerem Sinne und bei sehr weitgespanntem Rahmen gehört
auch Wilhelm von Scholz' Erfolgsstück der Zwanzigerjahre »Der Wettlauf
mit dem Schatten« (1920)[726] in den Zusammenhang unseres Themas. Diese
Einschränkungen gelten insofern, als im Stück der Motivbereich der Schattenlosigkeit oder des verlorenen Schattens überhaupt nicht in Erscheinung tritt
und der allgemeine Motivbereich des Schattens nur insofern tangiert wird,
als ›Schatten‹ hier bloß als allegorische Bezeichnung für eine Romanfigur als
Doppelgänger einer lebenden Person gebraucht wird – in ähnlicher Weise,
wie in Hermann Hesses »Glasperlenspiel« später der Stellvertreter des
Magister Ludi die Bezeichnung ›Schatten‹ trägt, weil sie »dessen eigentüm-
licher Stellung, seiner Verbundenheit, ja quasi Identität ... sowohl wie dem
Scheinhaften und Wesenlosen seiner ... Existenz vorzüglich gerecht« wird[727].
Insofern stehen im Grunde Werfels »Spiegelmensch« aus demselben Jahr
und ähnliche Gestaltungen des Spiegelmotivs dem Motiv des verlorenen
Schattens näher als Scholz' Drama. Und dennoch ist hier der Ort, auf dieses
Werk einzugehen, nicht etwa, weil verbal ein allegorischer ›Schatten‹ auf-
tritt, sondern weil die in diesem Kapitel untersuchte Motivkombination von
Schatten und Doppelgänger hier eine eigenwillige Variante erfährt.
Scholz' Dreipersonenstück kann literaturgeschichtlich in dreierlei Zusam-
menhängen gesehen werden: Einmal steht es werkgenetisch auf dem Hinter-
grund von Scholz' eigener Auseinandersetzung mit den Bedingungen und
Voraussetzungen des dichterischen Schaffens und der künstlerischen Intuition
als einem für ihn mystisch-telepathischen Organ der Welterfahrung, das ihm
als eine »unheimliche Hellsichtigkeit«[728] des inneren Auges für Wesen und
Schicksale ihm völlig unbekannter Personen erscheint. Dieser Ansatz, den
Scholz auch in eigenen Erläuterungen[729] betont, wird jedoch mehr umspielt
als durchgeführt und schließlich zugunsten des theatralischen Effekts fallen
gelassen.
Den zweiten Ortungspunkt liefert sowohl zeitgeschichtlich als werkbio-
graphisch die rätselhaft-okkultistische Schauerliteratur eines neuromantischen
Mystizismus etwa vom Schlage Gustav Meyrinks, Alexander Moritz Freys

oder Hanns Heinz Ewers' mit ihrer Postulierung mysteriöser Schicksalszusammenhänge in Wachträumen, Halluzinationen, Visionen und Doppelleben. Sie entsprach in besonderem Maße Scholz' eigener Neigung zum Mystischen und Okkulten, Übersinnlichen und Zwielichtigen, seiner Vorliebe für das geheimnisvolle, dämmerige Zwischenreich von Traum und Wirklichkeit, Leben und Dichtung, Anspruch und Wahrheit, Schicksal und Zufall, die zum Grundthema seines späteren Werkes wurde: Zerfall der realen Identitäten, rätselhafte Bezüge zwischen polaren Gegensätzen dokumentieren den Einbruch des Unberechenbaren aus unbewußten Zwischenwelten der Seele in das menschliche Dasein. Es ist jedoch nicht zu übersehen, daß auch dieses Thema hier zu keiner Klärung gelangt, sondern im Fragezeichen endet und letztlich nur die Rechtfertigung für die Verlegung eines spukhaft-übersinnlichen Geschehens in die real geschilderte Alltagswelt des Kammerspiels liefert. Scholz hat sich selbst darauf berufen, daß die Anregung dazu von E. T. A. Hoffmann ausging[730].

Den dritten und jüngsten literarischen Hintergrund schließlich bildet das Spiegel- und Maskentheater Luigi Pirandellos mit seinem Spiel von Sein und Schein, und es wäre sicher reizvoll, Scholz' »Wettlauf mit dem Schatten« als eines der ersten deutschen Zeugnisse für die Wirkung von Pirandellos »Sei personaggi in cerca d'autore« zu interpretieren, wie dies M. Dietrich[731] tut – wenn nicht »Der Wettlauf mit dem Schatten« bereits ein Jahr vor dem Werk Pirandellos[732] entstanden und uraufgeführt worden wäre. Was M. Dietrich als eine Weiterführung der Idee Pirandellos interpretiert, daß nämlich fiktive Figuren der Literatur in Umkehrung romantischer Ironie zum Eigenleben erwachen, erweist sich angesichts der unumstößlichen Chronologie als eine vermutlich zufällige zeitliche Koinzidenz, und anstelle der Gemeinsamkeiten beider Wekre treten ihre Unterschiede deutlicher hervor: Wenn es bei Pirandello aufgegebene fiktive Bühnenfiguren sind, die nach einer Darstellung ihres Schicksals im Drama verlangen, die Fiktion also in die Wirklichkeit der Theaterprobe einbricht, so ist es bei Scholz umgekehrt die reale Person, die in die Fiktion eindringt und eine literarische Verarbeitung ihres Schicksals gerade mit allen Mitteln unterbinden will, und wenn Pirandellos ›sei personaggi‹ am Ende ihren Drang nach Erlösung im Werk resigniert aufgeben, weil die Literatur ihrem Schicksal nicht nachzukommen vermag, nimmt bei Scholz die Literatur das Schicksal in geradezu tödlicher Weise vorweg: Resignation der Kunst vor dem Leben auf der einen Seite, Hochmut der Kunst gegenüber dem Leben auf der anderen Seite. Pirandellos Hinterfragung, Infragestellung der Kunst und Scholz' Apotheose der künstlerischen Intuition lassen sich auf keinen gemeinsamen Nenner bringen.

Der Vergleich mit Pirandello mag überhaupt um einiges zu hoch gegriffen sein. Wenn nämlich Scholz in Selbstzeugnissen wiederholt betont, es ginge ihm bei diesem Stück um die Ergründung der Arbeitsweise, der Fähigkeiten und der Einflußmöglichkeiten dichterischer Intuition[733], und solcher Deutung von dritter Seite Vorschub leistet[734], so ist darüber nicht zu übersehen, daß dieses metaphysische Deckmäntelchen einem reißerischen Bühnenstück aufgestülpt wird, dessen Überraschungsmomente handwerklich geschickt durch Verteilung auf zwei Zeitebenen auf den Theatercoup hin angelegt sind:

Daß einem Romanschriftsteller nach einer öffentlichen Lesung eine seiner erdachten Romanfiguren in corpore gegenübertritt, hat für ihn und für den

Zuschauer außer dem anfänglichen Verblüffungseffekt nur solange den Charakter des Mysteriösen, bis deutlich wird, daß der Fremde nicht eine plötzlich ins Leben übergetretene Phantasiegestalt ist, sondern der frühere Liebhaber der Frau des Schriftstellers war und dieser, sich selbst unbewußt, angesichts ihrer verschleierten Vergangenheit Möglichkeiten ihres Vorlebens imaginiert und literarisch ausarbeitet. Während die stupenden Übereinstimmungen in Wesen und Schicksal zwischen dem Fremden und der Romanfigur in der Vergangenheit durch die medialen Fähigkeiten der Frau erklärbar sind, beginnt mit dem Zeitpunkt der Wette zwischen dem Schriftsteller und dem Fremden – Schnittpunkt beider Zeitebenen – der »Wettlauf mit dem Schatten« zwischen dem Fremden und seiner fiktiven Parallelfigur im entstehenden Roman, also zwischen spontan gelebtem Leben und kreativer Phantasie. Dieser Wettkampf muß bei absoluter Gleichheit der Voraussetzungen und Startbedingungen und im Bemühen, dem mutmaßlichen Normverhalten auszuweichen, notwendig zu ähnlichen bis gleichen Abwegen und Lösungen führen. Die theatralische Pointe, daß dichterische Phantasie und Einfühlungsvermögen schneller agieren als der wirkliche Mensch, eher am gleichen Ziel sind als dieser und damit sein Schicksal quasi vorwegnehmen, resultiert wiederum nur aus der Verschiebung der Zeitebenen um des Effekts willen und läßt daher nicht den mit Absicht dem Zuschauer insinuierten Schluß zu, der Dichter habe dank ihm aus der Einfühlung zugewachsener telepathischer und fernwirkender Kräfte Macht über menschliche Schicksale.

Vom Demiurgenmythos des genialen Seher-Dichters, der Welten aus sich herausstellt und dem Schicksal seinen Lauf vorschreibt, bleibt damit bei näherem Hinsehen nur das Bild des Autors, der dank außergewöhnlichem Einfühlungsvermögen und erstaunlicher Hellsichtigkeit sowohl aus der Vergangenheit heraus entwickeln als auch in die Zukunft hinein projizieren kann. Doch es ist bezeichnend für den theatralischen Aufputz des Werkes, daß der erstere Anspruch erhoben und nur der zweite gestaltet wird.

Der zu hoch greifenden Überfrachtung des Anspruchs entspricht die bis ins Extreme gehende Überladung des Doppelgängermotivs. Mit Ausnahme der Frau, die nur den Männern als doppelgesichtig – treuloser Vamp und biedere Dichtersgattin – erscheint, hat in diesem Dreipersonenstück jede der beiden männlichen Figuren gleich zwei Doppelgänger oder Rivalen:

Der Schriftsteller bekennt, in seiner Romanfigur alle seine eigenen negativen Charaktereigenschaften, »alle meine Gifte, meinen Haß, alles Schlechte, Verruchte in mir«[735] verkörpert zu haben und identifiziert sich mit ihr[736]; andererseits muß er den plötzlich auftauchenden Fremden, das reale Vorbild der Figur, als Teil seines Selbst[737] und zugleich als seinen Rivalen in der Liebe zu seiner Frau empfinden[738], zumal beide für seine Frau eins waren[739]. Für den Fremden ist umgekehrt nicht nur der Schriftsteller Rivale um die Frau, sondern ihm entsteht in der Romanfigur ein richtiger, wenn auch fiktiver Doppelgänger[740], in dem er sich wiedererkennt, den er zwar nicht als Rivalen und Gegenspieler zu betrachten hat wie die bisherigen Doppelgängerfiguren, sondern als in Wesen, Charakter und Geschick absolut identisch, den er dennoch, weil er von außen gelenkt wird, gerade deshalb als Bedrohung seiner individuellen Freiheit empfinden muß und von dem er sich mit aller Macht zu differenzieren trachtet.

Für diesen, weil nicht realiter, sondern nur als Romanfigur existierenden

Doppelgänger prägt er allegorisch den Begriff ›Schatten‹[741], den der Schriftsteller aufnimmt[742]. (Irritierenderweise findet der Begriff ›Schatten‹ auch sonst im Text Anwendung für Menschen, die vom Schriftsteller in ihrer Individualität nicht voll anerkannt werden, so daß die Schriftstellerfigur gleichzeitig eine Art Apotheose als einziger Weiser unter Schatten erlebt, mit denen er nach Belieben spielen kann[743].)

Die Duplizität Fremder – Romanfigur ist also das tragende Doppelgängertum des Dramas, und zwischen den beiden findet der »Wettlauf« statt, in dem der Schatten infolge dichterischer Intuition siegt und der Fremde unwissentlich seinen Spuren folgt, die in den Selbstmord führen. Das Schattenmotiv ist demnach im Werk voll integriert angelegt, obwohl der Titel[744] von anderer Hand stammt. Und wenngleich die Schattenlosigkeit hier keine Rolle spielt[745], steht der »Wettlauf mit dem Schatten« doch insofern in der Tradition des Schattenmotivs, als ihm die im Volksglauben weitverbreitete Vorstellung zugrunde liegt, wer über den Schatten eines Menschen verfüge, habe auch Macht über diesen selbst. Die Untersuchung hat erbracht, daß diese Vorstellung in der Literatur bisher keinen Niederschlag gefunden hat; es erscheint aber symptomatisch für ein Werk, das so nah am Unergründlichen und Geheimnisvollen baut, daß es sich auch solcher Elemente des Irrationalen bemächtigt und sie sich zunutze macht.

Für die Tradition der Schattenmotivik ist »Der Wettlauf mit dem Schatten« neben der sporadischen Behandlung bei Nietzsche das einzige Zeugnis, in dem das Schattenwesen nicht eigentlich als Gegenspieler angelegt ist; im Gegenteil: hier ist es gerade die absolute, mysteriöse Übereinstimmung von Mensch und Schatten in allen Punkten, die die Existenz des Schattens als des perfekten Doppelgängers für den Menschen so gefährlich macht. Nicht daß der Schatten opponiert und anders handelt als der Fremde, führt zu Konfrontation und Untergang, sondern gerade die tödliche Parallelität.

Theatralisch effektvoll allerdings wird diese erst dadurch, daß die Parallelhandlungen mit zeitlicher Differenz ablaufen und die Romanfigur dem Menschen um einige Phasen voraus ist (wohl auch, weil sie nicht alle Wege zu Fuß machen muß). Nur dadurch kann der Eindruck entstehen, als werde das Schicksal des Menschen durch die Manipulation des Schriftstellers mit dem Doppelgänger-Schatten beeinflußt, ferngesteuert, bestimmt. Gerade die Insistenz, mit der dieser Eindruck von den Figuren des Stückes dem Publikum aufgezwungen wird[746], entwertet das auch sprachlich schwache Drama zum Sensationsstück, das seinen Erfolg – neben der leichten Spielbarkeit als Dreipersonenstück mit Zimmerdekoration – mehr den angeschnittenen als den gelösten Problemen verdankt.

Wenn im »Wettlauf mit dem Schatten« der Schriftsteller, um den Fremden auf eine falsche Fährte zu setzen, von einem bevorstehenden Duell spricht, in dem dieser sterben werde, so greift Siegfried Lenz wohl ohne Bezug darauf diese Formulierung auf in seinem frühen Roman »Duell mit dem Schatten« (1953). Doch auch hier findet kein Duell statt, und der Schatten steht ebenso allegorisch für die schuldbeladene Vergangenheit des ehemaligen deutschen Obersten, der dieser auf den Schlachtfeldern Afrikas nachspüren will und der er schließlich erliegt. Trotz des parallellaufenden Titels wird das Schattenmotiv nur allegorisch verwendet im Sinne der »Schatten der Vergangenheit«, also ähnlich wie in Maxim Zieses oben erwähntem Drama »Der erschlagene Schatten« (1935).[747]

7. JOSEPH ROTH »DER ANTICHRIST«

Bei den bisher betrachteten Gestaltungen des Schattens als Doppelgänger war die Verselbständigung des Schattens durch eine bewußte Ich-Abspaltung erfolgt. Die Rückbeziehung des Motivs auf den Schattenverkauf bringt am Ende dieser Reihe Joseph Roths zeitkritische Betrachtung »Der Antichrist« (1934) mit ihrem Kapitel »Die Heimat der Schatten« über die Filmwelt Hollywoods. Roths zivilisationskritischer Ansatzpunkt vom Fluch der Technik und ihrer dehumanisierenden Wirkung läßt ihn die Filmmetropole als den Ort sehen, wo die Menschen als Filmschauspieler ihre Schatten für Geld an die Filmindustrie verkaufen und hinfort selbst nur noch als die Doppelgänger ihrer eigenen Schatten leben. Die Dominanz der Filmrolle, des ›Image‹, über die Persönlichkeit, der Kommerzialismus und die Versklavung des Menschen unter die Erfordernisse des Massenmediums geben Roth vielfache Gelegenheit, das Motiv aufzufächern und auszugestalten. Doch der antizivilisatorische Affekt, der aus den ›Lichtspielen‹ der Schwarzweißfilm-Ära ›Schattenspiele‹ macht, gelangt über eine lamentierend-anklägerische Verwendung des Motivs in der Beschreibung herrschender Zustände nicht hinaus. Jene charakterbestimmende Prägekraft des Schattens, die Meckels surreales Märchen so überzeugend gestaltete, wird hier nicht fiktional tragend, sondern das gut getroffene Bild verbleibt Mittel einer zivilisationskritischen Betrachtung. Das ist von motivgeschichtlicher Sicht her um so mehr zu bedauern, als die schon bei Andersen und Švarc angedeutete Unterjochung des Individuums zum Doppelgänger/Schatten des einstigen Schattens gerade in der Filmwelt und im Verhältnis des Filmschauspielers zu seinem Leinwandimage neue Möglichkeiten der literarischen Gestaltung geboten hätte. Doch nicht literarische, sondern rhetorische Ambitionen einer Botschaft – die Omnipräsenz des Antichrist Technik – führten dem Autor hier die Feder.

Im Rückblick auf die Gestaltungen des Schattens als Doppelgänger und Gegenspieler verfestigt sich der Eindruck, daß alle untersuchten Gestaltungen dieser Motiv-Variante, von der Schattenmotivik her gesehen, eigentlich nicht über Andersens grundlegendes Konzept hinausgelangt sind und sich hier ähnlich wie beim Kuriosen eine Vorwärtsentwicklung nicht abzeichnet, vielmehr wie dort der Einfluß des Initialwerks unverändert und unübertroffen anhält, während die späteren Gestaltungen gern ins Allegorische münden.

Die Frage, ob der Schatten kein sonderlich geeignetes Medium für das Doppelgängermotiv darstellt, muß sich im Zusammenhang mit einer kritischen Übersicht der erzielten Ergebnisse und der poetologischen Möglichkeiten des Motivs stellen.

Wenn die Einleitung keine großen geistigen Synthesen und neuen Durchblicke durch die Literaturgeschichte versprach, so soll dies auch für die Schlußbemerkung verbindlich sein, die mehr die Resultate der Untersuchung zusammenfassen als daraus weltbewegende Schlüsse ziehen und über deren Anwendung spekulieren soll: Es ging hier nicht um die methodische Rechtfertigung der Motivgeschichte, und es ging nicht um neue Aspekte der Literaturhistorie, sondern um ein einzelnes, geringes, abwegiges Motiv, dessen Attraktivität überdies nicht auf der Häufigkeit seines Vorkommens im täglichen Leben, sondern gerade auf seiner Unwahrscheinlichkeit, Irrealität – um nicht zu sagen: Seltenheit – beruht.

So gewiß die großen Stoffe der Weltliteratur in ihrer Entfaltung und in ihren historischen Ausprägungen Symptome für die literatur- und geistesgeschichtliche Epochenbildung liefern, so wenig kann ein einzelnes, seltenes Motiv, das immer in größerem Stoffzusammenhang gesehen werden muß, dieselbe Aufgabe erfüllen. Und wenn die Stoffgeschichte mit ihren viel weiteren, großräumigeren Textquellen aus Wechselbezügen und Abhängigkeiten historische Stemmata herausfalten, epochengeschichtliche Affinitäten und epochentypische wie individuelle Umgestaltungen feststellen kann, so muß sich die Motivgeschichte auf ihrer kleineren Skala mit dem Aufzeigen gelegentlicher Einflüsse und Übernahmen einzelner Züge abfinden, die oft wenig hilfreich für die Gesamtwertung des jeweiligen Werkes sind, weil sie nur einzelne und z. T. weniger wichtige Partikel des Werkganzen betreffen.

Abweichend vom breiter angelegten Stoff ordnet sich das Motiv auch nicht zwangsläufig in eine einsträngige Einfluß- und Abhängigkeitskette, sondern kann gelegentlich auch von sich heraus selbständig auftreten, neu gefunden oder erfunden werden, Verbindungen mit anderen Motiven eingehen, ihnen untergeordnet werden oder durch individuelle Neudeutungen und Umorganisation ganz neue Aspekte gewinnen. Im Gegensatz zur wesentlich historisch angelegten Stoffgeschichte kann Motivforschung daher nicht unbedingt Motivgeschichte im Sinne eines historischen Ablaufs sein, sondern muß auch mit dem spontanen Neuauftreten ohne Abhängigkeit von den Vorgängern rechnen und insbesondere weniger das historische Moment der Rezeption als das poetologische der Motivvariation ins Auge fassen: Gerade an so fragilen Partikeln der Literatur wie den Motiven können sich literarische Originalität, Eigenständigkeit oder Nachahmung in der weiteren Ausgestaltung deutlich abzeichnen, und als ein wesentliches Moment dabei erwies sich für unser Untersuchungsfeld nicht nur die Übernahme angereicherter Züge, sondern immer wieder die Umpolung des Motivs, seine Verkehrung in das Gegenteil.

Dennoch ließen sich bei den obigen Detailanalysen, wie mir scheint, zwei Aspekte herausarbeiten, die eine gewisse Motivtradition begründen und fördern: In der Vor- und Frühgeschichte des Motivs vom verlorenen Schatten konnte hier erstmals der starke Einfluß von Wielands »Abderiten« auf die Motivgenese herausgearbeitet werden, und in der gesamten Motivgeschichte ließ sich dann gerade an vielen Einzelheiten die Schlüsselposition aufzeigen, die Chamissos »Peter Schlemihl« dank seiner weltweiten Bekanntheit für fast alle weiteren Gestaltungen der Schattenlosigkeit einnimmt. Für die einzelnen Zweige der Motiventfaltung konnten Lenau und Andersen eine ähnliche Stellung behaupten, während, wie kaum anders zu erwarten, die folkloristischen Anleihen, in denen die Schattenlosigkeit nur als Nebenmotiv aufscheint, kein kontinuierliches Stemma bildeten.

Ortet man nun die einzelnen Ausformungen der Schattenlosigkeit im herkömmlichen Rahmenwerk der Literaturgeschichte, so ergibt sich, daß sie mehr oder weniger alle in zwei Hauptepochen der abendländischen Literaturgeschichte beheimatet sind: in der Romantik und in dem, was man jahrzehntelang mit dem freilich unbefriedigenden Begriff der Neuromantik zu umschreiben pflegte. Diese Epochenbindung läßt sich noch weiter differenzieren in der Weise, daß die (naiv)-kreative Ausbildung der einzelnen Varianten (Chamisso – Lenau – Andersen) in der Romantik, ihre allegorischsymbolische Befrachtung eher in der Neuromantik (Wilde – Hofmannsthal) erfolgte und damit eine zweistufige Entwicklung vorliegt, deren zweite Stufe von der zwischenzeitlich einsetzenden gedanklich-interpretatorischen Deutung der Motive im Sinne einer Vergeistigung des Bildlichen profitierte und ihr in einem Maße erlag, daß aus dem ›Nichts‹ des Schattens bei Chamisso ein ›Alles‹ bei Hofmannsthal werden konnte. Die dazwischen liegenden realistischeren Epochen (Biedermeier, Realismus, Naturalismus) vermeiden das surreale Motiv bewußt oder nehmen es, wo sie es benutzen, als Sinnestäuschung im Sinne einer nur vermeintlichen Schattenlosigkeit praktisch zurück. Von dem sporadischen Auftreten als Randmotiv in späteren Epochen kann für die Belange der Epochenaffinität abgesehen werden.

Es läge nun nahe, die Schattenlosigkeit aufgrund ihres derart gestaffelten Auftretens zum ausgesprochen romantischen Motiv zu erklären – wenn damit irgendein Gewinn an Einsicht verbunden wäre. Wir werden daher guttun, uns solcher vorschnellen und im übrigen belanglosen Generalisierungen zu enthalten und eher von der Eigenart des Motivs als von vorgefaßten Epochenkonzeptionen ausgehen. Soviel läßt sich indessen mit einiger Sicherheit behaupten: Der verlorene Schatten ist nicht in erster Linie ein romantisches Motiv, sondern er ist seinem surrealen Charakter nach ein typisches Märchenmotiv, und wegen dieser seiner Eigenschaft als Märchenmotiv erlebte er seine Blütezeit in den romantischen und romantiknahen Perioden der Literaturgeschichte mit ihrer Affinität zum Märchenhaften. Für die Bezeichnung der Schattenlosigkeit als Märchenmotiv mag die Feststellung ausreichen, daß sie über die Gattungsgrenzen hinweg im wesentlichen im Märchen – im Prosamärchen, im Erzählgedicht nach Märchenstoff und im Märchenspiel – in Erscheinung tritt.

Die Streitfrage nach dem Gattungscharakter des »Peter Schlemihl« als Märchen oder Novelle kann dabei nicht einschränkend wirken, insofern das novellistische Element, die ›unerhörte Begebenheit‹, sich auf das neu erfundene Motiv der Schattenlosigkeit bezieht; in dem Moment, wo diese ›Novität‹ akzeptiert ist, und das geschieht mit E. T. A. Hoffmann, verliert sie den Charakter des Unerhörten und verbleibt beim Märchen.

Auch eine andere Schlußfolgerung traditioneller Motivbetrachtung scheint sich in diesem Falle zu verbieten: So sehr es naheliegt, den verlorenen Schatten von seinen frühesten Gestaltungen her zu einem typisch deutschen Motiv zu erklären, und so wenig die Existenz nationaler Präferenzen im Motivbereich in Frage gestellt werden soll, so erbrachte die Untersuchung doch, daß sich die Verbreitung des Motivs über nahezu alle abendländischen Literaturen erstreckt und daher das Überwiegen deutscher Beispiele möglicherweise nur auf die Enge des eigenen Horizonts zurückzuführen ist.

Wenn demnach die Nutzanwendung der erbrachten Erkenntnisse auf unser Verständnis der allgemeinen und nationalen Literaturgeschichte ein wenig fragwürdig geworden oder doch cum grano salis zu verstehen ist und der eigentliche Gewinn der Untersuchung eher darin besteht, aus ständigen Vergleichen innerhalb der Motivtradition des verlorenen Schattens selbst tiefere Einsichten und Durchblicke in die Motivbehandlung und deren intendierte oder erreichte Absichten, damit aber auch für das Verständnis der ihm gewidmeten Werke zu vermitteln, so ist um so mehr von einer anderen Form der Generalisierung Abstand zu nehmen, und diese bewegt sich nicht auf literaturhistorischem, sondern auf literaturpsychologischem Gebiet.

Die Aufmerksamkeit, die Psychologie, Psychoanalyse und Literaturpsychologie unserem Motiv gewidmet haben, hat gelegentlich zu merkwürdigen Verallgemeinerungen geführt, die diejenigen der Literaturgeschichte weit übertreffen, weil sie, ›interdisziplinär‹ verfahrend, d. h. mit Arbeitsweisen zweier Disziplinen dilettierend, biographische und psychographische Erkenntnisse in das Werk hineinsehen. Das führt zu solchen Generalisierungen wie derjenigen, daß Märchendichter und Autoren, die sich gern der Märchenmotive bedienen, von vornherein gefühlsmäßig unterentwickelt und infantil oder Autoren, die das Schattenmotiv oder das Spiegelbild behandeln, psychisch gefährdet, wo nicht gar gespaltene Persönlichkeiten seien. Abgesehen davon, daß solche Vorurteile weiterhin auf den abnormalen Fällen aufbauen, daß die Relation von Psychogramm und Dichtung nicht schlüssig ist und der Umkehrung nicht standhält, daß sie ganz allgemein die Sonderstellung des Schöpferischen, das Eigengesetz der Motive und ihre vielfache Brechung in Rollen und Perspektiven außer acht lassen, scheint an dieser Stelle doch der zarte Hinweis angebracht, daß solche Schlüsse einer seriösen Literaturwissenschaft nicht anstehen. Trotz der numerischen Verhältnisse kann die Schattenlosigkeit ebensowenig als Lieblingsmotiv für Homophile gelten wie etwa als eine Domäne der adligen Autoren mit Beschlag belegt werden; selbst der gemeinsame Nenner der Minorität erhellt weder das Verständnis der Dichtung, noch erklärt er die Rezeption beim breiten Publikum.

Bleiben somit die Erkenntnisse, die der Literaturgeschichte, der Literaturpsychologie und der Literatursoziologie aus der Untersuchung zuströmen, gering oder fragwürdig, so lassen sich aus der Übersicht der bisherigen Behandlungen wenigstens einige allgemeine poetologische Ergebnisse über Möglichkeiten und Grenzen des Schattenmotivs ableiten.

Das Motiv des verlorenen Schattens ist in erster Linie ein Situationsmotiv ohne notwendig zugehörigen Handlungskern oder Bindung an bestimmte Charaktere oder Typen. Im Unterschied zu vielen anderen Motiven – etwa Blutrache, Inzest, Brautwerbung, Brudermord u. a. m. – eignet ihm kein wenigstens in den Grundzügen festgelegter Plot mit handlungsmäßigen Zügen. Wo es wirklich als Hauptmotiv im Brennpunkt eines Werkes steht, sind diese daher beliebig substituierbar. Dabei bieten sich aus der empirischen Überschau der vorhandenen Gestaltungen vorwiegend zwei Möglichkeiten für einen Ausbau an, die sich relativ deutlich voneinander trennen lassen: Entweder steht die Schattenlosigkeit am Ende der substituierten Handlung, und diese führt nur erklärend bis zum Schattenverlust, bricht aber mit ihm mehr oder weniger glatt ab, oder Schattenverlust/Schattenlosigkeit stehen knapp motiviert am Einsatz der Handlung, die dann die entstehende Situation, die Reaktionen darauf und die Versuche zu ihrer Überwindung breiter ausschmücken kann. Hinführung oder Fortentwicklung scheinen also dem absurden Charakter des Motivs zu entsprechen, und es ist fast unnötig zu sagen, daß im Grunde nur der letztere Fall eine eigentliche Gestaltung des Motivs darstellt, während die hinleitenden Bearbeitungen mehr anekdotischen Charakter annehmen, die Situation jedoch nicht ausschöpfen.

Die Eigenart des Motivs vom verlorenen Schatten beruht ferner weniger auf seinem surrealen Charakter als Märchenmotiv allgemein als vielmehr präziser auf seiner ihm immanenten Aufhebung der physikalischen Gesetze bei gleichzeitiger Anerkennung derselben. Wenn etwa die Begabung der Tiere mit Sprache, der stummen Natur mit Gefühl oder die Verwandlungsfähigkeit der Lebewesen ineinander typische Märchenmotive sind, so gelten sie für die Märchenlogik zumeist generalisierend oder doch gruppenbedingt, d. h. diese Fähigkeiten eignen entweder allen Individuen oder allen Vertretern einer bestimmten Gruppe. Bei der Schattenlosigkeit ist das Gegenteil der Fall: Sie ist alles andere als die Regel und hebt den einzelnen als andersartig aus der Gruppe heraus, die ihn daher ausstößt. Die Schattenlosigkeit bezeichnet daher präzise die Nahtstelle zwischen natürlicher und übernatürlicher Welt: In einer reinen Märchenwelt, in der alle Figuren der Logik des Märchens gehorchen, stellte sie gar kein Problem dar – wie etwa bei Wilde –; sie wird erst zum Problem durch die Gegenüberstellung mit einer Welt, die anderen Gesetzen folgt und anderen dasselbe abverlangt.

Diese Schattenlosigkeit als singuläre Erscheinung ist nunmehr im Grunde zwei verschiedenen Auslegungsmöglichkeiten offen: Sie kann als sinnfrei oder sinnbetont aufgefaßt werden. Wo sie als (zunächst) sinnfreies, kurios-absurdes Spiel der Phantasie erscheint, zieht sie ihre Effekte nicht aus der Stringenz, mit der sie zumindest für einen interpretatorisch geschulten Leser nach einer Deutung verlangt, sondern aus der Absurdität der Situation und der Reaktion der Umwelt auf die Andersartigkeit und führt, bleibt die Sinnfreiheit erhalten, gern zu dem Topos der Verkehrten Welt. Wo sie dagegen sinnbetont, also als Zeichen für etwas anderes, eingesetzt wird, kann sie allegorische oder in umfassenderem Sinn symbolische Bedeutung erlangen und steht allgemein als sichtbares äußerliches Zeichen für eine Defizienz im Ungreifbaren. Nur diejenigen Bearbeitungen, die auf vorgeprägte Vorstellungen des Volksaberglaubens zurückgreifen, finden sich mit den präetablierten Zugehörigkeiten ab und erweisen sich daher als nicht entwicklungsfähig. Erst die symbolische Dichtung Hofmannsthals konnte sie aus dieser Umklammerung befreien, führte aber gleichzeitig zu einer Auflösung des Symbols.

Einen Sonderfall sui generis bildet die Verwendung des verlorenen Schattens als Doppelgänger, die zwei ursprünglich selbständige Motive miteinander in einer Weise verknüpft, die letztlich keinem der beiden volle Gerechtigkeit widerfahren läßt: Weder wird dabei die Schattenlosigkeit thematisch bestimmend – die Situation des Schattenlosen wird soweit umgangen, daß den Helden meist sogar ein Schatten verbleibt oder nachwächst –, noch kann der immaterielle Schatten poetologisch die gleiche Bedrohlichkeit annehmen, die dem vollkörperlichen Doppelgänger in dessen eigener Motivtradition zukommt. Dies wurde anhand der dramatischen Umsetzungen des Andersen-Märchens deutlich offenbar: Das Körperlos-Immaterielle, das gerade den Reiz des Schattenmotivs ausmacht, wird dabei in sein Gegenteil verkehrt, und der Schatten wird ersetzbar.

An zwei Stellen innerhalb der Motivgeschichte stößt damit das Motiv des verlorenen Schattens an die Grenzen, die zur Aufhebung des Motivs führen: in der bewußten Selbstaufhebung des Symbols zugunsten des Gemeinten bei Hofmannsthal, und in der Verwandlung des immateriellen Schattens zum materiellen Doppelgänger.

ANMERKUNGEN

Belegstellen für Zitate und Hinweise auf Textstellen geben lediglich die Nummer des Textes bzw. der Sekundärliteratur (letztere immer mit dreistelligen Ziffern) aus der Bibliographie (B) mit der entsprechenden Seitenzahl.

[1] Erstdruck u. d. T. »Die Abderiten« fortsetzungsweise 1774–79 im »Teutschen Merkur«, Buchausgabe umgearbeitet Leipzig: Weidmann 1781 – [2] B 109, S. 74 – [3] B 109, S. 416, Anm. 12 – [4] B 1, S. 754 (Einleitung zur »Onoskiamachia« im »Teutschen Merkur« 1779) – [5] B 1, S. 308 – [6] B 1, S. 309 – [7] B 1, S. 311 – [8] B 1, S. 373 f. – [9] B 1, S. 319 – [10] B 1, S. 320 – [11] B 2, S. 217 – [12] B 1, S. 383 – [13] B 1, S. 384 – [14] B 1, S. 387 – [15] B 109, S. 88; B 111, S. 332 – [16] Vgl. Paul Kroh, Lexikon der antiken Autoren. Stuttgart: Kröner 1972, S. 73 b; ferner Comicorum Atticorum Fragmenta, hg. T. Kock, III 1880–88, und Fragments of Attic Comedy, hg. J. M. Edmonds, Leiden 1957–61. – Die übrigen antiken Quellen zur Eselsschattengeschichte, zusammengestellt bei A. Fuchs (B 107, S. 217) gehen über Anspielungen und Erläuterungen der sprichwörtlichen Wendung nicht hinaus. – [17] 3. Akt, 4. Szene, Vers 1998–2004; Hamburger Ausgabe Bd. 5, S. 127 – [18] B 114, S. 31 – [19] B 114, S. 33 – [20] Erstdruck in »Almanach Dramatischer Spiele zur geselligen Unterhaltung auf dem Lande. Achter Jahrgang« Riga 1810 (vgl. Goedeke V, 284, 161); öffentliche Uraufführung 14. 2. 1831 Mannheim, Nationaltheater. – [21] B 2, S. 183 – [22] B 2, S. 185 bis 212, das ganze Stück umfaßt S. 183–226. – [23] Sie beschränken sich auf Bürgermeister, Vice-Kirchenvorsteher und Herrn Sperling, letzterer wunderbarerweise vom »Bau-, Berg- und Weg-Inspectors-Substitut« zum »Runkelrüben-Kommissions-Assessor« avanciert. – [24] B 2, S. 185 – [25] B 2, S. 185 – [26] Daß Wielands »Abderiten« bereits die grotesken Züge der »Deutschen Kleinstädter« beeinflußt haben sollen, wie Klingenberg (B 119, S. 132) und Schumacher (B 120, S. 100) vermuten, läßt sich bei der Allgemeinheit und Verbreitung dieser Motive weder belegen noch von der Hand weisen. Ein evtl. Einfluß von Abdera auf die Atmosphäre von Krähwinkel würde jedoch die Anhängung der Eselsschattenepisode verständlich machen. – [27] B 2, S. 186 – [28] B 2, S. 203 – [29] B 2, S. 215 – [30] B 2, S. 222 – [31] B 2, 196 – [32] B 2, S. 197 – [33] B 2, S. 215 – [34] B 2, S. 215 – [35] B 1, S. 319; B 2, S. 215 f. – [36] B 1, S. 320; B 2, S. 217 – [37] B 7, Bd. III, S. 43 f. – [38] B 2, S. 199 – [39] B 124, S. 224 – [40] In einem zur Uraufführung geschriebenen Aufsatz (B 122) greift Fulda sogar noch über Wieland hinaus zurück auf den griechischen Komödienautor Archippos und spricht von seiner Absicht, »den uralten Stoff dramatisch zu behandeln und zu dem übriggebliebenen Titel des Archippos sein verlorengegangenes Stück neu zu verfassen«, erwähnt jedoch mit keinem Wort Kotzebues Bearbeitung, die er allem Anschein nach nicht gekannt hat. – [41] Erstdruck: B 3; Uraufführung 14. 1. 1922 Mannheim, Nationaltheater – [42] B 3, S. 114 – [43] B 3, S. 115 – [44] Vgl. B 123 und F. A. Wagner: Der Gartenzwerg von Abdera, in: Frankfurter Allgemeine Zeitung vom 7. 4. 1967 – [45] B 3, S. 32 – [46] B 3, S. 34 – [47] Die folgenden Ausführungen aufgrund von dessen frdl. Mitteilung und B 126 – [48] (1880–1957): »Mädchen für alles«, »Meine nichte Susanne« u. a. – [49] Nur in (gedrucktem) Bühnenmanuskript des Musikverlags vorliegend, vgl. B 4 – [50] B 128, S. 287 – [51] Friedrich Dürrenmatt: Der Prozeß um des Esels Schatten. Ein Hörspiel. (Nach Wieland – aber nicht sehr). Zürich: Arche 1958 – [52] B 5, S. 41 – [53] »Die Ähnlichkeiten mit dem Vorbild gehen aber weiter, als Dürrenmatt uns glauben machen will.« E. Brock-Sulzer (B 129, S. 212) – [54] Z. B. Sklavenimportgesellschaft, Proletarier, Juristenkammer, Generalfeldmarschall, Berufsboxer, Vorstadtkabarett, Fremdenverkehrsverein, Tierschutzverein, Hochfinanz; B 5, S. 43, 44, 50, 54, 55, 73, 77, 78. – [55] B 130, S. 258 ff. – [56] Der Charakter des von Dürrenmatt eingeführten Brandstifters Tiphys, über den C. Cases (B 130, S. 432, Anm. 19) Betrachtungen anstellt, erscheint im Grunde jedoch irrelevant, da der Heimatlose nur Handlanger beider Parteien und deren Vollzugsorgan, also Projektion ihrer eigenen Wünsche ist. – [57] B 5, S. 84 – [58] »Eine Geschichte ist dann zu Ende gedacht, wenn sie ihre schlimmst-mögliche Wendung genommen hat. Die schlimmst-mögliche Wendung ist nicht vorhersehbar. Sie tritt durch Zufall ein.« (F. Dürrenmatt: Komödien II, Zürich 1963, S. 353) – »Die schlimmst-mögliche Wendung, die eine Geschichte nehmen kann, ist die Wendung in die Komödie.« (ders.: Komödien III, Zürich 1970, S. 176). – [59] Dazu vgl. B 134, S. 38 – [59a] B 5, S. 69; B 2, S. 217; B 1, S. 320 – [60] Die Priorität von Dürrenmatt wird dadurch fragwürdig, daß W. Kosch: Deutsches Literatur-Lexikon, Band 4, Bern ²1958, S. 3227 den Titel wohl auf der Grundlage von Kürschners Deutschem Literaturkalender und also aufgrund vom Autor gelieferter Daten mit 1949 (entstanden?) ansetzt, doch läßt sich ein Druck aus diesem Jahr ebensowenig nachweisen wie – bei einem Laienspiel verständlich – eine Aufführung, so daß die vorliegende Erstausgabe von 1959 als Datierung zu gelten hat. – [61] Ärzteverband, Verbalinjurien, Stadtsparkasse, Nobelpreis; B 6, S. 7, 14, 29, 57. – [62] B 6, S. 56 – [63] B 6, S. 58 – [64] B 6, S. 7, 9, 11, 15, 28, 29 u. ö. – [65] B 6, S. 60 – [66] B 6, S. 65 – [67] Laut Auskunft von Dr. Yüksel Pazarkaya liegt weder das türkische Original im Druck vor, noch gibt es eine Übersetzung in westliche Sprachen. Die nachfolgenden Informationen beruhen auf: Pazarkaya, Yüksel: Esels Schatten, in: Stuttgarter Zeitung Nr. 279 vom 2. 12. 1965, und The

Reader's Encyclopedia of World Drama, ed. John Gassner and Edward Quinn. New York: Crowell 1969, S. 837 und 875 — [68] Frank Wedekind: Prosa, Dramen, Verse (Band I). München: Langen-Müller ²1960, S. 255 — [69] Peter Schlemihl's wundersame Geschichte mitgetheilt von Adelbert von Chamisso und herausgegeben von Friedrich Baron de la Motte-Fouqué. Nürnberg: Johann Leonhard Schrag. 1814. XII, 132 S. — [70] Außer B 139, B 143, B 158 und B 161 vgl.: F. W. Pradel: Der Schatten im Volksglauben. In: Mitteilungen der schlesischen Gesellschaft für Volkskunde 12, 1904, S. 1—37 — Gaster in: Germania XXVI, 1881, S. 210 — James George Frazer: The Golden Bough, 1890 — W.-H. Roscher: Die Schattenlosigkeit des Zeus-Abatons auf dem Lykaion. In: Fleckeisens Jahrbuch für klassische Philologie 38, 1892. S. 701 ff. und 863 — J. von Negelein: Bild, Spiegel und Schatten im Volksglauben. In: Archiv für Religionswissenschaft 5, 1902, S. 1—37 — [71] B 139 passim — [72] Auch diese Vorstellung hat in der Literatur Niederschlag gefunden. Ernst Wiechert, der bereits im Roman »Der Totenwolf« (1924) auf Schlemihls Schattenlosigkeit angespielt hatte (Gesammelte Werke, Band 2, München 1957, S. 117), läßt in seinem Märchen »Der ungerechte Richter« (1946) das hingerichtete Mädchen lautlos und schattenlos vor ihrem Peiniger erscheinen und ihn zur Sühne umstimmen (Gesammelte Werke, Bd. 8, München 1957, S. 330). — Die Variante des Volksaberglaubens, daß derjenige, der in seinen eigenen Schatten fällt, so daß dieser erlischt, sterben muß, greift Wilhelm Raabe in »Else von der Tanne« (1865) auf, wenn das alte Weiblein Else vor dem tödlichen Kirchgang zurückt: »Dein Schatten gehet vor dir, fall nicht über deinen Schatten! Wer fällt, fällt in seinen Schatten, und nicht alle stehen wieder auf.« und wenn es abschließend auch von Elses Vater heißt: »Die alte, arme, irre Justine ... hat seinen Schatten vor ihm am Boden und einen schwarzen aufrechten Schatten ihm folgen sehen und gesagt, das letzte sei der Tod gewesen.« (Wilhelm Raabe: Sämtliche Werke, hg. Karl Hoppe, Bd. 9/I, Göttingen 1962, S. 182 bzw. 197 f.) — [73] B 146, Bd. 5, S. 137, 141, 143 — [74] B 143, Bd. 2, S. 855 f und Bd. 3, S. 302 — [75] B 143, Bd. 2, S. 856 und Bd. 3, S. 302 — [76] B 139, Sp. 139/140 — [77] B 143, Bd. 3, S. 302 — [78] B 159, S. 96, Nr. 185 und 186 — [79] Die Quellenangabe Grimms »Mila y Fontals 188«, die sich wohl auf den spanischen Schriftsteller und Gelehrten Manuel Milá y Fontanals (sic!, 1818—1884) beziehen soll, entzieht sich mangels eines Quellenverzeichnisses bei Grimm und angesichts der über hundert Publikationen und Editionen des Spaniers der Nachprüfung. — [80] B 144 — [81] B 146, Bd. 5, S. 299 — [82] B 7, S. 463 — [83] Gaster, Germania XXVI, 1881, S. 211 f. — [84] B 139, Sp. 142 — [85] B 146, Bd. 5, S. XIV — [86] B 146, Bd. 5, S. 285 und 291 — [87] F. Grillparzer: Sämtliche Werke, hg. A. Sauer. Stuttgart o. J., Bd. 18, S. 88 — [88] B 9, S. 148; B 7, S. 194; B 137, S. 191 — [89] B 146, Bd. 5, S. 78 — [90] Il. 23, 104 — [91] Od. 10, 495; 11, 207; 11, 222 — [92] B 146, Bd. 5, S. 78 — [93] In diesem Zusammenhang sei darauf hingewiesen werden, daß der Gebrauch des Begriffs ›Schatten‹ in Werktiteln und Gedichtüberschriften des 18. Jahrhunderts fast stets auf die griechische Unterweltsvorstellung anspielt, so z. B. in Johann Benjamin Michaelis' Stück »Die Schatten« (Nachspiel zum »Codrus«, 1770) oder Traugott Benjamin Bergers »Achilles zürnender Schatten« (Singspiel, 1777). Ähnlich auch noch E. A. Poes Parabel »Shadow« (Southern Literary Messenger, Sept. 1835; The Complete Works, ed. J. A. Harrison, vol. II, New York 1902 bzw. Neudruck 1965, S. 147—150). — [94] Zur Aufnahme dieses Motivs nach Chamisso vgl. das Kapitel IV »Folklore« unten. — [95] Eine Situation, die sich im »Peter Schlemihl« ähnlich wiederholt, vgl. B 7, S. 306 — [96] Purgatorio 3, 25—30 — [97] B 141, S. 573 — [98] B 166, S. 20 — [99] Erstdruck im »Pantheon« 1810 u. d. T. »Eine Geschichte vom Galgenmännchen«, vgl. Goedeke VI, 115 f. — [100] Chamissos Kenntnis von Fouqués Erzählung geht aus ihrer Erwähnung im Brief an Hitzig vom 21. 7. 1815 (B 146, Bd. 6, S. 10) hervor. Daher mag auch die Erwähnung des Galgenmännleins selbst unter den vom Grauen angebotenen Tauschobjekten (B 7, S. 297) eher eine Anspielung auf Fouqués Werk sein als auf den Volksaberglauben zurückgehen. Schließlich ist die Erklärung, die Chamisso über die Bedeutung des Galgenmännleins am 17. 3. 1821 seinem Bruder Hippolyte gibt (B 7, S. 461 f.), recht eindeutig auf die Funktionen des Galgenmännleins bei Fouqué zugeschnitten. — [101] Fouqués Werke. Hg. Walther Ziesemer. Berlin: Bong o. J., I, S. 227 — [101a] B 22, Bd. 8, S. 22 f. — [102] B 7, S. 460 — [103] B 146, B. 5, S. 178. Datierung nach dars., 5. Aufl. 1864, S. 148 — [104] B 1, S. 320 — [105] B 1, S. 319 — [106] B 1, S. 319 — [107] B 1, S. 319 — [108] Erstveröffentlichung in B 146, Bd. 5, S. XIV—XV; vgl. auch B 7, S. 463 — [109] B 146, Bd. 5, S. 272, vom 16. 2. 1810 — [110] B 10, S. 8—9 des Nachworts — [111] In: Peter Schlemihl's wundersame Geschichte ... Mit ... einer Einleitung von Wilhelm Rauschenbusch. Berlin: Grote 1876. S. X (= B 159, S. 80, Nr. 33), zitiert nach B 142, S. 130 — [112] Merveilleuse histoire de Pierre Schlémihl. Enrichie d'une savante préface où les curieux pourront apprendre ce que c'est que l'ombre (= B 159, S. 91, Nr. 140) — [113] B 7, S. 458 f. — [114] B 156, S. 120 und 126 — [115] Angedeutet B 158, S. 140; B 166, S. 40; Ralph Tymms: German Romantic Literature. London: Methuen 1955, S. 341 und B 173, S. 11 — [116] B 156, S. 122 — [117] B 137, S. 207 — [118] B 158, B 150, B 166, B 162 — [119] So Günther Müller: Geschichte der deutschen Seele. Vom Faustbuch zu Goethes Faust. Freiburg: Herder 1939, S. 447 — [120] B 155, S. 122 — [121] Den Hinweis gibt Ernst Loeb, B 152, S. 399 — [122] B 149, S. 351. Teils wörtlich dieselbe Definition ohne Quellenbeleg bei B. von Wiese, B 169, S. 111 — [123] B 146, Bd. 5, S. 381 — [124] »An meinen alten Freund Peter Schlemihl«, Widmungsgedicht zur 3. Auflage von 1835. Vgl. B 7, S. 282 — [125] Nur als Beispiel unter vielen: A. Ch. Vilmar: Geschichte der deutschen Nationalliteratur, Marburg [101]1864, S. 555 —

Joseph Hillebrand: Die deutsche Nationalliteratur im 18. und 19. Jahrhundert, Gotha ³1875, Bd. 3 — Hermann Kluge: Geschichte der deutschen Nationalliteratur, Altenburg ⁸1877, S. 197 — Robert König: Deutsche Literaturgeschichte, Bielefeld ¹⁵1883, S. 563. Ebenso die frühe Biographik: K. Hüser: Wie Chamisso ein Deutscher wurde. Programm Halle 1847 — K. Fulda (B 142, S. 124) — E. Du Bois-Reymond: Chamisso als Naturforscher. In: Deutsche Rundschau 56, 1888, S. 333 — ¹²⁶ Nur als Beispiele: Günther Müller: Geschichte der deutschen Seele, 1939, S. 447 — Julius Wiegand: Geschichte der deutschen Dichtung, 1922, S. 310 — Gerhard Fricke: Geschichte der deutschen Dichtung, 1949, S. 235 — Johannes Klein (B 148, S. 78) — Benno von Wiese (B 169, S. 111) — Josef Nadler: Geschichte der deutschen Literatur, ²1961, S. 271 f. — Th. C. van Stockum/J. van Dam: Geschichte der deutschen Literatur, ³1961, Bd. 2, S. 149 — ¹²⁷ Josef Nadler: Geschichte der deutschen Literatur. Regensburg: Habbel ²1961, S. 271 f.: Als ob Deutschsein schattenlos sein hieße! — ¹²⁸ Th. C. van Stockum/J. van Dam: Geschichte der deutschen Literatur. Groningen ³1961, Bd. 2, S. 149 — ¹²⁹ Heinrich Kurz: Geschichte der deutschen Literatur, ³1891. Bd. 3, S. 614 — ¹³⁰ Die Prioritäten sind nicht ganz ersichtlich. Anscheinend hat J. J. Ampère (Adalbert de Chamisso, in: Revue des Deux Mondes 22, Mai 1840, S. 648 f.) in einem mir nicht zugänglichen, in B 8, Bd. 5, S. 309 und B 160, Bd. 2, S. 45 nie wörtlich zitierten Artikel sinngemäß etwa erläutert, Reichtum, Weisheit und Tugend genüge nicht, es müsse »je ne sais quoi« dazukommen: Stellung, Berühmtheit, Talent oder »avoir fait un livre«. Andererseits führt Bieler (B 139, Sp. 142) eine Stelle aus Karl Simrocks »Handbuch der deutschen Mythologie« ³1869, S. 464 (vorliegend: ⁵1878, S. 483) als Beleg dafür an, Chamisso selbst habe »den Verlust des Schattens als ein Zeichen für den Verlust der äußeren Ehre gedeutet«. Die Authentizität von Simrocks Zeugnis »Auf die äußere Ehre hab ich schon bei Lebzeiten Chamissos mit dessen Zustimmung Schlemihls Schatten gedeutet« erscheint angesichts Chamissos sonstiger Ablehnung jeder Deutung nicht nur als fragwürdig, Simrocks Beweis ex silentio fügt sich im Gegenteil nahtlos in die Kategorie der bewußten Mißdeutungen, die Chamisso selbst auch mit der Einleitung zur französischen Ausgabe von 1838 unterstützt und vermehrt hat. — ¹³¹ Wilhelm Scherer: Geschichte der deutschen Literatur. Berlin ³1885, S. 679 — ¹³² B 164 — ¹³³ B 164, S. 30 — ¹³⁴ B 164, S. 32 — ¹³⁵ B 164, S. 41 — ¹³⁶ Ausnahmen: Bieler (B 139) und M. Ramondt (B 157) — ¹³⁷ Friedrich Sengle: Biedermeierzeit, Band 2. Stuttgart: Metzler 1972, S. 957 — ¹³⁸ Belege bei K. Fulda, B 142, S. 42–45: »Aus mir will man einen liebenswürdigen Mann machen, das mir! Ich werde, was in meinen Kräften steht, thun, sie zu befriedigen, aber seufzend gebe ich die bescheidene Rolle des Chevalier auf.« — »Ich liebe die Gesellschaft nicht, es ist nur erlaubt, zu reden, um nichts zu sagen, und jeder Mensch, der eine Meinung hat, ist daraus verbannt.« — ¹³⁹ B 146, Bd. 5, S. 320 — ¹⁴⁰ Wilhelm Scherer: Geschichte der deutschen Literatur. Berlin ³1885, S. 679 — ¹⁴¹ B 154, S. 45 — ¹⁴² B 169, S. 111 — ¹⁴³ B 169, S. 109 — ¹⁴⁴ B 169, S. 110 — ¹⁴⁵ B 11, S. XXIX–XXX — ¹⁴⁶ B 7, S. 306 — ¹⁴⁷ B 154, S. 45 — ¹⁴⁸ B 154, S. 44 — ¹⁴⁹ Vgl. dagegen Johannes Klein (B 148, S. 78), der in Schlemihl »die Heimatlosigkeit des romantischen Künstlers« durchschimmern sieht. — ¹⁵⁰ B 149, S. 351 — ¹⁵¹ B 169, S. 110 — ¹⁵² B 7, S. 349 — ¹⁵³ Ähnlich ablehnend gegen diese Deutung: H. J. Weigand, B 168, S. 210; F. Schulz, B 165, S. 429 f.; E. Loeb, B 152, S. 400 f. — ¹⁵⁴ B. v. Wiese, B 169, S. 112 f. — ¹⁵⁵ B 165, S. 433 und 434 — ¹⁵⁶ B 165, S. 436 — ¹⁵⁷ B 165, S. 434 — ¹⁵⁸ B 169, S. 111 — ¹⁵⁹ Walter Muschg: Tragische Literaturgeschichte. Bern: Francke ³1957, S. 389 — ¹⁶⁰ Hans Peter Müssle: Chamissos Peter Schlemihl oder die Weltordnung des Teufels. In Kenkyû Hôkoku, Heft 10, 1961, auch separat Nagoya/Japan 1961. Vgl. »Germanistik« I, 1962, S. 432 — ¹⁶¹ B 140, S. 534 f. und ders. in: Deutsche Literaturgeschichte in Grundzügen, hg. B. Boesch. Bern: Francke 1946. S. 284–286 — ¹⁶² Von »Einbuße am Menschsein« und »Zerfall mit sich selbst« spricht irrigerweise G. Lübbe-Grothues (B 153, S. 305) — ¹⁶³ B 7, S. 349 — ¹⁶⁴ B 7, S. 298 — ¹⁶⁵ B 7, S. 292 — ¹⁶⁶ B 7, S. 293, 294, 302 — ¹⁶⁷ B 7, S. 320 — ¹⁶⁸ B 7, S. 317 — ¹⁶⁹ B 168, S. 221 — ¹⁷⁰ B 141, S. 580 — ¹⁷¹ Wir versagen es uns gern, auf die abgründige Vorstellung einzugehen, mit der B. v. Wiese Schlemihl das Glücksäckel in des Teufels Tasche statt in den Abgrund des Gebirges werfen läßt, vgl. B 169, S. 103 mit B 7, S. 337 — ¹⁷² Vertreten m. W. zuerst von Max Sydow, B 8, Bd. 1, S. XCII f., dann erst wieder F. Schulz, B 165, S. 429 und ähnlich H. J. Weigand, B 168, S. 210 — ¹⁷³ Wolfgang Baumgart in: Annalen der deutschen Literatur, hg. H. O. Burger. Stuttgart: Metzler 1952. S. 584 — ¹⁷⁴ Brief an Hitzig, nach 6. 9. 1813, zitiert B 7, S. 459 — ¹⁷⁵ B 160, Bd. 2, S. 55 — ¹⁷⁶ B 11, S. XXVIII — ¹⁷⁷ B 11, S. XXXII — ¹⁷⁸ B 146, Bd. 5, S. 376 — ¹⁷⁹ B 7, S. 297 — ¹⁸⁰ B 7, S. 300 — ¹⁸¹ B 7, S. 348 — ¹⁸² B 7, S. 344 — ¹⁸³ B 7, S. 312 — ¹⁸⁴ B 7, S. 301 — ¹⁸⁵ B 7, S. 327 — ¹⁸⁶ B 7, S. 333 — ¹⁸⁷ B 7, S. 322 — ¹⁸⁸ B 7, S. 326 — ¹⁸⁹ B 7, S. 296 — ¹⁹⁰ B 7, S. 336 — ¹⁹¹ B 7, S. 320 — ¹⁹² B 7, S. 296 f. — ¹⁹³ B 7, S. 322 — ¹⁹⁴ B 7, S. 336 — ¹⁹⁵ B 7, S. 296 — ¹⁹⁶ B 7, S. 334 — ¹⁹⁷ B 7, S. 304 — ¹⁹⁸ B 7, S. 322 — ¹⁹⁹ B 7, S. 337 — ²⁰⁰ B 7, S. 319 — ²⁰¹ B 7, S. 318 — ²⁰² B 7, S. 319 — ²⁰³ B 7, S. 296 — ²⁰⁴ B 7, S. 297, 319 — ²⁰⁵ B 7, S. 334 — ²⁰⁶ B 7, S. 322 — ²⁰⁷ B 7, S. 324 — ²⁰⁸ B 7, S. 334 — ²⁰⁹ B 7, S. 324 — ²¹⁰ B 7, S. 334 — ²¹¹ B 7, S. 322 — ²¹² B 7, S. 322 — ²¹³ B 7, S. 322 — ²¹⁴ B 7, S. 322 — ²¹⁵ B 7, S. 319 — ²¹⁶ B 21, S. 368 — ²¹⁷ B 21, S. 374 — ²¹⁸ B 7, S. 324 — ²¹⁹ B 7, S. 334 — ²²⁰ B 7, S. 304 — ²²¹ B 7, S. 330 — ²²² B 7, S. 324 — ²²³ B 7, S. 324 f. — ²²⁴ B 7, S. 304 — ²²⁵ B 7, S. 304 — ²²⁶ B 7, S. 319 — ²²⁷ B 7, S. 339 — ²²⁸ B 7, S. 304 — ²²⁹ Versuche, Kinder zur Lösung dieser Aufgabe anzuregen, führten übrigens — was angesichts der genau durchdachten Systematik nicht weiter

verwunderlich ist — zu denselben Lösungen, wie Schlemihl sie findet. — [230] B 7, S. 324 —
[231] B 7, S. 312 — [232] B 7, S. 298, 304, 312, 338 — [233] B 7, S. 300, 315 — [234] B 7, S. 312, 338,
341 — [235] B 7, S. 300, 310, 312 — [236] B 7, S. 305 — [237] B 7, S. 340 — [238] B 7, S. 342 —
[239] B 7, S. 344 — [240] B 7, S. 331 — [241] B 7, S. 305 — [242] B 7, S. 316, 318 — [243] B 7, S. 346 —
[244] B 7, S. 298 — [245] E. F. Hoffmann, B 147, S. 183 — [246] B 7, S. 300 — [247] B 7, S. 301 —
[248] B 7, S. 331 — [250] B 7, S. 331 — [250] B 7, S. 304 — [251] B 7, S. 306 — [252] B 7, S. 339 —
[253] St. Atkins (B 137, S. 203) führt einige der folgenden Beispiele als Beleg für Chamissos
Beherrschung der deutschen Sprache an, ohne den Spielcharakter als integrierenden Bestand-
teils des Werkes darauf zu begründen. — [254] H. J. Weigand (B 168, S. 208) sieht darin sogar
»an illustration of the peculiarly American techniques of salesmanship as taught in the best
manuals of the craft« und »a great satire on salesmanship and on business ethics generally«.
(B 168, S. 219) — [255] B 7, S. 296 — [256] Die Tatsache, daß auch der Bankrotteur einen Schatten »von sich warf« (B 7, S. 312), spricht nicht gegen diese Interpretation, sondern belegt
nur die Doppeldeutigkeit der Wendung. — [257] B 7, S. 303 — [258] B 7, S. 305 — [259] B 7,
S. 318 — [260] B 7, S. 325 — [261] Vgl. z. B. die »Tragische Geschichte« von einem, »dem's zu
Herzen ging, / Daß ihm der Zopf so hinten hing« (B 7, Bd. 1, S. 77). — [262] B 168, S. 212 —
[263] B 172 — [264] B 160, Bd. 2, S. 56 f. — [265] B 170 — [266] Unaufgeführt; zum Inhalt vgl.
Paul Fechter: Das europäische Drama. Bd. 3. Mannheim: Bibliographisches Institut 1958.
S. 50—52 — [267] Die für den Titel ausschlaggebende Tagebucheintragung lautet: »Usually
I feel almost non-existent, as if I wouldn't even cast a shadow in the sunlight, like Chamisso's Peter Schlemihl or the man in Hoffmann's story (sic!). Yet I am learning to cast
a shadow.« (B 12, S. 118) — [268] London: Chapman & Hall 1966 — [269] B 13, S. 184—198 —
[270] Entstanden 1886; Erstdruck in »Gil-Blas« 26. 10. 1886; Erstausgabe Paris Mai 1887 —
[271] Nach „le horrible là« oder »le hors-là« — [272] B 14, S. 1120 f. — [273] B 15, S. 803; vgl.
S. 806 und 807 f. — [274] B 15, S. 817 — [275] Deutsch als: »Leere Spiegel«, München: Kindler
1968 — [276] Zum Inhalt vgl. B 158, S. 97 ff. — [277] In: F. Brunold: See- und Waldmärchen.
Berlin 1845 — [278] B 17, S. 3—34 — [279] Dazu vgl.: Hanspeter Dörfel: Truman Capote. In:
Amerikanische Literatur der Gegenwart in Einzeldarstellungen. Hg. Martin Christadler.
Stuttgart: Kröner 1973, S. 30 — [280] B 17, S. 26 — [281] Zur Umkehrung des Motivs, dem
Erwerb glücklicher Erinnerungen, vgl. Georg Kaisers Drama »Die Koralle« (1917). —
[282] in B 18 — [283] Erstdruck in »Schwäbischer Bund« I, 1919/20; Buchausgabe in »Brüder.
Zwei Erzählungen«. Stuttgart 1925 — [284] Dazu vgl. E. Frenzel, B 170, S. 668 — [285] Den
Namen als Pseudonym benutzte neben Ludwig Thoma (s. u.) auch ein m. W. bis heute
pseudonymer Autor, der 1835 eine zweibändige Sagensammlung herausgab: Wunder-, Sagen-
und Gespensterbuch. Enthaltend: Spuck- (sic) und Geistergeschichten, Volksmährchen, Le-
genden und Historien. Herausgegeben von Peter Schlemihl. I. (bzw. II.) Band. Wien:
Michael Lechner 1835. 168, 173 S. (Neudruck Leipzig: Zentralantiquariat 1974). — [286] Text
B 19; Uraufführung 2. 10. 1953 Paris, Théâtre des Maturins — [287] Ludwig Bechstein: Die
Manuscripte Peter Schlemihl's. Kosmologisch-literarische Novelle. Berlin: Allgemeine deutsche
Verlagsanstalt. 2 Bde. 1851 — [288] Signiert »Sr«, in A. Lewalds Zeitschrift »Europa« III,
Leipzig 1839, S. 289—307. Vgl. B 160, Bd. 2, S. 56 — [289] Vgl. dazu Goedeke, 2. Aufl.,
Bd. VI, S. 150 und P. Rath, B 159, S. 11—13 — [290] An de la Foye, Anfang 1819: B 146,
Bd. 6, S. 131. Text ungedruckt; Aufführung 30. 1. 1819 Wien, Theater in der Josefsstadt —
[291] Dazu P. Rath, B 159, S. 11, 13 und 76 Nr. 2 — [292] David Kalisch: Peter Schlemihl. Posse
mit Gesang in einem Aufzug. Teilweise nach einem älteren Sujet. Berlin 1850 — [293] Urauf-
führung 10. 4. 1956 Hildesheim, Stadttheater — [294] B 173 — [295] Julius Mosen: Georg Ven-
lot. Eine Novelle mit Arabesken. Leipzig: Schumann 1831. Dazu vgl. Rudolf Majut in:
Deutsche Philologie im Aufriß II, 1388 f. — [296] In F. T. Wangenheim: Historische Novellen,
1838 — [297] F. Riedel: Peter Schlemiel und sein Sohn, ein Zeit- und Charakterbild aus den
Landen Bimbam und Bivbav. Frankfurt und Leipzig 1839 — [298] Dazu A. Ludwig, B 172,
S. 126 — [299] In L. Kompert: Aus dem Ghetto. Geschichten. Leipzig 1848 — [300] B 20, Bd. 3,
S. 174, Gedicht »Erlauschtes« (= Elster III, 185) — [301] In »Romanzero« III, 2, 1851; B 20,
Bd. 2, S. 222 ff., bes. 242 (= Elster I, 460 ff.) — [302] ebda. Zeile 133 ff. — [303] ebda. Zeile
141 ff. — [304] Buchausgaben 1901, 1905, 1906 — [305] Amsterdam: de Lange 1936; neue Aus-
gabe Stuttgart: Behrendt 1949; u. d. T. »Der Mann ohne Schatten«, Gütersloh 1958 —
[306] Weitere seien mangels Erheblichkeit nur aufgezählt: Franz Kugler: Trutz-Schlemihl,
Gedicht, in: Skizzenbuch, Berlin 1830, S. 75 (vgl. B 7, S. 450) — W. Jemand (eig. Wilhelm
Devrient): Peter Schlemihl, in: Diabolische Dichtungen, Gedicht Nr. 10, Iserlohn 1833 (vgl.
B 7, S. 450) — Georg Herwegh: Grabschrift, Sonett Nr. 52 in: Gedichte eines Lebendigen,
[9]1871 (vgl. B 7, S. 450) — Über die folgenden Titel konnte nichts Näheres in Erfahrung
gebracht werden: C. E. v. Koetsveld: Zonder schaduw, eene Kerstvertelling. Schoonhoven
1879. 64 S. (vgl. Goedeke VI, 150) — Paul Altheer: Der Schlemihl. Komödie. 1929 (ungedruckt) — Edmund Alkalay: Schlemihl. Komödie. o. J. (ungedruckt) — [307] R. v. Schaukal,
B 185, S. 264 — [308] R. v. Schaukal, B 185, S. 81 — [309] W. Harich, B 177, Bd. 2, S. 37 —
[310] einzige Ausnahme: J. Giraud, B 176 — [311] Entstanden 1.—6. 1. 1815; Erstdruck Ostern
1815 in: Fantasiestücke in Callot's Manier, Bd. 4, Bamberg: Kunz 1815, S. 1—104 —
[312] B 187, S. 47 — [313] Vgl. Hubert Ohl: Der reisende Enthusiast. Studien zur Haltung des
Erzählers in den »Fantasiestücken« E. T. A. Hoffmanns. Diss. Frankfurt/M. 1955 — Christel
Schütz: Studien zur Erzählkunst E. T. A. Hoffmanns. Diss. Göttingen 1955 — Barbara

Elling: Leserintegration im Werk E. T. A. Hoffmanns. Bern: Haupt 1973 — [314] B 147, S. 168 — [315] B 7, S. 348 — [316] Den anderen Weg, nämlich vom Leseerlebnis und autobiographischen Grundmotiven her literaturpsychologisch zu rekonstruieren, welche Aspekte im »Peter Schlemihl« in Hoffmann Verwandtes anklingen ließen und wie sie abgewandelt wurden, geht Jean F. A. Ricci, B 184, ohne Motivgleichheit im Detail zu verfolgen. — [317] Nur Ansätze dazu bei R. Riegel, B 160, Bd. 2, S. 57 ff. — [318] B 7, S. 280; ähnlich in J. E. Hitzig: E. T. A. Hoffmanns Leben und Nachlaß. Stuttgart ³1839, Bd. 3, S. 245 — [319] B 23, Bd. 2, S. 27 f. — [320] Datierung nach B 23, Bd. 2, S. 22 — [321] An Hippel 12. 12. 1807, an Hitzig 28. 4. 1812; vgl. B 23, Bd. 1, S. 231 und 334 — [322] W. Harich, B 177, Bd. 1, S. 97 f und danach G. Wittkop-Ménardeau, B 192, S. 166 u. a. — [323] Völlig konfus wird die Situation, wenn G. Wittkop-Ménardeau (B 191, S. 116 bzw. B 192, S. 365 Anm. 5) infolge einer Verwechslung von Fouqué und Hoffmann behauptet, die Inspiration zum »Peter Schlemihl« sei aus einem Gespräch zwischen Hoffmann und Chamisso hervorgegangen und das Werk sei »eine Art von Gemeinschaftsschöpfung«! — [324] Brief an Hippel 1. 11. 1814; B 23, Bd. 2, S. 28 — [325] B 7, S. 281 — [326] B 177, Bd. 2, S. 36 — [327] B 176, S. 109 — [328] B 24, S. 259 — [329] B 22, Bd. 10, S. 294 (»Kater Murr«), B 11, S. 23 und 104 (»Prinzessin Brambilla«). Hinzu kommen Hoffmanns Zeichnungen zu Schlemihl und dem Grauen, vgl. B 160, Bd. 2, S. 64 — [330] B 146, Bd. 6, S. 131 — [331] An de la Foye 6. 1. 1824; B 146, Bd. 6, S. 157 = B 7, S. 462 — [332] An seinen Bruder Hippolyte 3. 3. 1824; B 7, S. 462 f. — [333] Einleitung zu E. T. A. Hoffmanns Werke. Hg. G. Ellinger. Teil 1. Berlin: Bong 1912. S. 8 — [334] B 7, S. 278; B 21, S. 357 — [335] »Das Heft ..., das ich dir mitteilen will (B 7, S. 277) — »Ein frisch beschriebenes Blatt, dessen Inhalt ich dir mitteile« (B 21, S. 357) — [336] B 21, S. 357 — [337] B 7, S. 282 — [338] B 21, S. 375 — [339] B 7, S. 278 — [340] B 21, S. 367 — [341] B 147, S. 176 — [342] Die von W. Segebrecht (B 187, S. 128 f.) vertretene Auffassung, Spikhers Bericht habe als Verfasser den reisenden Enthusiasten und sei dessen eigene Geschichte, wird in die richtigen Dimensionen gerückt durch E. F. Hoffmann (B 147, S. 186, Anm. 37). — [343] Jean F. A. Ricci (B 184, S. 883) sieht in den verschiedenen Ausgangscharakteren nur den Gegensatz, nicht die Parallele. — [344] B 176, S. 134 ff. — [345] B 147, S. 187, Anm. 46 — [346] Friedrich Laun (eig. Friedrich August Schulze): Memoiren. Bunzlau 1837. Zitiert nach B 22, Bd. 1, S. LI f. — [347] B 21, S. 350–356 — [348] B 187, S. 47 — [349] B 21, S. 341 — [350] »Dapertutto ... by comparison makes the devil in Schlemihl appear a pale gray indeed!« (K. Negus, B 182, S. 89) — [351] B 21, S. 361 — [352] B 21, S. 373 f. — [353] B 21, S. 22 und 444; dazu E. v. Schenck, B 186, S. 291 f. — [354] Die gegenteilige Meinung vertritt W. Harich (B 177, Bd. 2, S. 36): »Gewiß ist es fatal, kein Spiegelbild zu haben, aber es ist ein kleines und leicht zu verhüllendes Malheur gegen das Unglück, in der Sonne keinen Schatten zu werfen.« — [355] B 21, S. 355 — [356] B 7, S. 329; B 21, 363 — [357] B 7, S. 297; B 21, S. 366 — [358] B 7, S. 292; B 21, S. 368 — [359] B 7, S. 305; B 21, S. 367 f. — [360] B 7, S. 331; B 21, S. 368 — [361] B 7, S. 332; B 21, S. 367 — [362] B 7, S. 320 und 328; B 21, S. 373 — [363] B 7, S. 337; B 21, S. 371 — [364] B 7, S. 337; B 21, S. 373 — [365] B 7, S. 316; B 21, S. 369 — [366] B 21, S. 375 — [367] »A chaque instant, nous trouvons des souvenirs précis et nullement dissimulés du conte de Chamisso.« (R. Riegel, B 160, Bd. 2, S. 67) — [368] B 21, S. 374 — [369] B 21, S. 368 — [370] B 7, S. 319 — [371] B 7, S. 322; B 21, S. 365 und 372 — [372] B 7, S. 322; B 21, S. 370 und 372 — [373] B 7, S. 318 — [374] B 21, S. 369 — [375] B 191, S. 116 — [376] »Spikher ... n'a rien de tragique, il n'est que grotesque.« (R. Riegel, B 160, Bd. 2, S. 69) — [377] B 7, S. 337 — [378] B 21, S. 373 f. — [379] B 147, S. 177. Nur das dort ebenfalls angeführte Gegensatzpaar Teufel und Heiland gilt auch für »Peter Schlemihl«. — [380] B 21, S. 345 und 359 — [381] B 21, S. 346, 356 und 360. W. Segebrecht (B 187, S. 127 f.), der einige solcher Parallelstellen erörtert, übersieht die dritte Pokalszene. — [382] Spicker oder Spion ist in Schleswig-Holstein ein im Winkel angeordneter Doppelspiegel, durch den man aus dem Zimmer heraus das Geschehen auf der Straße in beiden Richtungen verfolgen kann. Vgl. auch B 147, S. 181 und Kluge-Götze, Etymologisches Wörterbuch s. v. ›spicken‹. — [383] B 21, S. 355 — [384] E. F. Hoffmann, B 147, S. 179 — [385] B 176, S. 135 — [386] B 21, S. 367 — [386a] B 21, S. 365 — [387] B 21, S. 367 — [388] Dazu vgl. J. Giraud B 176, S. 135, bes. Anm. 71 — [389] B 21, S. 369. Nach dieser Scheidung von wahrem Ich und Traum-Ich entbehrt es der Berechtigung, in Spikhers Spiegelbild wie R. v. Schaukal (B 185, S. 129) »sein innerstes Wesen« oder wie J. Klein (B 148, S. 79) »seinen eigenen Wesenskern«, »das Innigste seines Wesens« zu sehen, da mit dem Superlativ Prioritäten gesetzt werden, die im Text nicht verankert sind. — [390] K. Negus (B 182, S. 88) übersieht diesen Unterschied, wenn er erklärt, jeder der Helden verliere »something symbolizing that part of his personality on which his social acceptability is based.« — [391] Vgl. dazu oben unter den Schlemihliana — [392] B 21, S. 369 — [393] B 147; der Brief Brentanos in B23, Bd. 2, S. 82 — [394] Abschluß durch Ernest Giraud — [395] Uraufführung 10. 2. 1881 Paris, Opéra comique — [396] Goedeke XIV, S. 486, Nr. 1363 — [397] Goedeke XIV, S. 486, Nr. 1372 — [398] Entstanden 1903/04; Uraufführung 27. 12. 1904 London, Duke of York's Theatre; Erstausgabe London: Hodder & Stoughton 1928 — [399] B 25, S. 509 — [400] B 25, S. 509 — [401] B 25, S. 510 — [402] B 25, S. 515 f. — [403] B 26 (Erstdruck) — [404] B 26, S. 441 — [405] B 26, S. 441 — [406] B 26, S. 442 — [407] B 26, S. 443 — [408] B 26, S. 443 — [409] B 26, S. 445 — [410] B 26, S. 448 — [411] B 26, S. 449 — [412] B 26, S. 439 — [413] B 26, S. 439 — [414] B 26, S. 442 — [415] B 26, S. 440 — [416] B 26, S. 445 — [417] B 26, S. 442 — [418] B 26, S. 440 — [419] B 26, S. 439 — [420] B 26, S. 440 — [421] B 26, S. 440 — [422] B 26, S. 440 —

[423] B 26, S. 441 — [424] B 26, S. 441 — [425] B 26, S. 444 — [426] B 26, S. 447 — [427] B 26, S. 447 — [428] B 26, S. 447 — [429] B 26, S. 448 — B 26, S. 448 — [430] B 26, S. 440 — [431] Erstdruck u. d. T. »Onuphrius Wphly« in »La France littéraire«, 4. 8. 1832; Buchausgabe (erst diese mit dem Untertitel) in T. Gautier: Les Jeunes-France, romans goguenards. Paris: Renduel 1833. Neudrucke B 27 und B 28 — [432] Diese psychopathische Erscheinung findet übrigens ausführliche literarische Darstellung in Vladimir Nabokovs Roman »Despair« (London 1937). — [433] B 27, S. 30 f. — [434] B 27, S. 31, 60 — [435] B 27, S. 33 — [436] B 27, S. 34 — [437] B 27, S. 50 f. — [438] B 27, S. 51, 54 — [439] B 27, S. 52 — [440] B 27, S. 40—48 — [441] B 27, S. 57 — [442] B 27, S. 60 — [443] B 27, S. 60 f. — [444] B 29, S. 159 — [445] B 29, S. 118 — [446] Erstdruck in R. L. Stevenson: A Child's Garden of Verses, 1885 — [447] B 30, S. 9 — [448] R. Dehmel: Der Schatten. Nach R. L. Stevenson. In: R. Dehmel: Gesammelte Werke in drei Bänden. Band 2. Berlin: Fischer 1913. S. 299 f. — [449] Berlin: Fischer 1915 — [450] B 31, S. 13 — [451] B 31, S. 87 — [452] B 31, S. 138 — [453] B 31, S. 135 — [454] B 31, S. 138 — [455] B 31, S. 323 — [456] B 32, S. 90 f. — [457] B 32, S. 91 — [458] B 32, S. 90 — [459] B 32, S. 88 — [460] Zuerst in G. Grass: Gleisdreieck. Gedichte und Graphiken. Neuwied: Luchterhand 1960. Dann B 33, S. 133 — [461] B 34, S. 221 — [462] Entstanden vor 1813; Erstdruck in B 35, S. 127—129 (1815) — [463] Biblioteca de Autores Españoles, Bd. LVI, Madrid 1863, S. 376 f.; zitiert nach B 38, S. 383 — [464] Text: B 36, S. 125—144 — [465] B 37, S. 1—20 — [466] Entstanden um 1602—1608; Erstdruck: Parte primera de las Comedias de Don Juan Ruiz de Alarcón, Madrid 1628; kommentierte Ausgabe in B 38, S. 383—470 — [467] Erstdruck: Comedias, segunda parte, Madrid 1645 — [468] Vgl. M. Ingunza y Santo Domingo, »La cueva de Salamanca« en la literatura española, Diss. Madrid 1946, und M. García Blanco, El tema de la cueva de Salamanca y el entremés cervantino de este titulo. In: Anales Cervantinos I, 1951, S. 71 bis 109 — [469] B 206 — [470] Quellen und Varianten bieten: B 143, Bd. 2, S. 855 f. und Bd. 3, S. 302 — B 161, S. 198 ff. — B 207, S. 116 — B 158, S. 141 — B 139, Sp. 139 f. — B 205, S. 27 (The Black School) — B 204, Bd. 2, S. 673 f. (The Laird of Pittaro). — [471] B 143, Bd. 2, S. 856 — [472] B 158, S. 144 f. — [473] Auf Johannes Limbergs »Denkwürdige Reisebeschreibung« von 1690 und J. D. Ernsts »Auserlesene Denkwürdigkeiten in 400 Abtheilungen«, Leipzig 1693, verweist Rochholz (B 161, S. 199 f.). — [474] Text: B 39 — [475] B 39, Vers 892 ff. — [476] B 40, bes. S. 97—100 — [477] Erstdruck in H. Kurz: Dichtungen. Pforzheim: Dennig und Finck 1839 u. d. T. »Spiegelfechterei der Hölle«; dann u. d. T. »Das Schattengericht« mit einem Appendix in: H. Kurz: Erzählungen. Band I. Stuttgart: Franckh 1858; zitiert nach B 41, S. 42—50 — [478] B 41, S. 43 f. — [479] B 41, S. 46 f. — [480] Martin Luthers Werke. Weimarer Ausgabe. Tischreden. Weimar: Böhlau 6. Bd. (1921) S. 209 Nr. 6816 bzw. 3. Bd. (1914) S. 582 f. Nr. 3740 — [481] J. Grimm (B 208, S. 251) verweist auf c. 9 einer Ausgabe Frankfurt 1571. — [482] B 208, S. 251; B 161, S. 193 f.; B 139, Sp. 128 f.; B 158, S. 134 — [483] B 208, S. 251 — [484] B 42 — [485] Entstanden Dezember 1855; Erstdruck in: Salon. Unterhaltungsblatt zur Frauen-Zeitung. Stuttgart 1856 Nr. 13; zitiert nach B 43, S. 63 f. — [486] An Hartlaub, 22. 12. 1855; zitiert nach B 43, S. 421 — [487] B 219, S. 287 — [488] Andere Belege: B 139, Sp. 139 und 141. Eine eindeutige Überinterpretation und sicher nicht in Zusammenhang damit zu bringen ist die Auslegung von A. Corrodis Kindererzählung in »Aus Wald und Feld« (Stuttgart 1858, S. 26) ebda. und bei Rochholz (B 161, S. 198) in dem Sinne, daß Körperschatten den Wänden über den Tod der Personen hinaus anhafte. Der nette Einfall, auf diese Weise die abgeschabten Stellen der Wand hinter Kirchbänken zu erklären, begründet noch keinen Volksglauben. — [489] B 44, S. 60 — [490] Ohne Bezug auf die Tabuvorstellungen der Naturvölker, als reiner Ausfluß herrscherlicher Arroganz, erscheint sie in Bernt von Heiselers Komödie »Des Königs Schatten« (Entstanden 1936; Erstausgabe München 1938; Uraufführung 3. 2. 1940 Berlin, Hebbelbühne; Text: B 45, S. 83—152), wenn dort König Severin verordnet, sein Schatten habe als ebenso heilig die gleiche Verehrung und gleiche Huldigung zu erfahren wie seine Person und seine Mißachtung, etwa durch Darauftreten, werde als Majestätsbeleidigung geahndet (B 45, S. 89, 117, 132; 90, 92). — [491] B 46, S. 259 — [492] B 47, S. 136 — [493] B 48, S. 155 — [494] B 49, S. 206 — [495] B 166, S. 109 — [496] Text: B 50 — [497] B 50, S. 35, 153, 166 — [498] Text: B 51 — [499] B 51, S. 311 — [500] Erstdruck in der Zeitung »Le Matin« 5. 9. 1911; vgl. B 225, S. 284 — [501] Paris: L'Edition Bibliothèque des Curieux 1916. Text: B 52 — [502] B 52, S. 165 — [503] B 52, S. 166 — [504] B 52, S. 162 — [505] B 139, Sp. 135 mit Belegen. Vgl. ferner ebda. Sp. 133 und 134; Gaster, Germania XXVI, 1881, S. 210 f.; B 161, S. 187 und 196; B 158, Sp. 135 und 137 — [506] »Sur les prophéties«, in »Calligrammes«. B 53, S. 186 — [507] B 227, S. 123 — [508] B 226, Bd. 3, S. 191—212 — [509] »Il y a«. B 53, S. 344 — [510] »Les Fiançailles«. B. 53, S. 135 — [511] Ludwig August Frankl: Zur Biographie Nicolaus Lenau's. Wien 1854, S. 46 und ²1855, S. 41; zitiert in: Lenaus Werke. Hg. Carl Hepp. Leipzig: Bibliographisches Institut o. J. Bd. 2, S. 8 — [512] B 230; B 234, B 233; B 231; B 235; B 238, Nr. 23: Die Pfarrersfrau; B 206, Ziff. Q 552.9; B 229, S. 627—630; B 236, S. 213, Nr. 755; B 228, Typ 755; B 232, S. 102 ff., Nr. 62: Die Pfarrersfrau. — [513] Entstanden Mai und August 1838 in Ischl (vgl. B 54, Bd. 2, S. 702 und 713); Erstdruck in: Neuere Gedichte. Stuttgart: Hallberger 1838. S. 275—304 — [514] Auf zeitlich vorangehende dänische literarische Bearbeitungen von Schack Staffeldt (1804) und Johan Carsten Hauch (1819) verweist bereits J. Bolte (B 231, S. 115 f.); in ihnen ist jedoch der Unfruchtbarkeitszauber nicht mit dem Schattenverlust in Verbindung gebracht. Letzterer erscheint in literarischer Behandlung dem-

nach vor Lenau nur bei L. A. Frankl (s. u.). — [515] B 158, S. 152 Anm. — [516] B 139, Sp. 142 — [517] B 54, Bd. 1, S. 343 f. — [518] (Vers 40—44) Die Szene mag übrigens nicht nur durch die Narziß-Gestalt angeregt worden sein, sondern auch durch jene Szene in Eichendorffs »Aus dem Leben eines Taugenichts« (3. Kap.), wo der Taugenichts von dem Spiegelbild der ›schönen Frau‹ im Wasser, das er beim Bootsausflug sah, träumt, und sich dieses durch den Wind, der den Weiher kräuselt, auflöst. Auch Lenau spricht vom Traum. (J. v. Eichendorff, Ausgew. Werke. Hg. Paul Stapf. Darmstadt 1953. S. 752) — [519] Vers 65 — [520] B 54, Bd. 1, 341—344, bes. Vers III, 1—8 — [521] Vers 78 — [522] B 230, S. 325 — [523] Vers 88 — [524] Vers 85 f. — [525] Vers 229 f. — [526] Vers 231 — [527] Erstdruck »Wiener Zeitschrift für Kunst, Litteratur, Theater und Mode« 1836, Nr. 66—68; dann in B 55, S. 116—124 — [528] J. Fibiger: Nogle Sagn. 1865. S. 45—86. Zum Inhalt vgl. B 231, S. 116. — [529] Hans Müller v. d. L.: Kronberger Liederbuch. Frankfurt/M. 1895. S. 62 ff. Zum Inhalt vgl. B 230, S. 326 — [530] Friedrich Syfert: Anna. Eine Tragödie. Berlin-Friedenau: Verlag des Bureau K. Fischer 1911. Exemplar nicht nachweisbar. — [531] Erstdruck in: Corona, 4. Jahrgang, Heft 2, Dezember 1933, S. 196—204; Buchausgabe in J. H.: Nordische Märchen. Leipzig: Hegner 1933 und B 56 — [532] Svend Grundtvig: Gamle danske Minder 3, 19 (1861) bzw. Danske Folkeaeventyr, Ny Samling Nr. 17 (1878) — [533] Svend Grundtvig: Dänische Volksmärchen. Übs. von Willibald Leo und Adolf Strodtmann. 1879, Bd. 2, S. 258; neu u. d. T. Volksmärchen der Dänen. Berlin 1924 — [534] Vgl. Hildegard Till-Hofmiller, Nachwort zu B 56, S. 215—227 — [535] Die Frau ohne Schatten. Oper in drei Akten von Hugo von Hofmannsthal. Musik von Richard Strauss. Berlin: Fürstner 1916. 96 S. — Plan 26. 2. 1911. Niederschrift Januar 1913 — 17. 9. 1915. Uraufführung 10. 10. 1919 Wien, Hofoper — [536] Die Frau ohne Schatten. Erzählung. Berlin: S. Fischer 1919. 181 S. — Entstanden November 1913 — September 1919. Buchausgabe Oktober 1919. — Hofmannsthals eigene Angabe, auf die sich noch R. Bauer (B 245, S. 175) stützt: »Zu einer Gestaltung des gleichen Stoffes in erzählender Form ... habe ich die Feder erst angesetzt, nachdem die dramatische, das heißt die Opernform fertig vorlag« (B 57, P III, S. 452) ist entsprechend den Briefen an R. Strauss vom 8. und 19. 12. 1913 (B 59, S. 247 und 253) und an Dora von Bodenhausen vom 31. 10. 1919 (B 60, S. 253) richtigzustellen. — [537] »Zur Entstehungsgeschichte der ›Frau ohne Schatten‹«. B 57, P III, S. 451 f.; vgl. B 57, A, S. 162 — [538] B 250, S. 7—12; B 258 passim; B 261, S. 125—129; B 58, S. 270 ff. — [539] B 250, S. 13—39. Ruth Schoefl, »Die Frau ohne Schatten«. Zu Hofmannsthals zweifacher Gestaltung des gleichen Vorwurfs. Diss. Wien 1937. — [540] Zur gegenteiligen Meinung vgl. R. Bauer (B 245, S. 176), der gegen die unbegründete, rechenschaftslose Bevorzugung der Erzählung eintritt. — [541] B 57, P III, S. 451 — [542] An Ottonie Degenfeld am 5. 9. 1912: »Das beste war ein Gespräch, wo ich mich zwang ... ihm (Bodenhausen. Anm. d. Vf.) spazierengehend die ›Frau ohne Schatten‹ tant bien que mal zu erzählen und sie dann sehr gut erzählte.« (B 61, S. 237). An R. Borchardt am 6. 5. 1913: »Ich habe mich, durch Euren Beifall, den ihr dem erzählten Märchen gabt, ermutigt, in die dramatische Ausführung frech hineingestürzt.« (B 62, S. 105). Weitere Zeugnisse B 58, S. 414 ff. — [543] B 59, S. 254: Brief an R. Strauss vom 26. 12. 1913 — [544] B 258 passim, bes. S. 119 — [545] »Zweifellos enthält die Erzählung die eigentlichen inneren Bilder des Dichters in reinerer Gestalt.« B. Çakmur, B 250, S. 257 — [546] Brief an R. Strauss vom 3. und 19. 12. 1913; B 59, S. 245 und 253 — [547] An R. Pannwitz 4. 10. 1917, zitiert B 58, S. 418 — [548] An E. v. Bodenhausen 6. 7. 1914; B 60, S. 167 — [549] B 59, S. 426 — [550] An R. Auernheimer 4. 11. 1919; zitiert B 58, S. 426 — [551] Erstpublikation in B 58 (1975). In ihnen zeigt sich vor allem eine durch mehrere Vorstufen beibehaltene stärkere Dynamisierung des Schattens in der Bekenntnisszene: er »fegte wie ein toller Vogel im Raum herum« (S. 397, 33), »schlug ihn und her wie toll« (S. 397, 22), »schnellte sich am Boden hin« (S. 399, 26), »glitt wie eine Schlange gegen die Ziegelmauer hin« (S. 400, 26), »entwischte zwischen den Knien« (S. 400, 30 f.), »flog zur Tür hinaus« (S. 397, 9) und »duckte sich in den Mantel des Geisterboten« (S. 397, 16 f.). — [552] B 57, S. 376 = B 58, S. 223 — [553] B 57, S. 96 = B 58, S. 71 — [554] B 243, S. 46 — [555] B 250, S. 40—83; B 243, passim; B 261, S. 126—153; B 58, S. 273—282. — E. Ritter (B 58) und auch H.-A. Koch, der (B 260, S. 473 ff.) die in der Literatur verstreuten Quellen zusammenstellen will, übersehen die sehr viel ausführlichere und detailliertere Quellenzusammenstellung von B. Çakmur (B 250). — Auf zwei bisher unentdeckte Parallelen soll hier noch hingewiesen werden, obwohl sie nicht das Thema dieser Arbeit berühren: Die zunehmende Reife eines Jünglings in einem unterirdischen Gewölbe findet sich auch in Adam Mickiewicz' »Dziady« (deutsch von Siegfried Lipiner als »Todtenfeier« in A. M.: Poetische Werke, Bd. 2, Leipzig 1887, S. 9; vgl. B 158, S. 160 Anm. 1). Über das Wasser des Lebens schließlich, das nach der Volkssage auch verlorene Schatten wiedererwecken soll und bereits bei Andersen (s. u.) Verwendung fand, berichtet E. L. Rochholz in B 161, S. 201. — [556] Belege bei H.-A. Koch, B 260, S. 473 f. — [557] Wohl dagegen als indirekte Quelle für »Ich scheide das Schöne vom Stoff«, vgl. B 58, S. 431 und 278 — [558] B 57, P III, S. 105 ff., bes. 109 — [559] B 57, P III, S. 109 — [560] B 57, D III, S. 172 — [561] alle B 7, S. 296 — [562] B 57, D III, S. 171 — [563] B 7, S. 296 — [564] B 57, D III, S. 171 — [565] vgl. z. B. »Rumpelstilzchen« — [566] B 57, S. 256 = B 58, S. 110 — [567] B 7, S. 319 — [568] Die in der jüngeren Sekundärliteratur zu Hofmannsthal gelegentlich (H.-A. Koch, B 260, S. 473; W. Köhler, B 261, S. 137; E. Ritter, B 58, S. 273) anzutreffende Meinung, auf die Parallelen von Lenaus »Anna« und Hofmannsthals

»Frau ohne Schatten« habe erstmals Alma Mahler-Werfel (»»Frau ohne Schatten‹: sehr ins Sexuelle gezogene wunderbare Ballade von Lenau«: A. M.-W.: Mein Leben. Frankfurt/M.: Fischer 1960. S. 223) hingewiesen, erklärt sich nur aus der Unkenntnis der sonstigen Sekundärliteratur, insbesondere des Werkes von B. Çakmur (B 250), das die Parallelen genau erarbeitet (B 250, S. 66 ff.), aber auch schon Bieler (B 139, Sp. 142) hatte darauf hingewiesen. — [569] So erscheinen anstelle der Weizenkörner (Lenau, Frankl) oder Steinchen (Hofmiller) des Unfruchtbarkeitszaubers die bei Hofmannsthal erwähnten Fischlein m. W. nur in einer indischen Version des Märchens, auf die J. Bolte aufmerksam gemacht hatte (B 230, S. 332 mit Hinweis auf Stokes, Indian fairy tales, 1880, S. 236). Die von E. Ritter (B 58, S. 278 f.) herangezogene Parallele aus Stifters »Hochwald« Kap. 6 hat keinen Bezug zum Unfruchtbarkeitszauber und mag daher nur sekundäre Anregung zur Ausgestaltung des Zuges gewesen sein. — [570] Nur Opernfassung (B 57, D III, S. 207); die Feststellung der Inhaltsangabe: »aufschreiend bestätigt Barak« (die Färberin habe keinen Schatten, B 57, D III, S. 483) hat im veröffentlichten Textbuch keine Grundlage. — [571] Zu den meisten Details vgl. B 250, S. 66 ff. — [572] B 57, P III, S. 451; B 57, A, S. 162 — [573] B 57, P III, S. 451 — [574] Unvollständige Ansätze in dieser Richtung machen B. Çakmur (B 250, S. 243 und 266) und R. Tarot (B 272, S. 278 Anm. 102), beide ohne interpretatorische Auswertung. — [575] B 57, D III, S. 95—101, bes. S. 100. Der Auffassung R. Tarots (B 272, S. 278, Anm. 102), der in dieser Textvorlage ohne nähere Begründung »eine wesentliche Stufe in der Genesis der Schattensymbolik« sieht, vermag ich allerdings nicht zu folgen. — [576] B 57, D I, S. 353—399, bes. S. 362 — [577] B 57, D I, S. 401—416, bes. S. 404 f., 416 — [578] B 57, P III, S. 27—42, bes. S. 27—30. Zur Entstehung vgl. E. Kobel, B 259, S. 180 — [579] B 57, P III, S. 27 — [580] B 57, P III, S. 28 — [581] B 57, S. 367, 370, 372 = B 58, S. 190, 192, 193 f. — [582] B 57, S. 76—86 — [583] B 57, S. 77 — [584] B 57, S. 79 — [585] B 57, S. 76, 77, 79, 83 — [586] B 57, S. 83 und 85 — [587] B 57, S. 83 — [588] B 57, S. 83 — [589] B 57, P II, S. 157 f. — [590] B 57, P II, S. 158 — [591] B 57, P III, S. 114—132 — [592] B 57, P III, S. 117 — [593] B 57, L II, S. 132 f. — [594] »Sie wirft keinen Schatten, und sie fühlt sich nicht Mutter: dies ist ein und dasselbe, Zeichen und Bezeichnetes.« (B 57, D III, S. 479) — [595] B 57, D III, S. 218: »Du bleibst die gleiche, / Töchterchen, liebes, / und durch deinen Leib / gleitet das Licht — / allein des Weibes / trauriger Schatten, / dir verfallen, / haftet der Ferse! / Ihresgleichen / scheinst du dann / und bist es nicht: / doch du erfüllst, / was bedungen war!« — [596] B 58, S. 360, 29 f. — [597] B 59, S. 302: Brief an R. Strauss von Anfang April 1913 — [598] Dazu ausführlich B. Çakmur, B 250, S. 119—121 — [599] In einer Vorstufe hofft die Amme sogar, der Färber »würde das Weib tödten, wie man den herrenlosen Schatten dann an sich heranlockte und binden würde, dazu kannte sie die Mittel«. (B 58, S. 402, 17 ff.; ähnlich ebda. S. 404, 27 f.) — [600] B 57, S. 278 = B 58, S. 126 — [601] B 57, S. 338 — [602] B 57, S. 343 = B 58, S. 172 — [603] B 57, S. 343 = B 58, S. 172 — [604] Dies tut B. Çakmur, B 250, S. 119—121 — [605] B 57, D III, S. 480 — [606] »Faust« Vers 1335 f. — [607] Erörtert bei B. Çakmur, B 250, S. 204 f. — [608] Es wird den Hofmannsthal-Kenner nicht entgehen, daß die obige Argumentation in diesem Punkt zu denselben Ergebnissen kommt wie Hofmannsthal selbst in den oft zur Deutung herangezogenen Aufzeichnungen »Ad me ipsum« (B 57, A, S. 213 ff., bes. 217), doch sollte zugunsten einer werkimmanenten Interpretation aus der Konstellation im Werk heraus argumentiert werden, um die Schlüssigkeit der Symbolik auch ohne Heranziehung des Eigenkommentars zu veranschaulichen. — [609] »Nur wenn sie sich gegen die Natur vergehen verwirken sie den Schatten«, heißt es von den Menschen in einer Variante zu B 58, S. 116, 17 f. (ebda. S. 294, 37) — [610] B 57, S. 262 = B 58, S. 114 — [611] Dazu vgl. J. Ryan, B 267 — [612] Anm. 594 — [613] B 57, D III, S. 479. Die Parallelstelle ebda. S. 480 vereinfacht entsprechend dem weniger komplexen Verhältnis der Färberin, für die eine aprioristische Schattenlosigkeit nicht gilt, und kann daher hierfür nicht in Betracht gezogen werden. Gerade bei der Färberin mußte ja für das Verständnis betont werden, daß für sie Schatten und ungeborene Kinder immer zusammengehen, weil sich sonst die Frage stellen würde: Warum verkauft die Färberin nicht nur ihren Schatten (ohne die Ungeborenen) oder schwört nur den Ungeborenen ab, behält aber den Schatten. — [614] B 57, S. 255 — [615] B 57, S. 255 — [616] B 57, D III, S. 158 — [617] B 57, P IV, S. 441—460 — [618] B 57, P IV, S. 457 — [619] B 57, S. 288 f. = B 58, S. 134; B 57, D III, S. 184 — [620] B 57, S. 289 = B 58, S. 134 — [621] B 57, S. 290 = B 58, S. 135; B 57, D III, S. 186 — [622] B 57, S. 291 = B 58, S. 136 — [623] B 57, S. 291 = B 58, S. 136 — [624] B 57, S. 328 = B 58, S. 162 — [625] B 57, S. 330 = B 58, S. 163 — [626] B 57, S. 332 = B 58, S. 165 — [627] B 57, S. 334 = B 58, S. 166 — [628] B 57, S. 345 = B 58, S. 173 f. — [629] B 57, S. 351, 352, 361 = B 58, S. 179, 185 — [630] Man vgl. die Ausführungen von G. J. Ascher (B 243, S. 39 und 43) zur Hell-Dunkel-Symbolik, die solche Übergänge mit Dämmerung, Erhellung, Licht, Halbdunkel und Verdüsterung dagegen sehr wohl gestaltet. — [631] Erstdruck: B 63 — [632] Alfred de Musset etwa erscheint in »La nuit de Décembre« (entstanden November 1835; Erstdruck: Revue des Deux Mondes 1. 12. 1835; zitiert nach B 64) zwar ein schwarzgekleideter, schattenhafter, halluzinierter Doppelgänger, der sich schließlich als Verkörperung seiner Einsamkeit vorstellt, und dieser Doppelgänger wird wiederholt als Schatten apostrophiert (»ombre amie«, »ombre de mes songes«, »une ombre«, B 64, S. 311, 312, 315); dennoch handelt es sich hier weder um einen verlorenen Schatten noch um einen Schatten als Doppelgänger, sondern um das Phänomen der Autoskopie (vgl. Kommentar B 64, S. 738), und der Schattenbegriff dient nur der Beschreibung der nicht voll realen Erscheinung. Georg Trakls Gedicht »Der Schatten« (B 65, S. 153) läßt den Schatten im Gras als die furchterregende tierische Seite des Ich und »wie ein böser Traum« empfinden. Ähnlich verkörpert in Franz Theodor Csokors Drama »Der Baum der Erkenntnis« (Wien: Amalthea 1919) der Schatten das sexuelle Ich des Mannes, das sich von seinem Körper löst und die Frau anzieht, bis sie wieder beim Mann Schutz und Hilfe sucht. In Robin Maughams reißerischem Roman »The Man with two Shadows« (London: Longmans 1958) schließlich ist der Schatten Bezeichnung für das eine der zwei Wesen grundverschiedenen Charakters, die abwechselnd vom Körper des Mannes Besitz ergreifen. – [633] Entstanden 9. Juni 1846 – Anfang 1847; Erstdruck April 1847 in: Nye Eventyr. Af H. C. Andersen. Andet Bind. Første Samling. Kjøbenhavn: C. A. Reitzel 1847. S. 51–72. Kritische Ausgabe: B 66, S. 129–140 (danach dänische Zitate). Herangezogen wurde die deutsche Übersetzung von Eva-Maria Blühm in B 67. Ihr folgen die deutschen Zitate im Haupttext, deren dänischer Originaltext in den Fußnoten gegeben wird. – [634] Andersen hatte ihn am 12. 6. 1831 und 24. 7. 1834 auf seinen Deutschlandreisen in Berlin besucht (B 69, Bd. 1, S. 106 und 505 f.) und korrespondierte mit ihm. – [635] Die vier Gedichte »Märzveilchen«, »Muttertraum«, »Der Soldat« und »Der Spielmann« stehen in B 7, Bd. 1, S. 133–135, das Vorwort aus dem »Morgenblatt für gebildete Stände« Nr. 54 vom 4. 3. 1833 in B 7, Bd. 2, S. 409 f. »Der Soldat« (»Es geht bei gedämpfter Trommel Klang«), an dessen Übersetzung durch Chamisso Andersen auch in »Mits livs eventyr« (»Märchen meines Lebens«, B 67, S. 9) erinnert, wurde in Deutschland so populär, daß Tardel (B 7, Bd. 2, S. 410) allein 20 Vertonungen anführen kann. Auch Chamissos Gedicht »Der Müllergesell« (B 7, Bd. 1, S. 135 ff.) wurde durch Andersens Drama »Agnete og Havmanden« (1834) angeregt (vgl. B 7, Bd. 2, S. 410). – [636] Vgl. B 7, Bd. 1, Einleitung S. 75*. Anregung von Andersens Märchen »Die Galoschen des Glücks« durch das Siebenmeilenstiefel-Motiv im »Peter Schlemihl« vermutet Schmitz (B 288, S. 69). – [637] »Og det aergrede ham, men ikke saa meget fordi at Skyggen var borte, men fordi han vidste, at der var en Historie til om en Mand uden Skygge, den kjendte jo alle Folk hjemme i de kolde Lande, og kom nu den learde Mand der og fortalte sin, saa vilde de sige, at han gik og lignede efter, og det behøvede han ikke.« B 66, S. 131, dt. B 67, S. 458 – [638] »Dem siger jeg det, De saetter det jo ikke i nogen Bog.« B 66, S. 135, dt. B 67, S. 463 – [639] »at der voxede ham en ny Skygge ud fra Benene ...« B 66, S. 132, dt. B 67, S. 458 – [640] B 7, S. 339 – [641] B 67, S. 461 – [642] B 7, S. 324 – [643] Es sei nur darauf verwiesen, daß eines der frühesten publizierten Gedichte Andersens »Den raedselfulde Time« den Untertitel »Phantasiestück in Callots Manier« trägt (Vgl. Erstdruck in »Kjøbenhavns flyvende Post« Nr. 66 vom 17. 8. 1827, S. 1; B 284, S. 12, Nr. 12) und daß der Erzähler der »Fodreise fra Holmens Kanal til Østpynten af Amager« (1829) sich für die Reise mit den »Elixieren des Teufels« bewaffnet. – [644] B 66, S. 132, 135, 136; B 67, S. 459, 464, 465 – [645] Z. B. »Ein Schatten – ein Wort« (Et Ord en Skygge«) B 66, S. 133, dt. B 67, S. 461 – der Schatten wäre »vom Licht erschlagen worden« (»Jeg var reent blevet slaaet ihjel af Lys«) B 66, S. 134, dt. B 67, S. 462 – die Mauer kitzelt ihn am Rücken: B 66, S. 135, dt. B 67, S. 463 – er bleibt bei Regenwetter zu Hause: B 66, S. 135; dt. B 67, S. 464 – Herr und Schatten sind »von Kindesbeinen an miteinander aufgewachsen« (»Som vi er det og vi tillige ere voxne op fra Barndommen samen ...«) B 66, S. 137, dt. B 67, S. 465 – die Prinzessin »hatte beinahe durch ihn hindurchgesehen«: B 66, S. 138, dt. B 67, S. 467. – [646] Einige Aspekte vorliegender Interpretationen, die im Zusammenhang obiger Deutung keinen Raum fanden, mögen hier noch zurechtgerückt werden: 1. Die Behauptung »The implied symbolism is not self-evident« (R. Tymms, B 166, S. 77) mag vielleicht durch die obige Deutung entkräftet sein. 2. Der biographische Bezug des Märchens auf Andersens Verhältnis zu dem Sohn seines Gönners, Edvard Collin, der das ihm angetragene »Du« ablehnte, und die daraus abgeleitete Deutung als eine Art literarischer Rache (angedeutet B 166, S. 77 und B 289, S. 233) greifen mit Sicherheit zu kurz: Die Episode des abgelehnten »Du« soll nicht in die Biographie hinein verweisen, sondern aus ihr heraus als eine köstliche literarisch gestaltete Szene verstanden werden. 3. Wenn O. Mann (B 158, S. 103 f.) durch falsche Parallelisierung mit H. H. Ewers' »Der Student von Prag« zu dem Schluß kommt, auch hier handle es sich um »Verfolgung durch den selbständig gewordenen Doppelgänger, der seinem Ich immer und überall – mit katastrophaler Wirkung aber wieder in der Liebe – hindernd in den Weg tritt«, um dann die Affinität des Doppelgängermotivs zu narzißtischen Autoren zu deklarieren, dann muß ihm ein unbereinigter Text oder ein Lesefehler unterlaufen sein: Im Gegensatz zu Ewers's »Student von Prag« tritt ja bei Andersen nicht der Doppelgänger der Liebe des Menschen, sondern umgekehrt der Mensch der Liebe des Doppelgängers in den Weg. 4. R. Rogers (B 162, S. 23) bietet in einem Satz gleich drei Deutungsmöglichkeiten an, deren keine trägt: »The shadow seems to symbolize the narcissistic hazards of too much knowledge, the dangers of a Faustian yearning for worldliness, and the ill fortune that portends when a man sees his shadow.« – [647] »Jeg traengte til Støvler, til Klaeder, til hele denne Menneske-Fernis, som gjør et Menneske kjendeligt.« B 66, S. 135, dt. B 67, S. 463. – [648] Der Schatten. Ein Nachtstück aus Andersen in vier Akten. Erstausgabe in H. R.: Ausgewählte Werke. Bd. 1. 1930. Fassung letzter Hand in B 70, S. 185–251, Nachwort ebda. S. 815–819. – Urfassung 1897; mehrere spätere Fassungen; Uraufführung 16. 11. 1921 Zürich, mit der Bühnenmusik von Felix Petyrek

15. 12. 1937 Basel. — [649] B 70, S. 815 — [650] B 70, S. 817 — [651] B 70, S. 817 — [652] B 70, S. 818 als Zitat nach Ernst Uehli — [653] alle B 70, S. 816 — [654] B 70, S. 220 — [655] B 70, S. 221 — [656] B 70, S. 207 — [657] B 70, S. 220 — [658] B 70, S. 238 — [659] B 70, S. 239 f., 245 — [660] B 70, S. 243, 251 — [661] B 70, S. 235 — [662] B 70, S. 250 — [663] B 70, S. 207 — [664] B 70, S. 208 — [665] B 70, S. 219 — [666] B 70, S. 220 — [667] B 70, S. 233 — [668] B 70, S. 214: von Kindesbeinen an; Sehnsucht, Sie zu sehn — 215: was ich zu bezahlen habe — 217: das burschikose Du; das fremde Haus — 218: im Vorgemach der Phantasie — 221: kitzelt hübsch den Rücken — 222: Ich sah das Tollste bei den Frauen — 234: einen Reisekameraden — u. a. m. — [669] B 70, S. 236 — [670] B 70, S. 234 — [671] »Golyj korol'« (Der nackte König, 1934) und »Snežnaja koroleva« (Die Schneekönigin, 1938) — [672] Erstdruck in »Literaturnyj sovremennik« 1940; Buchausgabe in »Ten' i drugie p'esy«, 1956; Uraufführung 1940 Leningrad, Teatr komedi; deutsche Übersetzung von Ina Tinzmann in »Russisches Theater«, München 1960 und B 71, S. 155–233 (danach Zitate); deutsche Erstaufführung 3. 4. 1947 Berlin, Kammerspiele des Deutschen Theaters; Opernbearbeitung von Fritz Geißler, Uraufführung 1975 Leipzig, Opernhaus — [673] B 71, S. 164, 170 — [674] B 71, S. 192; vgl. auch S. 181; »Ein Mensch ohne Schatten — das ist das allertraurigste Märchen auf der Welt.« — [675] B 71, S. 181 — [676] Es kommt auch in »1001 Nacht« vor, vgl. B 58, S. 433 — [677] B 71, S. 215 — [678] B 71, S. 232 — [679] Ein paar Pointen am Rande: Der selbständige Schatten verspürt die Versuchung, jede Bewegung des früheren Herrn nachzuahmen (B 71, S. 204); wie der Gelehrte sich in die Lehrerstochter verliebt, so der Schatten in deren Schatten (B 71, S. 202); der Schatten ist besser mit den Schattenseiten des Lebens vertraut (B 71, S. 206, 221). — [680] »Der Schatten ist das vollkommene Gegenteil des Gelehrten.« B 71, S. 182 — [681] Erstdruck in O. W.: A House of Pomegranates. London: James R. Osgood, McIlvaine & Co 1891. VIII, 158 S., S. 63–128. Erschienen November 1891. Zitiert nach B 72, S. 248–272. — [682] Daß dies eine verbotene Liebe sein soll, wie A. Ojala (B 302, S. 175) behauptet, entspricht doch nur der Meinung des Priesters und wird durch dessen Bekehrung zur Alliebe und das Blütenwunder eindeutig widerlegt. — [683] Das Motiv des Schattens als eines nicht abzuschüttelnden Begleiters verwendet Wilde später in »De profundis« in Bezug auf Lord Alfred Douglas und die Erinnerung an ihre Freundschaft. Vgl. B 72, S. 893; andere Verwendungen des Schattenbildes ebda. S. 899, 901 und 920. — [684] B 72, S. 1027 — [685] O. Wilde: Reviews. London 1908. S. 29; zitiert nach B 302, S. 134; weitere Belege ebda. — [686] Abgedruckt in B 290, S. 114–116, bes. S. 116 — [687] B 72, S. 256 — [688] B 72, S. 250 ff. — [689] B 72, S. 260. Man vgl. jedoch den Teufelsspiegel in H. C. Andersens »Snedronningen« (Die Schneekönigin). — [690] Vgl. B 290, S. 60 und 61 und B 298, S. 335 — [691] »The stories are somewhat after the manner of Hans Andersen — and have pretty poetic and imaginative flights like his ...« (B 290, S. 113) — [692] Zuerst abgedruckt B 298, S. 368 f. — [693] Wildes Leserzuschrift, »Paul Mall Gazette« 30. 11. 1891, S. 3; abgedruckt B 298, S. 367 — [694] »Wilde wrote one of them as an experiment, to show, I suppose, that he could have been Hans Andersen if he had liked.« (B 304, S. 92; vgl. ebda. S. 92–96) — [695] Zur Kenntnis vgl. B 72, S. 1029 — [696] Dazu G. Woodcock, B 306, S. 38; zum weiteren Einfluß Maturins, des von Wilde hochgeschätzten Großonkels, vgl. ebda. S. 32–41 — [697] Zu diesem Prozeß vgl. W. B. Yeats' Einleitung zu: The Complete Works of Oscar Wilde, vol. III, New York 1923; Wiederabdruck in B 290, S. 397 f. und B 306, S. 48. — [698] Pall Mall Gazette 30. 11. 1891. S. 3; abgedruckt B 290, S. 113 — [699] Dazu B 302, S. 154 f. — [700] Anm. 697 — [701] B 305, S. 112 — [702] Vgl. auch B 305, S. 73 — [703] Wir versagen es uns ausdrücklich, mit der Psychoanalyse von der »Kastrationsbedeutung des Schattenverlustes« (B 158, S. 140) zu sprechen, da solche Interpretation dem Liebesthema hier genau entgegengesetzt wäre. — [704] Man vgl. dazu Gerhard Zwerenz' »Casanova oder der Kleine Herr in Krieg und Frieden« (B 74, S. 48 f.), wo der Vater des Ich-Erzählers zu der Weisheit vorstößt, neben dem Schatten des Körpers habe auch die Seele einen Schatten, die in jenem Glied verkörpert sieht, das der Untertitel des Buches apostrophiert. — [705] B 72, S. 255; ähnlich S. 256, 265 — [706] B 72, S. 256, 267, 268 — [707] B 72, S. 267, 268 — [708] »De profundis«, B 72, S. 919 — [709] Entstanden 1879; Erstausgabe Ende 1879 u. d. T. »Der Wanderer und sein Schatten. Zweiter und letzter Nachtrag zu der früher erschienenen Gedankensammlung ›Menschliches, Allzumenschliches. Ein Buch für freie Geister‹«. Chemnitz: Schmeitzner 1880. Zitate nach B 75, Bd. 3, Teil 2, S. 164–332 — [710] B 75, Bd. 3, 2, S. 164 — [711] B 75, Bd. 3, 2, S. 166: »niemandem mitteilen«. — [712] B 75, Bd. 3, 2, S. 166 — [713] B 75, Bd. 3, 2, S. 166: »des Schattens wird niemand gedenken«. — [714] B 75, Bd. 3, 2, S. 164: »Mein Schatten redet; ich höre es, aber glaube es nicht.« — [715] B 75, Bd. 3, 2, S. 163: »Nehmen wir es hin und denken wir nicht weiter darüber nach.« — [716] B 75, Bd. 3, 2, S. 165 — [717] B 75, Bd. 3, 2, S. 332 — [718] Nietzsche spielt darauf an in einem gleichzeitigen Brief an Erwin Rohde vom 28. 12. 1879: »Gewöhnlich war das persönliche Schlußergebnis eines Buches für mich, daß ein Freund mich gekränkt verließ (wie es mein Schatten macht).« (B 76, S. 238) — [719] B 75, Bd. 3, 2, S. 331 f. — [720] B 75, Bd. 3, 2, S. 331 — [721] B 75, Bd. 3, 2, S. 164 — [722] s. o. Anm. 718 — [723] »Also sprach Zarathustra. Ein Buch für alle und keinen«. Entstanden Februar 1883 — Februar 1885. Erstausgabe 4 Bde. Chemnitz (bzw. Leipzig): Schmeitzner 1883–1885. Zitate nach B 75, Bd. 6 — [724] B 75, Bd. 6, S. 146 — [725] B 75, Bd. 6, S. 301: »Was liegt an meinem Schatten! Mag er mir nachlaufen! ich — laufe ihm davon.« — [726] Wilhelm von Scholz: Der Wettlauf mit dem Schatten. Schauspiel in drei Aufzügen. Entstanden 20. Juni

bis 14. September 1920 (vgl. B 78, S. 124); Uraufführung 27. 11. 1920 Stuttgart, Staatstheater, und Frankfurt/M., Neues Theater; Erstausgabe München: Georg Müller o. J. (1922). Zitate nach B 77, S. 319–392. Der Titel des Stückes stammt von dem Stuttgarter Intendanten Albert Kehm (vgl. B 78, S. 124). — [727] B 79, Bd. 6, S. 298 — [728] B 77, S. 341 — [729] B 78, S. 126 f. — [730] B 78, S. 130 — [731] B 308, S. 188 f. — [732] Entstanden 1921; Erstdruck 1921; Uraufführung 10. 5. 1921. u. ö. — [733] B 78, S. 127 u. ö. — [734] B 309, S. 278 — [735] B 77, S. 347 — [736] »Als sei ich es selbst« (B 77, S. 336) — »Dieser Mensch ist ein Teil meines ungelebten Lebens« (B 77, S. 337) — »An Identifizierung grenzende Freundschaft« (B 77, S. 341) — [737] »Sie sind nicht nur ich« (B 77, S. 385) — [738] B 77, S. 338, 368, 385 — [739] »Ich glaubte dich in ihm zu umfassen. So wurdet ihr eins für mich.« (B 77, S. 361) — [740] B 77, S. 335, 341, 343, 344, 345, 347 — [741] B 77, S. 334 — [742] B 77, S. 344 — [743] B 77, S. 354, 368 — [744] s. o. Anm. 726 — [745] Sie erscheint beiläufig, mit Nietzsche-Anklängen, in Scholz' Gedicht »Der Wanderer« aus dem Band »Der Spiegel« (1902): »Still geh ich, schattenlos / Im Grau . . .« (Zitiert nach Werner Mahrholz: Deutsche Literatur der Gegenwart. Probleme. Ergebnisse. Gestalten. Berlin 1930, S. 170). — [746] B 77, S. 351, 366, 368, 372, 376, 379 — [747] vgl. oben III, 2, b.

BIBLIOGRAPHIE

1. Texte, in der Reihenfolge ihrer Behandlung

1 Wieland, Christoph Martin: Werke. Zweiter Band. Herausgegeben von Fritz Martini und Hans Werner Seiffert. München: Hanser 1966
2 Kotzebue, August von: Theater. Rechtmäßige Original-Auflage. 24. Band. Wien: Ignaz Klang und Leipzig: Eduard Kummer 1841
3 Fulda, Ludwig: Des Esels Schatten. Lustspiel in drei Aufzügen (mit freier Anlehnung an Wielands Abderiten). Stuttgart und Berlin: Cotta 1921
4 Strauss, Richard: Des Esels Schatten. Komödie nach Christoph Martin Wielands Roman »Die Abderiten« von Hans Adler, in sechs Bildern eingerichtet von P. Stephan Schaller OSB, mit Musik von Richard Strauss, instrumentiert und ergänzt von Karl Haussner. London: Boosey & Hawkes 1967
5 Dürrenmatt, Friedrich: Gesammelte Hörspiele. Zürich: Arche 1964
6 Wassermann, Kurt: Der Prozeß um des Esels Schatten. Ein Lustspiel. Kassel: Bärenreiter 1959
7 Chamisso, Adelbert von: Werke. Herausgegeben von Hermann Tardel. 3 Bände. Leipzig: Bibliographisches Institut 1907 (alle Zitatbelege aus Band 2)
8 Chamisso, Adelbert von: Werke. Herausgegeben von Max Sydow. 5 Teile. Berlin: Bong 1907
9 Chamisso, Adelbert von: Werke. Herausgegeben von Oskar Walzel. Stuttgart: Union Deutsche Verlagsgesellschaft o. J. (= Kürschners Deutsche National-Literatur Band 148)
10 Chamisso, Adelbert von: Peter Schlemiels Schicksale. Die Urschrift des Peter Schlemihl. Herausgegeben von Helmuth Rogge. Leipzig: Insel 1922
11 Chamisso, Adelbert von: Peter Schlemihl. Edited by James Boyd. Oxford: Blackwell 1962
12 Wilson, Colin: Man without a Shadow. London: Barker 1963
13 Hawthorne, Nathaniel: Mosses from an Old Manse, Vol. I. Boston: Ticknor and Fields. New edition 1854
14 Maupassant, Guy de: Contes et nouvelles. Hg. Albert-Marie Schmidt. Paris: Albin Michel 1960. Band 2
15 Rilke, Rainer Maria: Sämtliche Werke. Hg. E. Zinn. Band 6. Frankfurt/M.: Insel 1966
16 Aragon, Louis: La mise à mort. Paris: Gallimard 1965
17 Capote, Truman: A Tree of Night and Other Stories. New York 1949
18 Wells, Herbert George: The Plattner Story and Others. London 1897
19 Gilson, Paul: L'homme qui a perdu son ombre. In: France Illustration. Supplement 147, 1954, S. 1–32
20 Heine, Heinrich: Werke. Hg. H. Herrmann und R. Pissin. Berlin: Bong o. J.
21 Hoffmann, Ernst Theodor Amadeus: Sämtliche Werke. Historisch-kritische Ausgabe von Carl Georg von Maassen. 1. Band: Fantasiestücke in Callot's Manier. München: G. Müller 1912
22 Hoffmann, Ernst Theodor Amadeus: Sämtliche Werke. Hg. E. Grisebach. Leipzig: Hesse 1899
23 Hoffmann, Ernst Theodor Amadeus: Briefwechsel. Hg. Friedrich Schnapp. 3 Bände. München: Winkler 1967–69
24 Hoffmannn, Ernst Theodor Amadeus: Tagebücher. Hg. Friedrich Schnapp. München: Winkler 1971
25 Barrie, James Matthew: The Plays. Ed. A. E. Wilson. London: Hodder & Stoughton ¹⁵1948
26 Meckel, Christoph: Die Schatten. In: Akzente. Zeitschrift für Dichtung. Heft 5, 1962. S. 439–449
27 Gautier, Théophile: Contes fantastiques. Paris: Corti 1962
28 Gautier, Théophile: Les Jeunes-France. Romans goguenards. Introduction et notes par René Jasinski. Paris: Flammarion 1974
29 Büchner, Georg: Sämtliche Werke und Briefe. Historisch-kritische Ausgabe hg. Werner R. Lehmann. Band 1. München: Hanser ²1974
30 Stevenson, Robert Louis: The Works. Tusitala Edition. Vol. XXII: Poems. London: Heinemann ⁶1927
31 Döblin, Alfred: Die drei Sprünge des Wang-lun. Ausgewählte Werke in Einzelbänden. Walter Muschg. Olten: Walter 1960
32 Enzensberger, Hans Magnus: Blindenschrift. Frankfurt/M.: Suhrkamp 1965
33 Grass, Günter: Gesammelte Gedichte. Neuwied: Luchterhand 1971
34 Frischmuth, Barbara: Das Verschwinden des Schattens in der Sonne. Roman. Frankfurt/M.: Suhrkamp 1973
35 Körner, Theodor: Poetischer Nachlaß. 2. Band: Vermischte Gedichte und Erzählungen. Leipzig: Hartknoch 1815

36 Cervantes Saavedra, Miguel de: Obras completas. Ed. R. Schevill und A. Bonilla. Band 4. Madrid 1918
37 Eichendorff, Joseph von: Sämtliche Werke. Historisch-kritische Ausgabe. Band 16. Regensburg: Habbel 1966
38 Ruiz de Alarcón, Juan: Obras completas. Ed. A. Millares Carlo. Band 1. Mexico/ Buenos Aires: Fondo de cultura economica 1957
39 Renart, Jehan: Le lai de l'ombre. Ed. John Orr. Edinburgh: University Press 1948
40 Weiss, Peter: Der Schatten des Körpers des Kutschers. Frankfurt/M.: Suhrkamp ²1964
41 Kurz, Hermann: Sämtliche Werke. Hg. Hermann Fischer. Band 10. Leipzig: Hesse & Becker 1904
42 Schaper, Edzard: Schattengericht. Köln und Olten: Hegner 1967
43 Mörike, Eduard: Werke. Hg. Harry Maync. Band 1. Leipzig: Bibliographisches Institut ²1914
44 Kunert, Günter: Erinnerung an einen Planeten. Gedichte aus 15 Jahren. München: Hanser 1963
45 Heiseler, Bernt von: Bühnenstücke. Band 3. Stuttgart 1970
46 Kipling, Rudyard: Kim. London: Macmillan 1951
47 Kipling, Rudyard: Rewards and Fairies. London: Macmillan 1956
48 Kipling, Rudyard: The Phantom Rickshaw, in ders.: Wee Willie Winkie and Other Stories. London: Macmillan 1953. S. 125–157
49 Kipling, Rudyard: At the End of the Passage, in ders.: Life's Handicap; Being Stories of Mine Own People. London: Macmillan 1952. S. 183–212
50 Thiess, Frank: Geister werfen keinen Schatten. Wien: Zsolnay 1955
51 Walser, Martin: Das Einhorn. Roman. Frankfurt/M.: Fischer 1970
52 Apollinaire, Guillaume: Le poète assassiné. Paris: Gallimard ²²1947
53 Apollinaire, Guillaume: Oeuvres poétiques. Ed. M. Adéma et M. Décaudin. Paris: Gallimard 1965
54 Lenau, Nikolaus: Sämtliche Werke und Briefe. Hg. Walter Dietze. 2 Bände. Frankfurt/M.: Insel 1971
55 Frankl, Ludwig August: Gesammelte poetische Werke. Band 2. Wien 1880
56 Hofmiller, Josef: Nordische Märchen. München: Nymphenburger 1961
57 Hofmannsthal, Hugo von: Gesammelte Werke in Einzelausgaben. Hg. Herbert Steiner. Frankfurt/M.: Fischer 1946 ff. (Belege ohne Bandangabe beziehen sich auf ›Erzählungen‹, 1949; Abkürzungen der anderen Bände: D = Dramen, L = Lustspiele, P = Prosa, A = Aufzeichnungen)
58 Hofmannsthal, Hugo von: Sämtliche Werke. Kritische Ausgabe. Band 28: Erzählungen I. Hg. Ellen Ritter. Frankfurt/M.: Fischer 1975
59 Strauss, Richard und Hugo von Hofmannsthal: Briefwechsel. Gesamtausgabe. Hg. Willi Schuh. Zürich: Atlantis ³1964
60 Hofmannsthal, Hugo von — Eberhard von Bodenhausen. Briefe der Freundschaft. Hg. Dora von Bodenhausen. Düsseldorf: Diederichs 1953
61 Hofmannsthal, Hugo von — Ottonie Gräfin Degenfeld: Briefwechsel. Hg. M. T. Miller-Degenfeld. Frankfurt/M.: Fischer 1974
62 Hofmannsthal, Hugo von — Rudolf Borchardt: Briefwechsel. Hg. M. L. Borchardt und H. Steiner. Frankfurt/M.: Fischer 1954
63 Kelly, Gwen: The Shadow. In: Australian New Writing. Ed. O. Mendelsohn and H. Marks. Melbourne: Nelson 1973. S. 26–31
64 Musset, Alfred de: Poésies complètes. Paris: Gallimard 1957
65 Trakl, Georg: Dichtungen und Briefe. Hg. Walther Killy und Hans Szklenar. Salzburg: Müller ²1971
66 Andersen, Hans Christian: Eventyr. Kritisk udgivet ved Erik Dal / Erling Nielsen. Vol. II: Nye Eventyr 1844–48. Kopenhagen: Reitzel 1964
67 Andersen, Hans Christian: Sämtliche Märchen und Geschichten in zwei Bänden. Hg. Leopold Magon. Band I. Leipzig: Dieterich 1953
68 Andersen, Hans Christian: Briefe. Der Dichter und die Welt. Übertragen und hg. E. von Hollander. Weimar: Kiepenheuer 1917
69 Andersen, Hans Christian: Dagbøker, udgivet af det Danske Sprog- og Litteraturselskab under ledelse of Kåre Olsen og H. Topsøe-Jensen. 10 Bände. Kopenhagen: Gads 1971–75
70 Reinhart, Hans: Das dramatische Werk. Dichtungen. Nachdichtungen. Bearbeitungen. St. Gallen: Tschudy 1953
71 Schwarz, Jewgenij: Stücke. Berlin: Henschel 1968
72 Wilde, Oscar: Complete Works. With an Introduction by Vyvyan Holland. London and Glasgow: Collins ³1973
73 Wilde, Oscar: Werke in zwei Bänden. Hg. Arnold Zweig. Berlin: Knaur 1930
74 Zwerenz, Gerhard: Casanova oder der Kleine Herr in Krieg und Frieden. München: Knaur 1969
75 Nietzsche, Friedrich: Sämtliche Werke in 12 Bänden. Stuttgart: Kröner 1964

76 Nietzsche in seinen Briefen und Berichten der Zeitgenossen. Die Lebensgeschichte in Dokumenten. Hg. Alfred Bäumler. Leipzig: Kröner 1932
77 Scholz, Wilhelm von: Gesammelte Werke. 3. Band: Der Schauspiele zweiter Teil. Stuttgart: Hädecke 1924
78 Scholz, Wilhelm von: Mein Theater. Tübingen: Niemeyer 1964
79 Hesse, Hermann: Gesammelte Schriften. 7 Bände. Frankfurt/M.: Suhrkamp 1957
80 Lenz, Siegfried: Duell mit dem Schatten. Hamburg: Hoffmann & Campe 1953
81 Roth, Joseph: Werke in 3 Bänden. Köln: Kiepenheuer & Witsch 1956

2. Sekundärliteratur

Nach den Abschnitten der Untersuchung, darunter alphabetisch

II,1 *Wieland*

101 Abbé, Derek Maurice van: Christoph Martin Wieland. A Literary Biography. London: Harrap 1961
102 Arntzen, Helmut: Satirischer Stil. Zur Satire Robert Musils im »Mann ohne Eigenschaften«. Bonn: Bouvier 1960
103 Becker, Eva D.: Der deutsche Roman um 1780. Stuttgart: Metzler 1964
104 Beißner, Friedrich: Nachwort des Herausgebers. In: Ch. M. Wieland: Ausgewählte Werke in drei Bänden. Band 2: Romane. München: Winkler 1964 (S. 907—933)
105 Borcherdt, Hans Heinrich: Geschichte des Romans und der Novelle in Deutschland. 1. Teil: Vom frühen Mittelalter bis zu Wieland. Leipzig: Weber 1926
106 Dreger, Johannes-Heinrich: Wielands ›Geschichte der Abderiten‹. Eine historisch-kritische Untersuchung. Göppingen: Kümmerle 1973
107 Fuchs, Albert: Geistiger Gehalt und Quellenfrage in Wielands Abderiten. Paris: Société des éditions ›Les belles lettres‹ 1934
108 Jacobs, Jürgen: Wielands Romane. Bern: Francke 1969
109 Martini, Fritz: Wieland. Geschichte der Abderiten. In: Der deutsche Roman vom Barock bis zur Gegenwart. Struktur und Geschichte. Band I. Hg. Benno von Wiese. Düsseldorf: Bagel ²1965 (S. 64—94)
110 Schönert, Jörg: Roman und Satire im 18. Jahrhundert. Ein Beitrag zur Poetik. Stuttgart: Metzler 1969
111 Sengle, Friedrich: Wieland. Stuttgart: Metzler 1949
112 Sommer, Cornelius: Christoph Martin Wieland. Stuttgart: Metzler 1971
113 Tronskaja, Maria: Die deutsche Prosasatire der Aufklärung. Berlin: Rütten & Loening 1969
114 Yuill, W. E.: Einleitung zu: Ch. M. Wieland: Der Prozeß um des Esels Schatten. London: Oxford University Press 1964

II,2,b *Kotzebue*

115 Arntzen, Helmut: Die ernste Komödie. Das deutsche Lustspiel von Lessing bis Kleist. München: Nymphenburger 1968
116 Denkler, Horst: Restauration und Revolution. Politische Tendenzen im deutschen Drama zwischen Wiener Kongreß und Märzrevolution. München: Fink 1973
117 Glaser, Horst: Das bürgerliche Rührstück. Stuttgart: Metzler 1969
118 Holzmann, Albert William: Family Relationships in the Dramas of August von Kotzebue. Princeton: University Press 1935
119 Klingenberg, Karl-Heinz: Iffland und Kotzebue als Dramatiker. Weimar: Arion 1962
120 Schumacher, Hans (hg.): August von Kotzebue: Die deutschen Kleinstädter. Text und Materialien zur Interpretation. Berlin: de Gruyter 1964
121 Stock, Frithjof: Kotzebue im literarischen Leben der Goethezeit. Düsseldorf: Bertelsmann 1971

II,2,c *Fulda*

122 Fulda, Ludwig: Der Stoff zu des »Esels Schatten«. In: Rheinische Thalia, 1. Jahrgang, Heft 19, Mannheim 8. 1. 1922, S. 363—365
123 Gajek, Bernhard: Die Abderiten sind unter uns. In: Schweizer Monatshefte 47, Heft 5, August 1967, S. 511—513
124 Gajek, Bernhard: Fulda, Ludwig. In: Handbuch der deutschen Gegenwartsliteratur, hg. Hermann Kunisch. Bd. 1. München: Nymphenburger ²1969, S. 223 f.
125 Martini, Fritz: Fulda, Ludwig. In: Neue Deutsche Biographie. Band 5. Berlin 1961. S. 727 f.

II,2,d *Strauss*

126 Schaller, P. Stephan: Des Esels Schatten. In: Ettaler Mandl, Jahrgang 43/16, Winter 1963. S. 43—57

127 Arnold, Armin: Friedrich Dürrenmatt. Berlin: Colloquium ²1971
128 Bänziger, Hans: Frisch und Dürrenmatt. Bern: Francke ⁶1971
129 Brock-Sulzer, Elisabeth: Friedrich Dürrenmatt. Stationen seines Werkes. Zürich: Arche ³1970
130 Cases, Cesare: Wieland, Dürrenmatt und die »Onoskiamachia«. In: ders.: Stichworte zur deutschen Literatur. Deutsch von F. Kollmann. Wien: Europa 1969. S. 253—277
131 Durzak, Manfred: Dürrenmatt. Frisch. Weiss. Deutsches Drama der Gegenwart zwischen Kritik und Utopie. Stuttgart: Reclam 1972
132 Emmel, Hildegard: Das Gericht in der deutschen Literatur des 20. Jahrhunderts. Bern: Francke 1963
133 Kienzle, Siegfried: Friedrich Dürrenmatt. In: Deutsche Literatur seit 1945. Hg. Dietrich Weber. Stuttgart: Kröner ²1970. S. 396—426
134 Profitlich, Ulrich: Friedrich Dürrenmatt. Komödienbegriff und Komödienstruktur. Eine Einführung. Stuttgart: Kohlhammer 1973
135 Profitlich, Ulrich: Friedrich Dürrenmatt. In: Deutsche Dichter der Gegenwart. Hg. Benno von Wiese. Berlin: Schmidt 1973. S. 497—514
136 Der unbequeme Dürrenmatt. Basel: Basilius-Presse 1962

III,1 *Chamisso*

137 Atkins, Stuart: ›Peter Schlemihl‹ in Relation to the Popular Novel of the Romantic Period. In: Germanic Review 21, 1946, S. 191—208
138 Baumgartner, Ulrich: Adelbert von Chamissos ›Peter Schlemihl‹. Frauenfeld: Huber 1944
139 Bieler: Schatten. In: Handwörterbuch des deutschen Aberglaubens. Hg. Hans Bächtold-Stäubli. Band 9: Nachtrag. Berlin: de Gruyter 1938—41. Spalte 126—142
140 Ermatinger, Emil: Deutsche Dichter 1750—1900. Eine Geistesgeschichte in Lebensbildern. Frankfurt/M.: Athenäum ²1961
141 Flores, Ralph: The Lost Shadow of Peter Schlemihl. In: German Quarterly 47, 1974, S. 567—584
142 Fulda, Karl: Chamisso und seine Zeit. Leipzig: Reißner 1881
143 Grimm, Jacob: Deutsche Mythologie. Berlin ⁴1875—78
144 Hausmann, Elisabeth: A Note on the Source of ›Peter Schlemihl‹. In: Modern Language Review 38, 1943, S. 134 f.
145 Heinisch, Klaus J.: Adelbert von Chamisso: Peter Schlemihls wundersame Geschichte. In: ders.: Deutsche Romantik. Interpretationen. Paderborn: Schöningh 1966. S. 36—49
146 Hitzig, Julius Eduard: Leben und Briefe von Adelbert von Chamisso. Leipzig: Weidmann 1842 (= Adelbert von Chamissos Werke. 2. Auflage, Band 5—6)
147 Hoffmann, Ernst Fedor: Spiegelbild und Schatten. Zur Behandlung ähnlicher Motive bei Brentano, Hoffmann und Chamisso. In: Lebendige Form. Interpretationen zur deutschen Literatur. Festschrift für Heinrich E. K. Henel. Hg. Jeffrey L. Sammons und Ernst Schürer. München: Fink 1970. S. 167—188
148 Klein, Johannes: Geschichten der deutschen Novelle von Goethe bis zur Gegenwart. Wiesbaden: Steiner ³1956
149 Korff, Hermann August: Geist der Goethezeit. IV. Teil: Hochromantik. Leipzig: Koehler und Amelang 1953
150 Krauss, Wilhelmine: Das Doppelgängermotiv in der Romantik. Studien zum romantischen Idealismus. Berlin: Ebeling 1930
151 Kroner, Peter A.: Adelbert von Chamisso. In: Deutsche Dichter der Romantik. Ihr Leben und Werk. Hg. Benno von Wiese. Berlin: Schmidt 1971. S. 371—390
152 Loeb, Ernst: Symbol und Wirklichkeit des Schattens in Chamissos ›Peter Schlemihl‹. In: Germanisch-Romanische Monatsschrift, N. F. XV, 4, 1965, S. 398—408
153 Lübbe-Grothues, Grete: Chamisso: Peter Schlemihls wundersame Geschichte. Protokoll einer Arbeitsgemeinschaft. In: Wirkendes Wort 6, 1955/56, S. 301—307
154 Mann, Thomas: Chamisso (1911). In: ders.: Gesammelte Werke, Band 10. Berlin: Aufbau 1965. S. 23—46
155 Nadler, Josef: Die Berliner Romantik. 1800—1814. Berlin 1921
156 Neumarkt, Paul: Chamisso's Peter Schlemihl. A Literary Approach in Terms of Analytical Psychology. In: Literature and Psychology, vol. 17, 1967, S. 120—126
157 Ramondt, Marie: Peter Schlemihl's schaduw. In: Neophilologus 34, 1950, S. 100—103
158 Rank, Otto: Der Doppelgänger. In: Imago. Zeitschrift für die Anwendung der Psychoanalyse auf die Geisteswissenschaften III, 2, 1914, S. 97—164
159 Rath, Philipp: Bibliotheca Schlemihliana. Ein Verzeichnis der Ausgaben und Übersetzungen des Peter Schlemihl. Berlin: Breslauer 1919
160 Riegel, René: Adalbert de Chamisso. Sa vie et son oeuvre. Tome 1—2. Paris: Les éditions internationales 1934
161 Rochholz, E. L.: Ohne Schatten, ohne Seele. Der Mythus vom Körperschatten und vom Schattengeist. In: Germania. Vierteljahrsschrift für deutsche Alterthumskunde. V, Wien 1860, S. 69—94, 175—207

162 Rogers, Robert: A Psychoanalytic Study of the Double in Literature. Detroit: Wayne State University Press 1970
163 Rougemont, Denis de: Chamisso et le Mythe de l'Ombre perdue. In: Cahiers du sud, no. spécial Mai—Juin 1937, S. 282—291 (Wiederabdruck in: Le romantisme allemand. Hg. Albert Béguin. Marseille 1949, S. 276—284)
164 Schapler, Julius: Chamissos Peter Schlemihl. Königliches Gymnasium zu Dt. Krone. Wissenschaftliche Beilage zum Programm Ostern 1893
165 Schulz, Franz: Die erzählerische Funktion des Motivs vom verlorenen Schatten in Chamissos ›Peter Schlemihl‹. In: German Quarterly 45, 1972, S. 429—442
166 Tymms, Ralph: Doubles in Literary Psychology. Cambridge: Bowes & Bowes 1949
167 Ude, Karl: Chamisso. In: Welt und Wort 22, 1967, S. 368—371
168 Weigand, Hermann John: Peter Schlemihl. In: ders.: Surveys and Soundings in European Literature. Ed. A. Leslie Wilson. Princeton: University Press 1966. S. 208—222
169 Wiese, Benno von: Adelbert von Chamisso. Peter Schlemihls wundersame Geschichte. In: ders.: Die deutsche Novelle von Goethe bis Kafka. Band I. Düsseldorf: Bagel 1956. S. 97—116

III,2 Schlemihliana

170 Frenzel, Elisabeth: Schlemihl. In: dies.: Stoffe der Weltliteratur. Stuttgart: Kröner ³1970. S. 667—669
171 Ignotus, Paul: The Paradox of Maupassant. London: University of London Press 1966
172 Ludwig, Albert: Schlemihle. In: Archiv für das Studium der neueren Sprachen und Literaturen 140, 1920, Deutsches Sonderheft S. 95—135 und Nachträge ebda. Bd. 142, 1921, S. 124—126
173 Pinsker, Sanford: The Schlemiel as Metaphor. Studies in the Yiddish and American Jewish Novel. Carbondale: Southern Illinois University Press 1971
174 Stegmuller, Francis: Maupassant. A Lion in the Path. New York: Macmillan 1972

III, 3 E. T. A. Hoffmann

175 Bloch, Ernst: Über ›Hoffmanns Erzählungen‹. Klemperers Krolloper, Berlin, 1930. In: ders.: Gesamtausgabe Bd. 9: Literarische Aufsätze. Frankfurt/M.: Suhrkamp 1965. S. 284 ff.
176 Giraud, Jean: E. T. A. Hoffmann: ›Die Abenteuer der Silvester-Nacht‹. Le double visage. In: Recherches germaniques I, 1971, S. 109—145
177 Harich, Walther: E. T. A. Hoffmann. Das Leben eines Künstlers. 2 Bände. Berlin: Reiß ³1920
178 Hewett-Thayer, Hervey W.: Hoffmann: Author of the Tales. Princeton: University Press 1948 (reprinted 1971)
179 Kayser, Wolfgang: Das Groteske in Malerei und Dichtung. Reinbek: Rowohlt 1960
180 Langen, August: Zur Geschichte des Spiegelmotivs in der deutschen Dichtung. In: Germanisch-Romanische Monatsschrift 28, 1940, S. 279 ff.
181 Müller-Seidel, Walter: Nachwort zu: E. T. A. Hoffmann, Fantasie- und Nachtstücke. München: Winkler 1960. S. 749—770
182 Negus, Kenneth G.: E. T. A. Hoffmann's Other World. The romantic author and his ›New Mythology‹. Philadelphia: University of Pennsylvania Press 1965
183 Ricci, Jean F. A.: E. T. A. Hoffmann. L'homme et l'oeuvre. Paris: Corti 1947
184 Ricci, Jean F. A.: E. T. A. Hoffmann, imitation, plagiat avoué, originalité. In: Actes du IVe Congrès de l'Association Internationale de Littérature Comparée / Proceedings of the IVth Congress of the International Comparative Literature Association. Ed. François Jost. The Hague: Mouton 1966. S. 882—887
185 Schaukal, Richard von: E. T. A. Hoffmann. Zürich: Amalthea 1923
186 Schenck, Ernst von: E. T. A. Hoffmann. Ein Kampf um das Bild des Menschen. Berlin: Die Runde 1939
187 Segebrecht, Wulf: Autobiographie und Dichtung. Eine Studie zum Werk E. T. A. Hoffmanns. Stuttgart: Metzler 1967
188 Todorov, Tzvetan: Introduction à la littérature fantastique. Paris: Seuil 1970
189 Voerster, Jürgen: 160 Jahre E. T. A. Hoffmann-Forschung. Stuttgart: Eggert 1967
190 Werner, Hans-Georg: E. T. A. Hoffmann. Darstellung und Deutung der Wirklichkeit im dichterischen Werk. Weimar: Arion 1962
191 Wittkop-Ménardeau, Gabrielle: E. T. A. Hoffmann in Selbstzeugnissen und Bilddokumenten. Reinbek: Rowohlt 1966
192 Wittkop-Ménardeau, Gabrielle (Hg.): E. T. A. Hoffmanns Leben und Werk in Daten und Bildern. Frankfurt/M.: Insel 1968

III, 4 J. M. Barrie

193 Dunbar, Janet: J. M. Barrie. The Man behind the Image. London: Collins 1970
194 Green, Roger Lancelyn: J. M. Barrie. London: The Bodley Head 1960
195 Mackail, Denis: The Story of J. M. B., a Biography. London: Peter Davies 1941

III,6 *Gautier*

196 Bellemin-Noel, Jean: Fantasque Onuphrius. In: Romantisme 6, 1973, S. 38—48
197 Jassinski, René: Les années romantiques de Th. Gautier. Paris: Vuibert 1929
198 Smith, Albert B.: Ideal and Reality in the Fictional Narratives of Théophile Gautier. Gainesville: University of Florida Press 1969
199 Tennant, P. E.: Théophile Gautier. London: Athlone Press 1975

III, 6 *Döblin*

200 Kreutzer, Leo: Alfred Döblin. Sein Werk bis 1933. Stuttgart: Kohlhammer 1970
201 Martini, Fritz: Alfred Döblin. In: Deutsche Dichter der Moderne. Hg. Benno von Wiese. Berlin: Schmidt 1965. S. 321—360
202 Muschg, Walter: Nachwort des Herausgebers (in 31)
203 Prangel, Matthias: Alfred Döblin. Stuttgart: Metzler 1973

IV,2 *Körner*

204 Briggs, Katharine M.: A Dictionary of British Folktales. Part B: Folk Legends. London: Routledge & Kegan Paul 1971
205 Christiansen, Reidar Th.: Folktales of Norway. London: Routledge & Kegan Paul 1964
206 Thompson, Stith: Motif-Index in Folk-Literature. 6 Bde. Kopenhagen ²1955—58
207 Wünsche, August: Der Sagenkreis vom geprellten Teufel. Leipzig und Wien: Akademischer Verlag 1905

IV,3 *Kurz*

208 Grimm, Jacob: Deutsche Rechtsaltertümer. Band 2. Neudruck Darmstadt: Wissenschaftliche Buchgesellschaft 1965
209 Thomas, Lionel: Hermann Kurz and his Stories — an Introduction. In: Proceedings of the Leeds philosophical and literary society, Literary and historical section 9, part 5, Leeds 1961, S. 149—166

IV,4 *Mörike*

210 Doerksen, Victor G.: Die Mörike-Literatur seit 1950. Literaturbericht und Bibliographie. In: Deutsche Vierteljahresschrift für Literaturwissenschaft und Geistesgeschichte. Sonderheft 1973, S. 343—397
211 Farrell, Ralph B.: Aufbauprinzipien in Mörikes Gedichten. In: Stoffe, Formen, Strukturen. H. H. Borcherdt zum 75. Geburtstag. München: Fink 1962. S. 380—397
212 Fischer, Karl: Ed. Mörikes künstlerisches Schaffen und dichterische Schöpfungen. Berlin: Elsner 1903
213 Heydebrand, Renate von: Eduard Mörikes Gedichtwerk. Stuttgart: Metzler 1972
214 Holthusen, Hans Egon: Eduard Mörike in Selbstzeugnissen und Bilddokumenten. Reinbek: Rowohlt 1971
215 Krummacher, Hans-Henrik: Zu Mörikes Gedichten. Ausgaben und Überlieferung. In: Jahrbuch der deutschen Schiller-Gesellschaft 5, 1961, S. 267—344
216 Krummacher, Hans-Henrik: Mitteilungen zur Chronologie und Textgeschichte von Mörikes Gedichten. In: Jahrbuch der deutschen Schiller-Gesellschaft 6, 1962, S. 253—310
217 Mare, Margaret: Eduard Mörike. The Man and the Poet. London: Methuen 1957
218 Meyer, Herbert: Eduard Mörike. Stuttgart: Metzler ²1965
219 Storz, Gerhard: Eduard Mörike. Stuttgart: Klett 1967
220 Unger, Helga: Mörike-Kommentar zu sämtlichen Werken. München: Winkler 1970
221 Wiese, Benno von: Eduard Mörike. Tübingen: Wunderlich 1950

IV,5 *Kipling*

222 Carrington, Charles: Rudyard Kipling. His Life and Work. London: Macmillan 1955
223 Dobrée, Bonamy: Rudyard Kipling. Realist and Fabulist. London: Oxford University Press 1967
224 Tompkins, J. M. S.: The Art of Rudyard Kipling. London: Methuen ²1965

IV,6 *Apollinaire*

225 Adéma, Marcel: Guillaume Apollinaire le mal-aimé. Paris: Plon 1952
226 Durry, Marie-Jeanne: Guillaume Apollinaire: Alcools. Tome I—III. Paris: S.E.D.E.S. 1964
227 Renaud, Philippe: Lecture d'Apollinaire. Lausanne: Edition L'Age d'Homme 1969

V,2 *Lenau*

228 Aarne, Anti: The Types of the Folktale. Folklore Fellows' Communications No. 184. Helsinki ²1964
229 Beit, Hedwig von: Symbolik des Märchens. Versuch einer Deutung. Bern: Francke ²1960

230 Bolte, Johannes: Lenaus Gedicht »Anna«. In: Euphorion 4, 1897, S. 323—333
231 Bolte, Johannes: Zur Sage von der freiwillig kinderlosen Frau. In: Zeitschrift des Vereins für Volkskunde, 14. Jahrgang 1904, S. 114—117
232 Finnische Volkserzählungen. Hg. Lauri Simonsuuri und Pirkko-Liisa Rausmaa. Berlin: de Gruyter 1968
233 Hauffen, Adolf: Kleinere Beiträge zur Sagengeschichte 3: Zur Stoffgeschichte von Lenaus Anna. In: Zeitschrift des Vereins für Volkskunde, 10. Jahrgang 1900. S. 436—438
234 Jaworskij, Juljan: Malthusianische Zaubermittel. In: Zeitschrift für österreichische Volkskunde. 4, 1898, S. 47
235 Kahle, Bernhard: Die freiwillig kinderlose Frau. In: Zeitschrift des Vereins für Volkskunde, 16. Jahrgang 1906, S. 311
236 Liungman, Waldemar: Die schwedischen Volksmärchen. Herkunft und Geschichte. Berlin: Akademie-Verlag 1961
237 Martens, Wolfgang: Bild und Motiv im Weltschmerz. Studien zur Dichtung Lenaus. Köln: Böhlau 1957
238 Nordische Volksmärchen. Band I: Dänemark/Schweden. Übersetzt von Klara Stroebe. Jena: Diederichs 1922 (Die Märchen der Weltliteratur)
239 Turóczi-Trostler, József: Lenau. Deutsch von Bruno Heilig. Berlin: Rütten & Loening 1961

V,3 *Hofmannsthal*

240 Alewyn, Richard: Über Hugo von Hofmannsthal. Göttingen: Vandenhoeck und Ruprecht [4]1967
241 Alewyn, Richard: Die Frau ohne Schatten. In: Lexikon der Weltliteratur. Hg. Gero von Wilpert. Band II: Hauptwerke der Weltliteratur in Charakteristiken und Kurzinterpretationen. Stuttgart: Kröner 1968. S. 319 f.
242 Altenhofer, Norbert, und Hans-Albrecht Koch: Hofmannsthal-Bibliographie. In: Hofmannsthal-Blätter 1, 1968, S. 41—65; 2, 1969, S. 157—178; 3, 1969, S. 228—238; 4, 1970, S. 305—315; 5, 1970, S. 402—412; 6, 1971, S. 495—502; 8/9, 1972, S. 183—202; 10/11, 1973, S. 346—355; 12, 1974, S. 464—486; 13/14, 1975, S. 48—82
243 Ascher, Gloria J.: Die Zauberflöte und Die Frau ohne Schatten. Ein Vergleich zwischen beiden Operndichtungen der Humanität. Bern: Francke 1972
244 Bauer, Sybille (Hg.): Hugo von Hofmannsthal. Darmstadt: Wissenschaftliche Buchgesellschaft 1968 (Wege der Forschung 183)
245 Bauer, Roger: Hofmannsthal et le théâtre populaire viennois: Die Frau ohne Schatten. In: Un dialogue des nations. Albert Fuchs zum 70. Geburtstag. Paris: Klincksieck/ München: Huber 1967. S. 175—187
246 Baumann, Gerhart: Hugo von Hofmannsthal. Betrachtungen zu seiner dramatischen Dichtung. In: Der Deutschunterricht, Stuttgart 1953, Heft 5, S. 36—56
247 Borchardt, Rudolf: Über Hofmannsthals Erzählung (1919). In: R. B., Prosa I. Stuttgart: Klett 1957. S. 131—135
248 Brecht, Walther: Hofmannsthals Ad me ipsum und seine Bedeutung. In: Jahrbuch des Freien Deutschen Hochstifts 1930. S. 319 ff.
249 Broch, Hermann: Hofmannsthal und seine Zeit. Eine Studie. In: H. B., Gesammelte Werke, Essays Band I. Zürich: Rhein 1955. S. 43—181
250 Çakmur, Belma: Hofmannstahls Erzählung »Die Frau ohne Schatten«. Studien zu Werk und Innenwelt des Dichters. (Schriften des Instituts für deutsche Sprache und Literatur Nr. 1) Ankara 1952
251 Erken, Günther: Hofmannsthals dramatischer Stil. Untersuchungen zur Symbolik und Dramaturgie. Tübingen: Niemeyer 1967
252 Erken, Günther: Hugo von Hofmannsthal. In: Deutsche Dichter der Moderne. Hg. Benno von Wiese. Berlin: Schmidt 1965. S. 213—236
253 Goldschmit, Rudolf: Hofmannsthal. Velber: Friedrich 1968
254 Hamburger, Michael: Hugo von Hofmannsthal. Zwei Studien. Göttingen: Sachse & Pohl 1964
255 Hammelmann, Hanns Andreas: Hugo von Hofmannsthal. London: Bowes & Bowes 1957
256 Hederer, Edgar: Hugo von Hofmannsthal. Frankfurt/M.: Fischer 1960
257 Kaschnitz, Marie Luise: Die Frau ohne Schatten. In: dies.: Zwischen Immer und Nie. Gestalten und Themen der Dichtung. Frankfurt/M.: Insel 1971. S. 153—160
258 Knaus, Jakob: Hofmannsthals Weg zur Oper »Die Frau ohne Schatten«. Rücksichten und Einflüsse auf die Musik. Berlin: de Gruyter 1971
259 Kobel, Erwin: Hugo von Hofmannsthal. Berlin: de Gruyter 1970
260 Koch, Hans-Albrecht: »Fast kontrapunktlich streng«. Beobachtungen zur Form von Hugo von Hofmannsthals Operndichtung »Die Frau ohne Schatten«. In: Jahrbuch des Freien Deutschen Hochstifts 1971, S. 456—478
261 Köhler, Wolfgang: Hugo von Hofmannsthal und »1001 Nacht«. Untersuchungen zur Rezeption des Orients im epischen und essayistischen Werk. Bern: Lang 1972
262 Mayer, Hans: Hugo von Hofmannsthal und Richard Strauss. In: ders.: Ansichten. Zur Literatur der Zeit. Hamburg: Rowohlt 1962. S. 9—32

263 Mayer, Hans: Hofmannsthal und die Nachwelt. In: Jürgen Haupt: Konstellationen Hugo von Hofmannsthals. Salzburg 1970. S. 5–44
264 Naumann, Walter: Die Quelle zu Hofmannsthals »Frau ohne Schatten«. In: Modern Language Notes 59, 1944, S. 385–386
265 Pannwitz, Rudolf: Hofmannsthals Erzählung »Die Frau ohne Schatten«. In: Hofmansthal-Blätter 5, 1970, S. 373–378 (zuerst in: Der Neue Merkur 3, 1919, Heft 7, S. 509–512)
266 Requadt, Paul: Hugo von Hofmannsthal. In: Deutsche Literatur im 20. Jahrhundert. Hg. H. Friedmann und O. Mann. Band 2. Heidelberg: Rothe [4]1961. S. 54–79
267 Ryan, Judith: Die ›allomatische Lösung‹: Gespaltene Persönlichkeit und Konfiguration bei Hugo von Hofmannsthal. In: Deutsche Vierteljahrsschrift für Literaturwissenschaft und Geistesgeschichte 44, 1970, S. 189–207
268 Schaeder, Grete: Hugo von Hofmannsthal I: Die Gestalten. Berlin: Juncker & Dünnhaupt 1923
269 Scharf, Ursula: Hofmannsthal's Libretti. In: German Life and Letters 8, 1954/55, S. 130–136
270 Schnitzler, Arthur: Hofmannsthal: Die Frau ohne Schatten. In A. S., Gesammelte Werke. Aphorismen und Betrachtungen. Frankfurt/M.: Fischer 1967. S. 490–491
271 Schwarz, Alfred: The Allegorical Theatre of Hugo von Hofmannsthal. In: The Tulane Drama Review. Vol. 4, No. 3, 1960, S. 65–76
272 Tarot, Rolf: Hugo von Hofmannsthal. Daseinsformen und dichterische Struktur. Tübingen: Niemeyer 1970
273 Volke, Werner: Hugo von Hofmannsthal in Selbstzeugnissen und Bilddokumenten. Reinbek: Rowohlt 1967
274 Weischedel, Hanna: Hofmannsthal-Forschung 1945–1958. In: Deutsche Vierteljahrsschrift für Literaturwissenschaft und Geistesgeschichte 33, 1959, S. 63–103
275 Wunberg, Gotthart: Der frühe Hofmannsthal. Schizophrenie als dichterische Struktur. Stuttgart: Kohlhammer 1965
276 Wyss, Hugo: Die Frau in der Dichtung Hofmannsthals. Eine Studie zum dionysischen Welterlebnis. Zürich: Niehans 1954

VI,2 *Andersen*

277 Bain, Nisbet R.: Hans Christian Andersen. A Biography. London: Lawrence & Bullen 1895
278 Böök, Fredrik: Hans Christian Andersen. A Biography, translated from the Swedish by George C. Schoolfield. Norman: University of Oklahoma Press 1962
279 A Book on the Danish Writer Hans Christian Andersen, his Life and Work. Ed. Svend Dahl and H. G. Topsøe-Jensen. Kopenhagen 1955
280 Bredsdorff, Elias: Hans Christian Andersen. The Story of his Life and Work 1805–75. London: Phaidon 1975
281 Burnett, Constance Buel: The Shoemaker's Son. The Life of Hans Christian Andersen. London: Harrap 1943
282 Catalog of the Jean Hersholt Collection of Hans Christian Andersen. Washington: The Library of Congress 1954
283 Haugaard, Erik: Portrait of a Poet. H. C. Andersen and His Fairytales. Washington: The Library of Congress 1973
284 Nielsen, Birger Frank: H. C. Andersen Bibliografi. Digterens Danske Vaerker 1822 bis 1875. Kopenhagen: Hagerup 1942
285 Reumert, Elith: Hans Andersen the Man. London: Methuen 1927
286 Spink, Reginald: Hans Christian Andersen and his World. London: Thames & Hudson 1972
287 Stirling, Monica: The Wild Swan. The Life and Times of Hans Christian Andersen. London: Collins 1965
288 Schmitz: Andersen in Deutschland. In: Handwörterbuch des deutschen Märchens. Bd. I. Berlin: de Gruyter 1930/31. S. 67–73
289 Toksvig, Signe: The Life of Hans Christian Andersen. London: Macmillan 1933

VI,4 *O. Wilde*

290 Beckson, Karl (Hg.): Oscar Wilde. The Critical Heritage. London: Routledge and Kegan Paul 1970
291 Brasol, Boris: Oscar Wilde. The Man — the Artist. London: Williams and Norgate 1938
292 Braybrooke, Patrick: Oscar Wilde. A Study. London: Braithwaite & Miller 1930
293 Croft-Cooke, Rupert: The Unrecorded Life of Oscar Wilde. London: Allen 1972
294 Hagemann, Carl: Oscar Wilde. Sein Leben und sein Werk. Stuttgart: Deutsche Verlagsanstalt [2]1925
295 Hofmannsthal, Hugo von: Sebastian Melmoth. In: H. v. H., Prosa II, 1959. S. 116–120
296 Ingleby, Leonard Cresswell: Oscar Wilde. London: Laurie 1907
297 Jullian, Philippe: Oscar Wilde. London: Constable 1969

298 Mason, Stuart: Bibliography of Oscar Wilde. London: Rota ²1967
299 Nassaar, Christopher S.: Into the Demon Universe. A Literary Exploration of Oscar
Wilde. New Haven: Yale University Press 1974
300 Nethercot, Arthur H.: Oscar Wilde and the Devil's Advocate. In: PMLA 59, 1944,
S. 833–850
301 Nethercot, Arthur H.: Wilde on subdividing himself. In: PMLA 60, 1944, S. 616–617
302 Ojala, Aatos: Aestheticism and Oscar Wilde. Part I: Life and Letters. Helsinki 1954
303 Pearson, Hesketh: The Life of Oscar Wilde. London: Methuen ⁶1952
304 Ransome, Arthur: Oscar Wilde. A Critical Study. London: Methuen ⁷1923
305 Roditi, Edouard: Oscar Wilde. Norfolk, Conn.: New Directions 1947
306 Woodcock, George: The Paradox of Oscar Wilde. London: Boardman 1949
307 Zweig, Arnold: Versuch über Oscar Wilde (in 73, Bd. I, S. 5–39)

VI,6 W. v. Scholz

308 Dietrich, Margret: Das moderne Drama. Stuttgart: Kröner ³1974
309 Hafner, Gotthilf: Erinnerung an Wilhelm von Scholz. In: Welt und Wort, 24. Jahrgang, Heft 9, September 1969, S. 278 f.